원자력 기술 자립의 여정

남기고 싶은 이야기

- 일러두기 -

1. 2013년 영광 원전에서 한빛 원전으로 명칭변경
2. 2013년 울진 원전에서 한울 원전으로 명칭 변경
3. 2001년 두산중공업 한중 인수-2022년 두산에너빌리티로 사명 변경
4. 신고리 3, 4, 5, 6호기-2022년 새울 1, 2, 3, 4호기로 명칭 변경
5. 원자력안전기술원 - 약칭 KINS
6. 원자력연구원 - 약칭 KAERI : 한국에너지연구소(1980~1989)에서
   한국원자력연구소로 명칭 환원
7. 한국전력공사(한전) - 약칭 KEPCO
8. 한전원자력연료 - 약칭 KNF
9. 한국전력기술 - 약칭 KEPCO·ENC로 변경
10. 컴버스천 엔지니어링 약칭 CE : 2000년 WH에 매각
11. 웨스팅하우스 약칭 WH
    도시바(日本 東芝)에 매각- 2022년 재 매각: 브룩필드 재생 가능
    파트너스와 캐나다 우라늄 업체 카메코(Cameco)가 웨스팅하우스
    인수.
12. 원자력안전위원회 - 약칭 원안위
13. 과학기술부 - 과기부 / 산업통상자원부 - 산자부

'원자력을 통한 에너지 자립의 기치'를 내걸고
'필(必) 원자력 기술 자립'을 외치며,
꿈과 열정으로 모든 역경을 이겨내고
원자력 기술 자립을 일궈낸
모든 원자력 종사자들에게
이 책을 바칩니다.

목차

chapter (1) 원자력에 대한 대통령의 비전과 리더십

추 천 사 1

　우리 과학기술 발전의 중추였던 원자력계의 입장에서 2017년 6월 19일 '탈핵'으로 시작된 '탈원전'은 감당하기 어려운 고난이었다. 겉으로는 '국민 안전'과 '환경 보존'을 외쳤던 탈원전은 사실 이승만·박정희 대통령에 대한 뿌리 깊은 거부감에서 시작된 어처구니없는 이념적 만행이었다.

　결과는 참혹했다. 지난 5년 동안 탈원전은 국민에게 무려 47조 원의 부담을 안겨주었고, 최우량 공기업이었던 한국전력공사를 자본잠식 상태의 국민 부담으로 전락시켜 버렸다. 그뿐만 아니라 2030년까지 이산화탄소 배출량을 2018년 기준 40%로 감축해야 하는 비현실적인 '탄소중립'도 심각한 국민 부담으로 남아있다.

　아무 죄 없는 국민이 무탄소 전원인 '원자력'을 포기하면 불가능한 비현실적인 목표를 떠안게 된 것이다. 지난 정부가 박아놓은 탈원전이라는 대못의 굴레 때문에 윤석열 정부가 선포한 '탈원전 폐지'도 제대로 힘을 내지 못하고 있다.

어지러운 국제 질서 속에서 국민 경제와 환경을 지켜내기 위해서는 원자력계의 뼈를 깎는 노력이 어느 때보다 절실하다. 세계 최고의 원전 기술을 개발해서 '원전 자립의 꿈'을 달성하겠다는 너무나도 당위적인 꿈만으로는 만족할 수 없다. 이제는 65년에 이르는 국가의 전폭적인 지원으로 세계 최고 수준으로 성장한 원자력계가 다시 우리 과학기술을 이끌어가는 선봉에 우뚝 서야 한다. 국민을 위해 봉사하는 과학기술의 진정한 맏형의 역할을 기꺼이 떠맡아야 한다는 뜻이다.

에너지 빈국의 한을 풀어준 원자력

오늘날 우리는 세계 최고의 원전 기술을 갖춘 당당한 '원전강국'이다. 아랍에미리트(UAE)에 성공적으로 수출한 한국형 원자로 APR-1400이 그 증거이다. 미국과 유럽으로부터 APR-1400의 안전성과 경제성을 공식적으로 인정받았고, UAE의 수출을 통해서 국제사회로부터 우리의 뛰어난 시공 능력까지 확인받았다.

원전에 대한 우리의 관심은 놀라울 정도로 일찍 시작되었다. 이승만 정부가 1956년 2월 한·미 원자력협정을 체결했고, 1958년에는 UN 산하의 국제원자력기구(IAEA)의 55개 창립회원국으로 참여했다. 1958년 원자력법이 통과되고, 1959년에 원자력원과 원자력연구소가 문을 열었다. 1인당 6천 달러의 학비를 투자해서 양성한 237명의 원자력 전문가가 오늘날의 탄탄한 원자력계를 만들어낸

'원자력 1세대'였다.

우리나라가 원자력에 투자를 시작할 당시의 에너지 환경은 최악이었다. 수풍발전소의 전기 공급은 끊어졌고, 석탄 수급을 위한 사회적 인프라도 없었다. 산업활동은 말할 것도 없고, 국민의 생존도 보장할 수 없었다. 농민과 실업자가 화전민으로 전락하면서 사정은 더욱 나빠져, 1965년에는 42만 명의 화전민이 생존을 위해 4만 헥타아르의 숲을 파괴했다. 원자력에 대한 투자는 우리에게 낯선 신(新)기술로 절망적인 상황을 극복하겠다는 과감하고도 도전적인 선택이었다.

박정희 정부의 경제개발 5개년 계획도 에너지 환경을 크게 바꿔놓았다. 정유산업을 일으켰고, 한강에 수력발전소를 건설했다. 석탄 수급을 위해 강원도에 탄광을 개발하고, 중앙선을 전철화했다. 물론 부작용도 심각했다. '연탄가스' 중독과 채탄·수송·생산·소비과정에서 심각한 환경오염과 감당하기 어려웠던 연탄 파동에 시달렸다. 더욱이 석탄 자원은 10여 년 만에 바닥을 드러내고 말았다. 다행히 저돌적인 투자를 계속했던 정유산업이 순조로운 에너지 전환을 가능하게 해주었다.

1978년 고리 1호기의 가동은 기적과도 같은 성과였다. 화려한 원전 시대를 열어준 고리 1호기는 587메가와트(MW)의 작은 규모였지만, 당시 우리 전력수요의 9%를 공급해준 구세주였다. 원전이 없었더라면 중화학·반도체·자동차·조선이 중심이었던 1980년대의 고도성장은 불가능했다.

그 이후에도 어렵고 힘든 에너지 전환은 계속되었다. 치명적인 부작용에도 불구하고 국민에게 안정적인 취사와 난방을 제공해주었던 석탄(연탄)은 추억 속으로 사라졌다. 노태우 정부에서 정유산업은 민영화로 인해 당당한 수출 산업으로 성장했다. 지금도 휘발유·경유·윤활유는 가장 중요한 수출상품이다.

김대중 정부에서는 전혀 새로운 국면이 펼쳐졌다. IMF 사태로 산업활동이 위축되면서 1998년까지 건설한 원전 17기의 전기가 남아도는 초유의 사태가 벌어졌다. 전력 설비 과잉에 대한 질타가 쏟아졌다. 결국 전력산업 선진화를 핑계로 한국전력을 분사시켰고, 발전시설의 건설을 통제하기 위한 '전력수급기본계획' 제도도 도입했다. 발전소 건설을 최대한 억제하는 정책 기조는 참여정부까지 계속되었다. 휘발유·경유에 대한 유류세를 대폭 올리는 대신 산업용 연료였던 경유의 소비를 제한했던 규제를 풀기도 했다.

그러나 경제가 회복되면서 에너지 소비는 다시 걷잡을 수 없이 늘어나기 시작했다. 결국 2011년에는 9·11 순환 정전의 혼란을 겪어야만 했고, 이명박·박근혜 정부에서는 고질적인 전력 부족을 해결하기 위해 발전산업의 민영화를 허용하면서 LNG 발전소가 늘어났다. 녹색성장을 강조하던 이명박 정부는 알뜰주유소와 전자상거래제도로 정유산업을 억누르기도 했다.

문재인 정부의 탈원전은 우리의 세계적 원전 기술을 과거 독재정권의 산물로 인식하는 이념적 오류에서 시작되었다. 어설프게 시작된 탈원전은 국민이 피해를 고스란히 떠안을 수밖에 없는 심각한 망국적 자해(自害) 정책이었다. 탈원전은 국제적으로 터무니없는 선택이었다. 충분한 경험도 갖추지 못했고, 국제 사회가 신뢰할 수도 없는 중국과 러시아가 세계 원전 시장을 장악하도록 만들어버렸다. 원자력이 에너지 빈국(貧國)의 미래를 책임지는 가장 현실적인 대안이고, 우리가 기후 위기 극복에 올인하는 새로운 국제 질서에서 영향력을 발휘할 수 있도록 해주는 핵심 기술이라는 사실은 철저하게 무시했다.

기술을 수용하는 사회에 대한 관심

국가 경제와 국민 생활을 위해 최선을 다했던 원자력계의 입장에서 '탈핵'으로 시작해서 '탄소중립'으로 포장했던 '탈원전'은 도무지 납득할 수 없는 뼈아픈 경험이었다. 이념을 앞세워 탈원전을 밀어붙였던 정부·여당과 영혼을 포기해버린 산업부 관료들의 정책적 선택은 절망적이었다.

그나마 건강한 상식과 정확한 현실감을 갖추고 있었던 청년들이 유일한 희망의 불씨가 되어 주었다. 신고리 5·6호기의 공사를 억지로 중단시켜버리겠다는 불순한 목적으로 국무총리 훈령을 동원해서 급조한 공론화위원회가 제 역할을 해주었다. 원전 공사의 중단 여부를 결정하는 공론화위원회였는데도 정작 원전 전문가들은 제대로 된 자료를 제공할 수도 없었고, 위원들을 설득할 기회도 충분히 보장받지 못했다. 그런데도 공론화위원회의 현명한 판단 덕분에 신고리 5·6호기의 공사를 재개할 수 있었다.

가슴 아픈 탈원전이 남겨준 교훈은 소중한 것이었다. 정작 국가 경제의 발전과 안정적인 국민 생활을 보장해주기 위해서 꼭 필요한 신기술의 개발에서 정부나 관료의 협조보다 훨씬 더 중요한 것이 있다는 사실을 깨닫게 되었다. 전문가는 언제나 국민이 신기술을 통해서 얻을 수 있는 '편익'과 함께 감수해야 하는 '위험(risk)'에 대한 정확한 정보를 알려주어 국민이 현명한 판단을 할 수 있도록 노력해야 한다는 사실을 알게 된 것이다.

현대 사회에서 새로운 기술을 개발하는 일은 전문가의 책무이다. 그러나 전문가가 개발한 신기술을 유용하게 활용하고, 사고가 발생했을 때 적절하게 대응해서 피해를 최소화시키는 역할은 국민의 몫이다. 그래서 기술의 유용성만 강조하는 '홍보'에 집착하는 과정에서 자칫 '위험'에 대한 정확하고 확실한 경고를 외면하는 일은 더 이상 용납할 수 없다. 아무리 좋은 기술이라도 위험의 부담이 지나치게 큰 기술은 결국 사회가 거부하게 된다는 냉혹한 현실을 절대 잊지 말아야 한다.

원자력이 고립무원의 세상에서 독야청청(獨也靑靑)할 수 있는 것도 아니다. 원자력은 과학기술의 모든 분야와 긴밀한 협력과 융합이 꼭 필요한 '거대과학'이다. 더욱이 정부로부터 가장 많은 지원을 받은 원자력은 현대 과학기술이 요구하는 적극적인 융합의 '구심점'이 되어야만 한다. 원자력계의 확실한 각오와 의지가 필요한 일이다.

탈원전의 혼란 속에서 원자력 이외의 분야가 적극적인 도움의 손길을 내밀지 않았던 아픈 기억을 잊지 말아야 한다. 지나치게 파편화되어 분야 이기주의에 집착하는 우리 과학기술계의 안타까운 현실은 반드시 바로잡아야 한다. 그렇다고 남 탓만 할 수는 없다. 원자력계 스스로의 반성도 필요한 일이기 때문이다. 원자력계가 스스로 융합과 협력에 앞장서서 과학기술계에 만연한 이기주의 타파에 적극적인 역할을 해줘야만 한다.

역사를 외면하면 미래도 기대할 수 없다

우리 원자력의 역사는 결코 단순할 수 없다. 비록 정부의 강력한 의지에 의한 추격형으로 시작한 기술 개발이었지만 언제나 장밋빛이었던 것은 아니다. 아무도 예상하지 못했던 어려움도 많았고, 감당하기 어려운 실패의 경험도 적지 않았다. 그런데도 오늘날 세계적으로 우뚝 선 원자력 기술을 확보하게 된 것은 기적이다.

이제 우리 원자력계의 사정도 완전히 달라졌다. 더 이상 남의 기술을 모방하는 추격형 개발은 가능하지도, 바·람직하지도 않다. 진정한 발명은 언제나 과거의 화려한 성공과 뼈아픈 실패의 경험에서 시작되기 마련이다. 최근 과학기술계에서 '성실한 실패'를 용인하자는 목소리가 커지고 있는 것도 그런 이유 때문이다. 그렇다고 일부러 성실한 실패를 시도할 이유는 없다. 이미 가지고 있는 성실한 실패의 경험을 적극적으로 활용하겠다는 의지가 필요할 뿐이다.

성실한 실패의 경험이 개인 차원에서 빠르게 잊혀지고 있는 현실은 몹시 안타깝다. 원자력 기술의 개발 과정에서 경험했던 성공과 실패의 경험을 생생한 기록으로 남겨두는 일이 무엇보다 중요한 것도 그런 이유이다. 공식적인 학술논문에 담을 수 없었던 개인적인 경험을 자유로운 형식으로 다양하게 남겨두는 일은 절대 개인의 소일거리가 될 수 없다. 원자력과 같은 거대과학의 경우에는 더욱 그렇다. 많은 전문가의 다양한 역사적 경험을 서로 얽어매야만 미래의 진정한 발전을 위한 큰 그림이 드러나게 된다.

SMART의 개발에 핵심적인 역할을 했던 김시환 박사의 『원전기술 자립의 여정』도 우리 원전 기술의 더 큰 발전에 대한 기대를 담은 소중한 기록이다. 낯선 일에 과감하게 도전해주신 김시환 박사님의 용기에 큰 박수를 보냅니다.

2023년 9월 20일
성수동 탄소문화원에서
이덕환(서강대 화학·과학커뮤니케이션 명예교수)

추 천 사 2

　우리나라 원자력은 1978년 고리1호기가 발전을 시작한 이래 지금까지 45년간 우리나라 전력의 약 1/3을 매우 저렴한 가격으로 공급하며 경제 발전의 원동력이 되어 왔다. 그간의 원자력 발전량은 약 4.4조 kWh이다. EU 합동연구소(Joint Research Center)가 산정한 원자력 발전 치명률인 0.5명/조kWh를 적용하면 그간 2명의 사망자가 있었겠으나 우리나라에서는 단 한 명의 사망자 없이 안전하게 원전이 운영되어 왔다. 지난 45년간 건설된 원전의 총수는 30기로 평균적으로 3년에 2기씩 원전 건설이 이어지는 동안 우리나라는 독자적인 원전 건설·운영 기술과 세계 최고의 경쟁력을 갖춘 완벽한 원전 공급망을 확보하게 되었다. 이를 바탕으로 UAE에 최신형 원전 4기를 수출하고 성공적으로 준공하여 우리나라 원자력 기술력을 세계적으로 인정받고 국위를 선양할 수 있었다. 원자력의 이러한 국가적인 성과 뒤에는 이승만, 박정희 대통령을 비롯한 국가 최고 지도자 뿐만 아니라 국가 에너지 정책을 결정하는 고위 공직자의 현명한 판단과 원자력 기술자들의 열정과 헌신적인 노력이 있었다. 이 책은 1956년 이승만 대통령의 원자력 추진 결정부터 시작하

원자력 기술 자립의 여정

여 최근의 혁신형 SMR(소형모듈원자로) 사업 추진까지 이어져 온 우리나라 원자력 발전사를 공식적인 문건뿐만 아니라 개인적인 술회를 종합하여 드라마틱하게 기술한다.

저자 김시환 박사는 필자의 15년 선배로서 필자가 1986년 한국원자력연구소(당시 명칭은 한국에너지연구소)에 입소하여 원전설계기술 전수사업에 투입될 당시부터 상사이자 2004년 연구소를 떠나 대학으로 갈 때까지 멘토로 존경했던 분이다. 필자가 참여했던 원전설계기술 전수 사업은 우리나라가 독자적인 원전건설 기술력을 갖추게 되는 과정의 효시였다. 당시 미국에서는 쓰리마일 섬 원전사고의 여파로 신규 원전 건설이 전부 취소되어 미국 원전 공급회사는 일감이 없었다. 그때 우리나라가 영광 3·4호기 건설을 통해 원자로 계통설계 기술자립을 추진한 것이 천우신조의 기회였다. 당시 원자력 정책 결정권자들은 원전 기술자립을 신속하게 달성할 수 있도록 공동설계 방식을 채택하기로 결정하고 그 조건을 입찰 제안서에 명시했다. 이 입찰 제안에 대해 미국 2개사와 프랑스와 캐나다 각 1개사 총 4개 회사가 응찰서를 제출했다. 그 응찰서에 제시된 원전의 성능과 가격, 그리고 기술 전수 조건에 대한 평가는 해외유치 과학자들을 중심으로 철저하게 독립적이고 공정하게 이루어졌다. 그 결과로서 주류 원전 회사였던 웨스팅하우스사가 아닌 컴버스천 엔지니어링사가 원전도입 및 기술전수 회사로 선정되었다. 이 선택의 결과로 향후 우리나라는 웨스팅하우스의 원전 대비 독특한 특징을 지닌 APR1400 원전을 자력으로 개발하고 수출할 수 있게 되었다. 이 책에는 그 계약 추진 과정의 전말이 소상하게 기록되어 있다.

우리나라 원자력 기술의 자립과 발전은 원전설계기술 자립에서만 시작된 것이 아니었다. 1986년 원전설계기술 자립이 시도될 때 이미 우리나라에는 10기의 원전이 가동되거나 건설 중이었다. 그 중 1기는 매일 일부 연료를 교체해주어야 하는 중수로 원전이었다. 원전 건설은 일단 한 번 하면 추가적인 비용이 들어가지 않지만 핵연료는 그렇지 않다. 연료공급은 주기적으로 이루어져야 하고 그 공급 비용이 과도하지 않아야 원전의 경제적인 운용이 가능하다. 이런 관점에서 핵연료 국산화는 연료 비용 절감을 위해 꼭 필요했다. 이를 위해 일찌감치 1979년 대덕에 핵연료개발공단이 설치되고 1980년에 중수로 핵연료 국산화가 먼저 시작됐다. 당시 우리나라에서는 원자력 기술이 일천했지만 우라늄 변환 시설과 핵연료 가공 시설을 구축하고 노외 열수력 시험, 노내 조사 시험 등을 성공적으로 마치고 1985년부터 월성1호기 중수로 원전에 국산핵연료를 공급할 수 있었다. 이 중수로 핵연료 국산화가 결과적으로는 성공했지만 계획의 입안과 캐나다 시험용 원자로에서의 조사 시험 비용 협상 등에서 여러 난관이 많았다. 이러한 난관을 당시 원자력 기술 자립에 대해 굳은 의지를 가진 한필순 전 한국원자력연구소 소장의 추진력과 여러 실무자들의 각고의 노력을 통해 극복했다. 이 책에는 이와 관련해 여러 실명이 등장하는 비사가 드라마처럼 소개되어 있다.

이후 진행된 경수로 핵연료 기술 자립의 여정에도 비사가 있었다. 당초 한전은 외국 기술을 도입하여 경수로핵연료 생산만을 국산화하는 계획을 추진하고 있었다. 그런데 1983년 4월 전두환 대통령이 원자력연구소를 방문할 당시 한필순 소장이 기지를 발휘하여 원자력 연구소 주도의 노심 설계를 포함한 핵연료 기술 자립에 대한 필요성을 역설함으로써 대통령의 재가를 얻은 경수로핵연료 국산화 사업이 추진될 수 있었다. 경수로핵연료 사업에서 선진국과의 기술력 차이를 극복하기 위한 중간진입 전략이 처음 시도되었다. 중간진입 전략은 차후 원전설계기술 확보시에도 적용된 기술 전수와 공동설계 추진이었다. 이때도 응찰서에 대한 공정한 평가를 거쳐 독일 KWU사가 기술도입선으로 결정되었고 수십명의 원자력연구소 연구원들이 독일로 파견되어 교체 노심에 대한 핵연료 장전 설계 기술과 제조 기술을 전수받았다. 필자는 1985년부터 진행된 경수로핵연료 국산화 사업에 대해서는 알고 있었지만 이 사업이 착수되기까지의 우여곡절과 비사에 대해서는 이 책의 원고를 읽고서 비로소 알게 되었다. 한 역사가 이루어지기까지는 한필순 소장과 같이 원자력 기술 자립에 대해 강한 집념을 가진 분들의 기지와 추진력, 또 성공할 수 있는 구체적인 계획을 입안한 사람들의 기획 능력, 여러 난관을 뚫고 수립된 계획을 성공적으로 이행한 실무 엔지니어들의 노력이 합해져야 한다는 중요한 사실이 이 책에서는 여러 사례를 통해 여실히 드러난다.

1980년대에 진행된 핵연료 국산화 사업과 원전설계기술 자립 사업은 일찍이 1958년부터 추진된 원자력법 제정과 정부내 원자력원 설치 및 대학 원자력학과 설립을 통한 인력 양성이 20년간 이어져 왔기에 가능했다. 어려운 국가 재정 형편에서도 트리가 마크 II 연구용 원자로를 도입·운용하고, 1인당 국민소득이 70달러도 안됐을 당시 1인당 6000달러 이상의 유학비용을 들여 총 237명의 유학생을 보내 인력 양성을 추진했던 바탕이 있었기에 1990년대 우리나라 원전기술의 완전 독립이 가능했던 것이다. 1980-90년대 우리나라 원자력계는 원자력 발전 기술 자립과 더불어 독자 기술로써 다목적 연구로인 하나로 건설에도 성공했다. 원자력 발전 기술과 연구로 운용 기술의 자립은 각각 2009년 UAE 원전 수출과 요르단 연구로 수출 달성이라는 개가로 이어진다.

한편 대형 원전 기술 자립은 차후 한편으로는 고도화 과정을 거쳐 우리나라 고유의 신형 원전 개발로 이어지고, 다른 한편으로는 독자 SMR 개발로 이어진다. 일체형 소형원자로인 SMART는 1997년 개발이 착수되어 2012년에 세계 최초로 표준설계인허가를 받은 SMR이다. SMART는 사우디 아라비아의 투자를 받아 실제 건설을 추진하기 위한 설계 개선이 추진되어 SMART100이 사우디아라비아의 노형으로 발전했다. 2017년 이후 국내 원자력 정책 변화와 사우디 아라비아와 정치적 상황 변화에 따라 SMART100의 건설이 무산되기는 했으나, SMART100은 설계 완성도와 제작 실현성이 세계적으로 가장 우수한 SMR이다. 이 책에서는 SMART 개발 배경과 추진 과정도 상세히 소개한다.

지금껏 설명한 내용은 자랑스러운 우리나라 원자력 기술 자립과 고도화 역사의 극히 일부분에 불과하다. 저자는 원자력 기술 자립 현장에서 지휘자로서 20여년간 일한 경험과 선배들로부터 전수받은 기록과 일화를 토대로 방대한 원자력 발전사를 완성했다. 후대들은 선대가 이룩한 성취를 보면 누가 했든 그리했을 것이라 하고 당연시할 수 있다. 그러나 실제는 그렇지 않다. 그때그때 선각자가 있어 현명한 판단을 했고, 역경에 닥쳤을 때 굳은 의지로 적절한 방안을 찾아 돌파했고, 많은 관계자들이 열정과 헌신을 통해 자신의 책무를 성심성의껏 다했기에 탁월한 성취가 가능하게 된 것이다. 이 책은 현재 우리나라 원자력을 세계 최고 수준으로 이끈 선대들의 성취에 대한 충실한 기록이다. 원자력 분야 후대들 뿐만 아니라 원자력의 성취로 인한 과실을 누리는 일반 독자들도 읽어 두기에 좋은 책이다.

2023년 9월 20일
주한규(한국원자력연구원 원장)

프롤로그

　　에너지 자원이 거의 없는 우리나라의 국가 에너지 자립은 국가
적 대 명제로 매우 절실한 문제이다. 6·25전쟁 후 지독했던 가난에
서 벗어나기 위한 우리의 선택은 원자력기술 도입을 통한 에너지
자립이었다. 이후 1980년대 초 '원자력을 통한 에너지자립의 기치'
를 내건 원자력 기술 자립의 여정이 시작되었다. 1980년대 초반부
터 원자력 기술 자립을 추진하여 중수로 및 경수로 핵연료 국산화,
원자력발전 기술 자립과 원자로계통 주기기와 보조기기 국산화,
하나로 연구로의 독자 설계·건조를 성공적으로 달성하였다. 이후
에도 2009년 요르단 연구용 원자로 수출, UAE 상용원전 수출, 그
리고 2015년 사우디아라비아에 SMART 기술수출의 쾌거를 이루
었다. 우리나라가 1958년 원자력 연구를 시작한지 약 50년, 원자
력발전을 시작한지 30년 만에 원자력 시장에서 미국, 프랑스 등의
원자력 선진국과 당당하게 경쟁할 수 있는 원자력 수출국으로 발

돋움했다.

필자는 원자력공학도이자 전문가로서 우리 원자력 산업의 초창기부터 현재의 글로벌 리더로 발전하는 과정을 지켜봤다. 1980년대 초기부터 국책사업 책임자로 원자력발전의 핵심기술인 경수로 핵연료 설계 국산화 사업과 원자로심 및 핵연료 설계 기술 자립을 성공적으로 완수하였다. 원자로 계통설계 업무의 총괄책임자로서 한국형 원자로 계통설계 기술 자립을 달성을 위해 노력하였다. 그리고 혁신개념의 소형 원자로 개발을 개척하여 소규모 전력생산, 해수담수화, 해양 원자로이용 등 원자력에너지 활용의 다변화에 선구적인 역할을 하였으며 열악한 연구개발 환경을 이겨내고 토종 SMART를 탄생시켜 기술수출의 토대를 마련하였다. 원자력 기술 자립의 선구자로서 현장에서 몸소 체험한 경험과 기술 자립에 대한 중요성을 널리 알리기 위해 이 책을 집필하게 되었다.

우리나라 원자력발전 역사를 이야기하는 『원전 기술 자립의 여정』은 한국과총발간 월간지 「과학과기술」 2021년 6월호에 첫 칼럼을 게재한 후 2022년 8월호까지 15회에 걸쳐 게재하였다. 이 칼럼을 근간으로 책을 발간하게 되었다. 이 책을 통해 1959년 원자력연구소 설립부터 혁신형 소형모듈원자로(iSMR) 개발 추진까지 다양한 원자력 기술개발의 역사와 원전 기술 자립 주제를 다루었다. 한국의 원전 기술 자립 여정에서 발생한 도전과 기회를 탐색하였다. 원전 기술 자립 추진 과정 중 연구 중단, 예산 삭감 등 숱한 위기 속에서도 연구자들은 "필(必) 기술 자립"을 외치며 간절하게 연구를 이어

나아가 오늘의 원자력 수출국이 된 과정을 설명한다. 『원자력 기술 자립의 여정』은 세계 최고 상용기술에 대한 도전과 토착화, 기술혁신 그리고 연구원들의 열정에 대한 이야기이다. 원자력 세계에서 큰 도전과 장애물에 직면하여 자신의 길을 개척할 수 있었던 원자력기술 자립의 이야기를 해보려고 한다.

부존자원이 없는 우리나라의 미래는 오직 '원자력 기술 자립'뿐이다. 에너지 수요가 증가하고 지속 가능성이 점점 더 중요해지는 급변하는 세상에서 한국의 원자력 기술 자립 이야기는 그 어느 때보다 중요하다. 원자력 기술 자립은 국가와 민족의 생존권이 걸린 중요한 문제이다. "역사를 모르면 미래가 없다"고 한다. 이 책에서 우리는 1950년대부터 현재에 이르기까지 우리나라의 원자력 기술과 국가가 에너지 생산의 중요한 영역에서 어떻게 자립할 수 있었는지에 대해 탐구할 것이다. 1970년대 국내 최초의 원자력 발전소 도입부터 최근 첨단 원자로 건설·수출에 이르기까지 원자력 산업을 발전시킨 도전, 기회 및 혁신에 대한 비하인드 스토리를 제공한다. 우리나라 원전기술의 자립여정을 가능하게 한 사람들의 이야기와 업적을 이야기한다. 하지만 이 책은 단순한 역사책 그 이상이다. 원자력 기술의 자립 여정이 끝나지 않았으며 에너지 미래를 확보하기 위하여 할 일이 많다는 사실을 일깨워 주기도 한다. 독자가 산업현장 요원, 연구원, 학생 혹은 정책 입안자이든 관계없이 한국의 원자력 기술 자립 여정을 이해하는 데 귀중한 자료를 제공하여 유용한 역사적 의미를 깨달을 수 있게 하고자 한다. 이 책을 통하여 원전기술에 대한 생각과 통찰력을 공유하고 향후 원자력 기술개발의 여정에 동참하기를 바란다.

끝으로 원전 기술 자립에 대한 많은 역사적 자료와 집필 과정 내내 자문해주시고, 또 원고를 꼼꼼하게 교정하여 주신 남장수 전 한국원자력학회 사무총장님 덕분으로 이 책을 발간하게 되어 진심으로 감사를 드린다. 원자력 1세대로서 우리나라 원자력 기술 자립의 선구자이신 이창건 박사님께서 90세를 훌쩍 넘기신 연세에도 불구하시고 기꺼이 감수를 해주셔 정말 영광이다. 원전기술 자립의 여정에 대한 칼럼과 본 책을 쓰도록 격려해주시고 많은 도움을 주신 주한규 한국원자력연구원장님과 이덕환 서강대 명예교수님에게 감사를 드린다. 한국과총발간 월간지 「과학과기술」 2021년 6월호부터 2022년 8월호까지 15회에 걸친 원고를 교정·편집하여 주신 유태경, 박소영 행정원의 노고에 대하여 감사드린다. 원전기술 자립의 추진내용과 일정을 세밀하게 검토·교정하여 주신 글로벌원자력전략연구소 류건중 박사님과 문갑석 박사님에게 특별한 감사를 드린다. 그리고 이 책이 세상의 빛을 보게 해 준 도서출판 글마당 하경숙 대표님과 편집진에게 감사를 드리는 바이다. 우리나라 원자력 기술 자립의 여정에 대한 이야기가 여러분을 기다리고 있다. 앞으로도 계속될 원자력 기술개발의 여정에 독자여러분들께서 애정으로 많은 성원과 격려를 해주기를 바란다.

2023년 9월 10일
대전에서 김시환

원자력에 대한 대통령의 비컨과 리더십

1950년대의 우리는 6·25 참화로 배고프고 가난에 찌들었던 시기 였다. 지금의 아프리카 에티오피아보다도 더 가난했던 나라, 대한 민국, 1인당 국민소득이 80달러도 안 되어, 미국이 원조를 해 주어 야만 지탱할 수 있었던 세계에서 가장 가난했던 나라, 그런 대한민 국이 오늘날 원자력 선진국에 진입할 수 있게 된 것은 선각자적 비 전과 리더십으로 원자력 기술 도입을 강력하게 추진한 이승만 대통 령의 예지력과 애국심 덕분이었다.

경제적으로 매우 어려웠던 그 시절, 원자력 개발에 막대한 투자 금을 쏟아부었던 것은 과학기술을 통해 초토화된 국가 재건을 위해 서는 원자력이 필수임을 깨달은 위대한 건국 대통령 이승만의 예 지 때문이었다.

---

(1) 『신이 준 최고의 선물』 2015, 글마당

1958년 3월 11일, 원자력법이 공포되고 이듬해엔 원자력원과 원자력연구소(Korea Atomic Energy Research Institute) 창설과 함께 제3의 불인 원자력에 대한 연구가 시작되고, 1978년 국내 최초로 고리 원자력 발전소 1호기를 시작으로 의욕적인 원자력 개발 계획이 추진되었다. 에너지 자원이 거의 없는 우리나라는 국가 에너지 자립이라는 대명제의 실현이 절실했다. 따라서 1980년대 초반부터 원바력 기술 자립을 기치로 경수로와 핵연료 국산화, 원전 설계 기술 자립. 원자로 계통 주기기와 보조기기의 국산화, 또 30MW급 연구로의 독자 설계 건설을 성공적으로 달성하였다.

이는 기술 자립에 대한 사명감으로 수없이 많은 시행착오를 거듭하며 연구개발에 매진하여온 원자력 종사자들이 이루어 낸 값진 성취였다. 이후에도 2009년 요르단 연구로 수출, UAE 상업용·원전 수출, 2016년 SMART 기술 수출의 쾌거를 이루었다. 우리는 1958년 원자력 연구를 시작한지 50년, 원자력발전을 시작한지 30년 만에 원자력 시장에서 미국, 프랑스, 러시아 등과 당당하게 경쟁할 수 있는 원자력 수출국으로 발돋움하게 된 것이다.

세계 최초의 원자로 CP-1, 인공 에너지 창출

일본 초대 원자력위원회 위원장을 지낸 후지이에 요이치 박사는 원자력을 '신이 준 최고의 선물'[1]이라 했다. 원자력은 20세기에 접어들어 원자핵 속에 막대한 에너지가 들어 있는 것으로 밝혀지고,

뢴트겐의 엑스선 발견 후 물질 구조에 대한 과학 지식이 점차 축적됨과 더불어 태동했다.

1900년대 초, 아인슈타인이 $E=mc^2$라는 특수 상대성이론을 발표함으로써 물질이 에너지의 일종이라는 개념이 형성됐다. 그 후 아인슈타인의 '질량-에너지 등가원리'가 사실로 규명되면서 물질의 '미시적 세계'에 관심이 증대되고, 1938년 독일의 오토 한이 '핵분열 현상'을 발견하여, '원자력 시대'가 시작됐다.

시카고 파일-1^(Chicago pile 1; CP-1)은 미국이 만든 최초의 '원자력 반응로'로서, 제2차 세계대전 당시 연합국의 맨해튼 계획의 한 파트로 진행된 사업이다. 시카고 대학의 야금학 연구실^(Stagg Field의 서쪽 관람석 아래)에서 건조되었는데, 1942년 12월 2일 이 CP-1에서 처음으로 인류가 지속가능한 핵분열 연쇄 반응을 확인하였다.

이탈리아의 물리학자인 엔리코 페르미의 주도로 연구팀은1942년 12월 2일, 49명의 과학자가 CP-1에 모여 연쇄 핵분열 실증연구를 진행하여 0.5W의 전기를 생산했다. 연쇄 핵분열은 오후 3시 25분부터 28분간 이어졌다. 페르미를 비롯한 과학자들은 실험용 원자로인 시카고 파일 원자로를 성공적으로 가동하였는데, 이 시기의 원자로는 주로 핵자료를 생산하거나 원자폭탄의 원료인 플루토늄을 생산하기 위한 것이었다

CP-1에서는 감속재로 45,000개의 흑연 벽돌^(약 400톤) 핵연료로서 5.4 t의 우라늄 금속과 45t의 산화 우라늄이 쓰였다. 물론 우라늄이기 때문에 자연 방사능이 튀어나오게 되었으나, 지금의 원자로처럼 냉각 시설 및 방사선 방호 시스템이 전무하였다.

1942년 페르미가 핵의 연쇄반응과 제어에 성공함으로써 인공 에너지인 원자력을 사용할 수 있게 되었다. 2차 세계대전 말부터 시작된 원자력 이용은 군사적 이용이 우선됐다. 이 시기에 미국, 러시아, 영국, 프랑스 등의 연합국과 독일은 원자폭탄을 만들기 위해 많은 노력을 했다. 이에 수십억 달러의 막대한 자금과 인력이 투입되었다. 원자력은 새로운 에너지원으로서 평화적으로 이용되기 전에 원자폭탄으로 처음 모습을 드러내어 1945년 제2차 세계대전을 종식시키는 데 기여했다.

1949년 소련에서도 원자폭탄을, 1952년 미국에서는 수소폭탄을 개발했으며, 뒤이어 영국과 프랑스도 핵무기 개발에 성공하였다.

원자력발전 시대의 개막

2차 세계대전이 끝나자 각국에서는 2차 세계대전 중에 개발한 원자로를 평화적 목적으로 이용하려는 연구개발이 활발하였다. 이런 분위기 속에서 1953년 12월 8일 아이젠하워 미국 대통령은 제8차 UN총회에서 '평화를 위한 원자력(Atoms for Peace)'을 선언, UN 산하에 IAEA(국제원자력기구, International Atomic Energy Agency : 이하 IAEA) 설치를 제안하였다. 이는 원자력을 핵무기에서 인류의 평화적 번영을 위해 사용하자고 주창한 것이다. 1954년 UN 총회에서 IAEA의 설치를 의결함에 따라 세계 각국은 원자력을 평화적으로 이용하기 위한 연구개발에 주력하였다. 우리나라는 1956년 2월 미국과 '원자력의 평화적 이용을 위한 쌍무협력협정'을 체결, 1957년 8월 IAEA 헌장에 서명함으로써 회원국이 되었다. 1958년 공포된 우리 원자력법에는 '원자력 개발의 기본 목적은 평화적 이용으로 국민생활 향상과 복지 증진에 기여함을 목표로 한다'고 명시하였다.

1954년 6MW의 세계 최초 원자력발전소가 구소련의 오브닌스크(Obninsk)에 건설되었지만, 세계 최초의 상업용 원자력발전소는 1956년 가동을 시작한 영국의 콜더홀 원자력발전소이다. 당시 엘리자베스 여왕은 기공식에서 "이 새로운 동력을 평화적으로 이용하는데 우리가 선구적인 역할을 했다는 것은 인류복지를 위한 가장 큰 공헌의 하나일 것이다"라며 콜더홀 원전 가동을 축하했다. 미국은 세계 최초의 원자력 잠수함인 노틸러스호에 탑재된 원자로를 사용하여 육상에 건설한 쉬핑포트 원자력발전소를 1958년 최초로 가동한 이후 1979년까지 20년 동안 105기의 원자력발전소를 건설·운영하였다. 현재 전 세계적으로 430여 기의 원자력발전소가 운영되고 있다. 이중 미국은 전체 전력 생산량의 20%, 프랑스는 75%, 우리는 30%를 원자력이 담당하고 있다.

2008년 OECD/NEA(경제협력개발기구 산하 원자력기구)와 IAEA의 자료에 따르면 주요 에너지원들의 자원이용 예상기간은 현재의 소비 증가 추세를 감안해 볼 때 석탄의 경우 약 155년, 가스는 약 65년, 기존 방식의 원자로에서 U235인 경우 약 100년간 사용이 가능하나, 고속 중성자를 사용해 사용후핵연료를 재활용할 경우 우라늄 이용률을 60배까지 높일 수 있으므로 약 3,000년 이상 사용할 수 있다고 전망하였다.

우리나라 과학기술의 모태가 된 원자력의 태동

우리나라의 원자력 도입은 1950년대 후반이었다. 해방 후 남한 전력의 96%를 공급하던 북한이 아무 예고도 없이, 1948년 5월 14일 일방적으로 단전하자 남한은 전력 부족으로 큰 어려움을 겪게 되었다. 이런 여건에서 "원자력으로 가난과 에너지 문제를 해결해보자"는 비전을 가지고 원자력 시대가 개막되었다.

우리나라의 '원자력 평화이용 연구개발'은 세 명의 학자들이 1955년 제네바에서 개최된 '원자력 평화이용을 위한 국제회의'에 참가하면서부터 시작되었다. 대표단은 이 국제회의에서 73개국 대표가 발표한 1,132편의 논문이 수록된 논문집과 미국에서 입수한 몇 권의 참고도서를 가지고 귀국하였다. 이후 문교부 원자력과를 중심으로 18명의 과학도들이 자발적인 '스터디 그룹'을 만들어 레이몬드 머레이(Raymond Murray)교수의 『원자력 공학 입문』*Introduction to Nuclear Engineering*과 미국원자력위원회(US AEC) 발행의 「연구로」*Research Reactors*를 교재로 주말마다 세미나를 열어 열심히 공부하였다.

이들은 세미나 후 우리나라의 원자력 행정체제와 원자력법의 초안을 만들고, 원자력에 관한 자료수집, 원자력 사업 중장기 계획 수립, 연구로의 노형별 비교, 인력양성 계획, 원자력 행정을 위한 준비 작업 및 원자력 용어 제정도 추진하였다.

우리나라 최초의 원자력 행정은 1956년 3월 9일 대통령령 제1140호에 따라 문교부 기술교육국에 원자력과를 신설하면서부터 시작되었다. 원자력과는 우리나라 최초의 원자력 조직인 동시에 원자력 산업의 토대를 구축했다는 점에서 의미가 크고, 연구로 선정과 도입을 위한 예산 확보 및 부지 선정, 원자력 관련 법 제정, 원자력원 및 연구소 설립과 인력양성을 위한 국외 파견 훈련 등 업무를 수행하여 우리나라 원자력 사업의 기둥이 되었다

원자력, 머리에서 캐내는 기술에너지

우리나라의 원자력 역사에 있어서 반드시 기억해야 할 두 사람은 미국 디트로이트 에디슨 전력회사의 회장을 역임한 워커 시슬러(Walker Lee Cisler)박사와 이승만 건국 대통령이다.

먼저 시슬러 박사에 대해 얘기해 보자. 그는 1945년 전쟁이 끝나고 1971년까지 디트로이트의 에디슨 사에 근무했는데, 그 기간 중세계에너지회의(WEC) 의장, 에디슨전기협회(EEI) 회장, 미국 원자력산업회의 의장 등을 맡았다. 제2차 세계대전 후 전쟁으로 파괴된 유럽을 부흥시키기 위한 미국의 마셜플랜에 참여하면서 유명 인사가 되었다. 즉 그는 당시 유럽군 총사령관인 아이젠하워 장군이 요청한 긴급 전력계통 복구 사업을 예정보다 빨리 효과적으로 완성함으로써 일약 세계적인 인물로 떠올랐다. 그런 그가 1948년 북한의 5·14 단전 조치를 계기로 한국과도 인연을 맺게 되었다.

자국이나 회사의 이익보다는 인류애적 관점에서 미 군정을 받고 있는 한국이 심각한 전력난에 빠졌다는 소식을 듣게 된 그는 전쟁

때 건조한 발전함(Power Barge)을 한국에 보낼 것을 건의했다. 그 결과 자코나 발전함은 부산항에, 엘렉트라 발전함은 인천항에 들어와 전기를 공급했다. 또한 당인리발전소의 2만 5000kW급 3호기 건설도 국제개발법(AID; Act for International Development) 차관을 주선해 주어 1956년 3월, 준공이 가능하게 했다. 또 한국이 북한보다 WEC에 가입할 수 있도록 도움을 주었다. 북한이 한국보다 먼저 WEC 가입 신청서를 내자 북한의 가입이 보류되도록 막후에서 영향력을 행사했으며, 이 사실을 한전 박영준 사장에게 알려 주었던 것이다. 그러자 박 사장이 상공부와 외무부를 움직여 가입을 신청해 한국이 북한보다 먼저 WEC에 가입할 수 있도록 막후에서 도와 주었다.

국제 전력계의 거물이니 만큼 한국에 오면 이승만 대통령을 바로 만날 수 있었던 그는 마산, 당인리, 삼척에 10만kW 용량의 화력발전소를 미국 원조로 건설하도록 주선하였다.

시슬러가 미국 트루먼 대통령의 에너지 고문으로 일하고 있을 때, 대통령의 지시를 받고 우리나라의 어려운 전력사정에 대한 자문을 위해 내한하게 되었다. 그는 이승만 대통령을 방문한 자리에서 대통령께서 에너지 자립에 관한 의견을 묻자, 미리 준비해 간 에너지 박스라는 나무상자에서 지휘봉 같은 조그만한 금속 막대기를 꺼내더니 그것이 우라늄으로 이루어진 핵연료봉이라고 했다.

"이 우라늄 1그램으로 석탄 3톤의 에너지를 낼 수 있습니다. 즉 3백 만배의 에너지를 낸다는 얘기입니다. 한국은 자원 빈국이 아닙니까? 석탄은 땅에서 캐는 자원 에너지이지만 원자력은 사람의 머리에서 발굴해내는 기술에너지입니다. 한국처럼 자원이 적은 나라

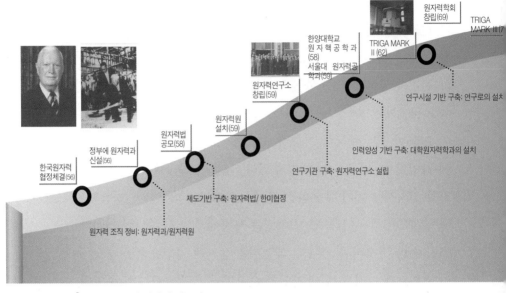

원자력학회
창립(69)

TRIGA
MARK III(7

TRIGA MARK
II (62)

한양대학교
원 자 핵 공 학 과
(58)
서울대 원자력공
학과(59)

원자력연구소
창립(59)

연구시설 기반 구축: 연구로의 설치

원자력원
설치(59)

한국원자력
협정체결(56)

정부에 원자력과
신설(56)

원자력법
공모(58)

인력양성 기반 구축: 대학원자력학과의 설치

연구기관 구축: 원자력연구소 설립

제도기반 구축: 원자력법/ 한미협정

원자력 조직 정비: 원자력과/원자력원

| 1959~60년대 원자력 태동기 ⓒ 원자력연구원

에서는 사람의 머리에서 캐낼 수 있는 창조적 에너지를 적극적 개
발해야 합니다.”

멍하게 듣고 있던 노 대통령이 “이런 에너지를 창출하려면 어떻
게 해야 하는가”고 묻자 시슬러 고문이 한숨 돌리며 천천히 대답했
다. “우라늄을 이용해 원자력발전을 하려면 인재를 육성해야 하는
데, 지금부터라도 젊은 인재를 육성한다면 한국은 20년 후 원자력
발전으로 전깃불을 켤 수 있게 될 것입니다”라고 했다. 이 설명으로
인해 일찌감치 원자력의 힘을 인지하고 있던 이 대통령은 “그런데
우리나라에서 원자력을 빨리하려면 어떻게 해야 하는가”라고 물었
다. 그는 “첫째, 원자력발전을 강력하게 추진할 행정기구가 필요하

┃ 연구소 개소식 (앞줄 왼쪽에서 다섯 번째 윤세원 부장, 여섯 번째 박철재 초대 소장,
다음이 김법린 초대 원자력원장(1959. 3. 1)ⓒ 한국원자력연구원

고, 둘째, 그러한 일을 할 수 있는 전문가를 미국, 영국 같은 기술 선
진국에 보내 전문기술자를 양성해야 합니다"라며 인력 확보의 중
요성을 강조했다.

또 그는 조선전업(한전의 전신), 서울대학교 등에서 특별 강연을 통
해 우리나라의 에너지 문제를 해결하기 위해 원자력발전이 필수라
는 것, 한국 같은 자원 빈국에서는 "머리에서 캐낼 수 있는 원자력
을 적극적으로 추진해야 한다"고 설득했다. 또 한국 젊은이들에게
꿈을 심어 주었고, 그들이 원자력에 대한 관심을 갖게 하는 계기를
만들어 주었다. 그로부터 20년 후인 1978년 고리원전 1호기에서 생
산된 전기가 공급되기 시작하였다. 이렇게 되자 예언자라는 말까

지 듣게 된 것이다.

1958년 2월 22일, 원자력법이 국회를 통과, 3월 11일 법률 제483호로 공포되었다. 같은 해 10월 1일, 대통령령 제394호에 따라 원자력원 직제가 공포돼 원자력 행정기구의 틀이 마련되었다.

이듬해 1월 21일, 대통령 직속으로 원자력원이 설립되었고, 산하기관으로 원자력연구소가 1959년 2월 3일 개소하였다. 시슬러 박사가 이승만 대통령에게 한 조언이 원자력법 제정, 원자력청과 연구소의 신설 등에 큰 영향을 준 것이다.

1950년대 후반, 굶고 헐벗은 국민들에게 당장 필요한 것은 식량이었던 최빈국이 20년 이후에나 이용 가능한 원자력을, 미래를 위해 1인당 6천 달러에 달하는 학비를 238명에게 주어 미국, 영국 등 선진국에 유학을 보내 인재양성에 힘써 오늘날 원자력 기술입국이 가능하게 된 것은 이승만 대통령의 국가와 후손들의 미래를 위한 어려운 결단 덕이었다. 그때 이승만 대통령은 80대 노인이었다. 그가 20년 후 원자력 혜택을 볼 것이라는 얘기를 듣고 원자력 개발에 올인했으니 자기 당대에 업적을 이루어 대중적 인기를 끌려는 얄팍한 정치꾼이 아니었다는 것이 설득력 있는 견해일 것이다.

따라서 민족과 국가를 위한 야심, 후손들의 번영과 공익을 위한 역사적인 견해를 지니고 원자력 정책을 펴나간 야심가였다고 기록해야 할 것이다.

같은 맥락에서 시슬러도 동 시대의 인물이었다. 그는 전후에 유럽에서 이룬 업적으로 박수갈채를 받았고, 그 후엔 세계 최강국 대통령의 고문이었으므로 인기와 영향력에선 최상급에 속하는 인기

스타였다. 그런 그가 세계 최빈국인 한국을 적극적으로 도왔던 것은 연민의 정도 있었겠으나 진흙탕에서 오로지 기술이라는 밧줄을 붙들고 나오려는 우리 선배들을 어여삐 본 선각자적인 안목이 있었을 것이다. 이 나라 전력계에선 그 어른을 사망(1897~1994; 98세)하는 그날까지 은인으로 정중히 모셨다.

당시 유학생들의 열정은 50년이 지난 지금도 원자력 종사자들에게는 좋은 귀감이 되고 있다. 유학생들은 귀국 후 마땅한 일자리가 없어 제1세대 유학생들의 30%가 귀국하지 않고 외국에 남았다. 즉 국제적으로 비난 받은 두뇌유출(Brain Drain)을 일으킨 것이다. 그러나 후일 국내 산업이 발전하고 국가 경제가 진전함에 따라 많은 유학생들이 귀국하여 원자력 기술 자립에 헌신하였다. 원자력 기술 개발의 개척자인 유학생들은 훗날 원자력뿐만 아니라 우리나라 과학기술 발전에 크게 기여하였고, 결과 원자력이 과학기술의 모태가 되었다.

최초의 연구용 연구로, '제3의 불' 원자력

이승만 대통령은 원자력의 가능성을 미리 내다본 선각자이며, 원자력 연구개발의 기틀을 마련한 국가 지도자였다. '왜 이승만 대통령은 원자력 기술을 적극적으로 도입하였을까?' 원자력이 국력이 될 수 있다는 신념을 바탕으로 파격적인 원자력 지원 정책을 펼쳤다. 그는 인재 양성과 제도 기반 구축 그리고 원자력 연구인력을 결집할 조직을 갖출 필요성도 알았다. 이에 따라 자원이 부족한 우리나라에서 국가 산업발전의 핵심적인 동력으로 원자력 기술을 확보하기 위해 당시 경기도 소재였던 서울공대(현 서울 공릉동) 부지 중 5만 평을 할애받고 주변의 민간토지를 구매하여 1959년 2월 3일 연구소를 설립하였다. 초대 연구소 소장으로 문교부 기술교육국장이던 박철재 박사가 임명되었다. 1959년 3월 1일 경기도 양주군 노해면 공덕리 서울공대 5호관에서 박철재 초대 소장, 김법린 초대 원자력원장 등이 참석한 가운데 연구소가 문을 열었다.

정부는 원자력 전문 연구기관인 연구소 설립에 맞춰 1957년부터 연구로의 도입을 계획하고, 1958년 8월 윤세원 문교부 원자력과장과 김희규를 미국에 파견하는 등 준비 작업에 들어갔다. 그들은 미국에서 연구하며 후학을 양성하던 전완영 박사의 합류로 처음에는 50kWt 급의 비등수형 원자로를 고려했지만, 가격과 활용성 등을 고려해 미국 제네랄 아토믹(General Atomic, GA)의 트리가 마크 -II(TRIGA Mark-II, 열출력 100kW)를 도입하는 쪽으로 변경하였다.

우리나라 최초의 원자로인 연구로 1호기를 도입하여 설치한 것은 원자력 시대를 선언한 획기적인 사건이었다. 첫 연구로 건설을 위해 미국 정부는 원자력의 평화적 이용 계획에 따라 35만 달러를 무상 원조했고, 우리 정부가 1958년 예산에 38만 2천 달러를 책정해 총 73만 2천 달러를 투자하였다.

1959년 7월 14일 이승만 대통령을 비롯한 3부요인, 외교 사절단, 과학기술계 인사들이 참석한 가운데 첫 연구로 기공식이 있었다.

| 연구로 1호기 기공식(1959. 7. 14) | 연구로 1호기 원자로 가동식(1962. 3. 30) |

그 후 채 3년이 지나지 않은 1962년 3월 19일 16시 52분, 우리나라
최초의 연구로에서 '제3의 불'인 원자력이 점화^(핵반응 임계 도달)되었
다. 이로써 우리나라의 원자력 개발이 본격적으로 시작되었다. 각
종 방사성동위원소를 생산하여 의료, 농업, 산업 분야 등에 활용하
는 것이 가능하게 된 것이다. 이 연구로는 우리나라 최초의 원자력
연구시설로, 원자력산업 인력양성, 원자력 기술 개발 및 보급에 크
게 공헌하였다. 원자력의 가능성을 앞서 내다보았던 여러 선각자
들의 과학기술에 대한 의욕과 열정으로 원자력 기술 개발의 기틀
을 마련할 수 있었다.

연구로 1호기는 제어봉 반응도 측정, 출력 보정 등을 거쳐 3월 23
일 100 kWt의 정격 열출력에 도달했다. 한 동안의 연구로 가동 이
후 방사성동위원소 생산과 원자로를 이용한 제반 실험을 위해 고밀
도 중성자 속을 요구됨에 따라 1968년부터 트리가 마크-II의 출력
증강 사업이 착수됐다.

연구로의 출력을 250kWt로 증강하기 위하여 노심 구조의 해체 및 조립, 제어봉 구동장치 설치판의 해체 및 조립, 중성자 검출기의 재배치 등 노심부 작업과 냉각계통의 펌프, 열교환기 설치작업, 계측제어계통의 보정, 2차 냉각계 냉각탑 건조, 방사화 분석을 위한 공압식 이송계통의 추가 설치 등 개조작업을 1969년 6월 24일 완료했다.

트리가 마크-II 출력증강에도 불구하고 메가와트(MW)급의 새로운 연구로의 필요성이 제기됨에 따라 1968년 연구소는 해외 9개 회사에 입찰요구서를 보내 걸프 제네럴 아토믹(Gulf General Atomic, GGA), 아메리칸 머신 앤 파운드리(American Machine & Foundry, AMF), 록히드(Lockheed) 등 3개 사로부터 응찰서를 받았다. 1965년부터 열출력 메가와트급 제2 연구로 도입에 대한 많은 논의를 해왔던 연구소는 제너럴 아토믹사의 트리가 형으로 노형을 선정했다.

연구로 2호기 도입이 1968년 12월 11일 제167차 원자력위원회에서 의결됨에 따라 제네럴 아토믹(TRIGA Mark-III)과 38만 달러에 원자로 구매 1차 계약을 체결했다. 원자로 시설의 건설비는 1,094,000달러, 총 건설비로 27억 원이 투입됐다.

연구로 2호기는 1969년 4월 12일 기공해 1972년 3월 임계에 도달 후, 2MWt 정격출력 운전에 들어갔다. 건설 사업은 당시 연구소 원자로 공학 연구실장 김동훈 박사가 주도했다. 그해 5월 10일 거행된 준공식에는 김종필 국무총리와 최형섭 과학기술처 장관이 참석했다. 서울 노원구 공릉동에 위치한 연구로 1호기와 2호기는 각각 1962년과 1972년에 가동을 시작한 우리나라 최초의 원자력 연구시설로, 원자력 인력양성과 기술 개발 및 보급에 공헌했다.

연구소는 1983년 결정된 대전 이전 계획에 따라 1985년 공릉동 원자력연구소 부지를 한국전력(이하 한전)에 매각하고, 부지 내에 있는 연구로 1, 2호기는 대전에 새롭게 건설되는 다목적 연구로인 하나로가 정상 가동될 때까지 연구소가 계속 운영하다가 해체하기로 계약을 체결했다.

이후 1996년 3월 제12차 '원자력이용개발전문위원회'는 연구소가 연구로 2호기를 즉시 해체하고, 1호기는 역사적·교육적 가치를 감안해 부지 소유주인 한전이 기념관화 하도록 결의했다. 연구로 1, 2호기 해체는 우리나라 최초의 원자력 시설 해체사업으로 관련 규정이 미비했지만 연구원과 한국원자력안전기술원(Korea Istitute of Nuclear Safety, 이하 KINS)의 긴밀한 협조로 IAEA의 안전 권고사항을 충실히 이행하는 '해체계획서'와 '환경영향평가 보고서' 준비 후 이를 토대로 단 한 건의 사고도 없이 공사가 마무리 단계에 있다.

우리나라 원자력발전 시대의 개막과 원자로형 결정

1960년대 말, 우리나라에 원자력발전을 도입하게 될 것이라는 전망에 따라 1962년 원자력원에서 '원자력발전대책위원회'가 설립되었다. 이 위원회는 다양한 발전로형을 조사하여 우리 전력계통에 적합한 원자로의 용량을 포함한 원전 도입 타당성 조사를 여러 차례 진행하여 IAEA 전문가의 자문을 받았다. 우리나라 전력계통

용량이 증가함에 따라 원자력발전소의 단일기 용량도 당초 10만에서 20만, 30만, 50만kW로 점차 늘어나게 되었다.

1960년대 초, 박정희 국가재건최고회의 의장은 중화학공업 개발 정책의 기반이 되는 산업 동력으로 원자력발전을 기획하였다. 이에 따라 '원자력발전대책위원회'는 '원자력발전추진기획(안)'을 수립하였다. 1960년대 초, 정부가 경제개발계획을 수립하면서 검토하였던 원자력발전 관련 조직이 구체화되어, 1965년 국무총리 직속으로 원자력발전심의회가 설치되고, 제1차 원자력발전 기술조사단이 미국, 영국, 일본, 캐나다 등에 파견하여 선진공업국의 원전 정책 및 계획, 기술 개발 상황, 경제성 평가, 부지 선정, 건설 업무 절차, 자금조달 문제 등을 조사하였다. 1967년 제2차 기술조사단을 미국, 영국, 일본, 프랑스 등에 파견되어, 우리나라에 도입 가능성이 있는 가압 경수로, 비등경수로, 중수로, 개량형 가스냉각로에 대한 기술성 및 경제성을 검토하였다. 정부는 1968년 1월 원자력발전소 건설계획을 발표하고 건설추진위원회를 구성하였다.

당시 원전건설 계획은 원자력청이 주도했으나 한전도 이에 대해 관심을 갖게 되어 원자력청과 한전 간에 원자력발전추진 문제로 경합을 벌였다. 한전은 많은 발전소 건설·운영 과정에서 풍부한 경험과 기술을 축적했으니, 원자력발전도 전력사업의 일환으로 추진되어야 한다고 주장하였다. 또한 재정 기반이 튼튼하기 때문에 외국에서 차관을 도입할 때 신용평가에 유리하다는 점도 고려해야 한다며 정부를 설득하고 언론에 호소했다. 그 결과 1968년 4월 9일 원자력발전추진위원회에서 한전을 사업 주체로 결정하게 되었다. 이에 따라 한전은 본사 기술부에 원자력 담당 조직을 신설하며 원자력발전 사업을 시작하였다.

한편 원자력청은 관련 법규 정비, 기술 개발, 인력양성을 담당하게 되었다. 원자력청 원자력발전과에서는 원자력발전에 관한 기초훈련 과정을 제공하기 위하여 연구소에 원자력 연수원을 설립해 1968년 9월 2일부터 한전 직원들에게 원자력 기초 교육을 실시하였다. 이 과정은 1978년 한전의 고리 연수원이 발족될 때까지 매년 개최되었다.

1968년 한전은 원자력 기기 공급자 선정을 위하여 미국의 3개 회사와 영국 1개 회사에 예비 견적서 제출을 요청하여 그해 10월 예비 제안서를 접수했다. 당시 영국 비에니(BNEE)가 제시한 노형은 흑연감속 가스냉각 방식의 AGR(Advanced Gas Reactor, 개량형 가스냉각로)으로서 일본 최초 원자력발전소인 도카이무라 1호기와 프랑스 비제이(Bygey)와 동일 노형이었다. 한편 미국 웨스팅하우스(이하 WH)가 제시한 노형은 가압 경수로(PWR)였다. 영국 AGR 노형의 국내 에이전트는 우리나라의 기간사업 건설에 필요한 차관을 마련해 주며 당시 정권과 밀착되었던 회사의 아이젠버그였다. 아이젠버그는 한국에 개량형 가스냉각로를 판매하려는 에이전트였으며, 독일계 유대인으로 세계적으로 유명한 무기 중개상이었다. 서방세계의 많은 은행 및 대기업과 관계를 맺고 있던 그는 우리나라의 호남비료, 동해화학, 인천제철 등 10개의 중요한 기간산업 설비들을 도입할 수 있도록 차관을 주선해 주었다. 당시 우리나라는 재정 사정이 매우 열악해 모든 국책사업을 외국 차관에 의존하고 있었기에 그에 대한 의존이 높았다.

한전은 원자력 설비 입찰서를 놓고 내부평가에 이어 외부 전문가를 통한 평가를 바탕으로 원자로형을 가압 경수로로 결정하려고 했다. 그러자 AGR을 한국에 판매하려던 아이젠버그가 강력하게 이의를 제기하였다. 그러자 태완선 부흥부(경제기획원) 장관이 나서서 중립적인 입장을 취했던 한전 김종주 기술이사에게 원자로형 선정을 지시하였다.

김종주 이사는 해방 전 일본 도쿄대학을 다니다 서울대 전기과로 편입해 졸업하였다. 그후 영국연구소에서 가스냉각로를 공부하여 콜더 홀 원전에서 4개월간 운전 교육을 받았다. 그 후 미국 MIT에서 가압 경수로에 대해 공부한, 개량형 가스냉각로와 가압 경수로 양쪽을 잘 아는 전문가였다. 그는 한전 내부(김석진, 민경식, 문희성, 노윤래) 평가와 외부 전문가 (이상수, 이관, 이창건, 임용규) 자문을 받아 가압 경수로형을 선택하여 정부에 보고함으로써 국내 원자로형은 가압 경수로 도입으로 결정되어, 1969년 1월 29일 WH를 계약 상대방으로 선정하였다.

이 때문에 김 이사는 음으로 양으로 막강한 정치력을 행사하던 아이젠버그로부터 "다 차려 놓은 밥상에 재뿌린 자"라는 식의 심한 압박과 굴욕을 당했다. 그럼에도 워낙 능력이 출중하고 원자력계에서 존경을 받는 인물이었고 특히 청렴결백한 엔지니어였으므로 진흙탕에서 빠져나올 수 있었다.

현재 전 세계 상용로의 약 70%가 가압 경수로형으로 운영 중이
현재 전 세계 상용로의 약 70%가 가압 경수로형으로 운영 중이라

는 현실을 감안하면 그때의 노형 선정은 미래를 내다본 매우 훌륭한 선택이었다.

고리 1호기 부지 선정 비화

첫 번째 원전 부지 선정을 위한 기초 조사는 1964년 말부터 1965년 6월까지 약 7개월 동안 진행되었다. 원전부지 기초 조사는 원자력연구소, 한전, 대한석탄공사가 22개 지점을 선정하여 평가한 결과 9개 지점으로 압축했다. 제1차 예비조사 결과 경기도 고양군 행주외리, 경남 동래군 기장면 공수리와 장안면 월내리 3개 지점이 최종 선정됐다.

1965년 6월 조사에서 IAEA의 맥컬린 단장이 이끈 외국 부지조사단이 내한해 더욱 정밀한 부지 탐색작업을 거친 결과 1966년 3월, 장안면 월내리와 길천리 2개 지구로 압축되었다. 그런데 1967년 장기전원개발계획에 따라 원전용량이 30만kW급에서 50만kW급 2기로 변경되었다. 이에 따라 월내·길천 인근 지역인 고리부지에 대해 재조사하였다.

원자력청은 기상 조사를 하고, 한전은 지질, 골재원, 용수원, 해류 이동방향과 계절별 온도 조사 등을 실시한 결과 고리 부지도 원전부지로 양호하다는 결론을 내리고 월내·길천·고리를 묶는 고리 원전 단지를 우리나라 첫 원전 건설단지로 최종 선정하였다.

부지선정

아래 기술한 고리1호기 부지 선정 비화는 당시 부지 조사관이셨던 이창건 박사의 회고록이다.

원전부지 조사는 원래 정부의 원자력 장기 개발 계획 중 하나로 원자력원의 이민하 기획조사과장이 원자력연구소에 의뢰하면서 사업이 시작되었다.

그가 원전부지 조사에 남달리 적극적이었던 것은 5·16(1960년) 혁명 후 국가재건최고회의 시절 그가 작성한 원자력장기계획안을 박정희 의장에게 브리핑한 다음 결재받은 인연이 있었기 때문이다.

그런데 당시엔 원자력원이나 연구소 예산에 부지 조사비가 책정되어 있지 않아 기획조사과 직원들에게 몇 달간 드문드문 출장 명령을 내리는 편법을 써서 부지 조사비를 조성했다.

부지 조사 의뢰를 받은 연구소 연구관(이창건 박사)은 한전 토목부, 대한석유공사, 대한석탄공사, 지질조사소, 기상대 등의 도움을 받아 전국 해안을 조사했다. 그는 관련 문헌조사와 선배들의 경험을 참작하여 내륙지방은 중하물의 교량 통과 시의 애로와 냉각수의 취배수 문제 등을 예상하여, 처음부터 선정 대상에서 제외했다. 몇 달 간의 현지답사 결과 전국 해안의 28개 후보지 중 최종적으로 한강 하류의 행주산성 인근(행주외리)과 경상남도 동래군 두 곳으로 압축했다. 그 후 관련 부처와 협의 과정에서 행주외리는 휴전선에서 너무 가깝다는 국방 당국의 의견과 또 편서풍인 탁월풍향(prevailing wind direction, 연간 또는 각 계절에서 가장 출현 횟수가 많은 바람의 방향)이 서울을 지나간다는 기상대의 권고를 받아 그곳을 예비후보 부지에서 밀어냈다.

연구소의 부지 조사자는 동해안에서 사진을 찍다가 군사기지를 정탐했다는 혐의를 받고 군 보초병들에게 붙잡혀 곤혹을 치루었다. 그가 신분증과 출장명령서를 제시했으나 간첩이라면 이 이상의 서류도 갖고 다닐 것이라며 주둔부대로 끌고 가 상급자들에게 인계했다. 해병 하사관들은 혐의자가 갖고 있는 지도, 망원경, 카메라와 필름, 줄자 및 수첩 등을 면밀히 조사하더니 간첩이 맞다고 하는 것이다.

그들이 간첩이라고 단정한 것은 수첩에 적힌 여러 가지 약자가 암호이고, 특히 그의 평안도 사투리가 문제였다. 부지 조사자(이창건 박사)가 원자력청과 연구소에 연락해 보면 알 것이라고 했으나 당시는 군부대와 정부 관청 간의 연락망이 전혀 없어 그들의 현지 판정은 바로 굳어지고 말았다. 법은 멀고 해병대의 주먹은 가깝고 무자비했다. 그래서 부지 조사자는 실신할 때까지 구타당해 머리와 가슴이 벌겋게 피멍이 된 채 땅바닥에 버려져 있다가 몇 시간 만에 깨어났다. 그제서야 해병대사령부 참모로 있는 선배 이름이 간신히 생각이 나 풀려나게 되었다. 그때 맞은 후유증을 지금도 앓고 있는 이창건 박사는 그것이 해병대가 수여한 훈장으로 알고, 여전히 달고 다닌다고 말하고 있다.

고리를 한국 최초의 원전부지로 확정하는 데는 어업조합장 구봉서 씨의 적극적인 협조가 있었다. 그는 어업조합원들의 원전 유치 찬성 의견을 이끌어 냈고 주민들의 지지를 얻는 것 등에도 자신감을 보였다. 그가 해산물을 들고 연구소로 쫓아와 고리지역의 장래 발전을 위해서는 원전 유치로 지역의 기반조성이 필요하다며 원전 운영 시 장단점에 대해 문의하는 것을 보고 우리는 부지 선정에 자신감을 얻었다.

연구소로부터 부지 선정 보고서 3권을 받은 원자력청은 그것을 외부 전문가에게 평가시키는 등 여러 가지 과정을 거친 후 결과를 공표하기로 했다. 그러자 원자력위원회의 박동길(채광 및 지질학 전공) 위원이 서두르지 말라며 제동을 걸었다. 이유는 보고서 내용 자체가 아니라 당시의 사회 분위기와 여론의 향배라는 것이다. 아무리 훌륭한 것이어도 한국인이 만든 것이라면 무조건 깎아 내리는 자학(自虐) 분위기가 만연되어 있으므로 먼저 그것을 언론계의 유력 논설위원에게 슬며시 보여주며 반응을 떠보라고 했다. 한 번 엎질러진 물을 다시 퍼담기 힘든 것이 현실이니 신중을 기해야 한다는 선배다운 충고였다. 과연 박 위원의 충고는 정곡을 찌르는 것이었고 백번 맞는 말씀이었다. 그러자 이민화 기획조사과장이 IAEA 부지조사 평가단을 초빙해 국제 전문가의 검토를 받아 볼 조치를 취했다. 이렇게 해서 영국인 맥컬린을 단장으로 IAEA 원전 부지조사 평가단이 내한하게 된 것이다. IAEA 부지평가단이 갑자기 내한한다는 소식에 원자력청이 당황하자 경상현 원자력 사무국장이 조사보고서를 당장 영문으로 번역해 IAEA 평가단의 원자력청 첫 방문 시에 준비해야 된다는 의견을 내 놓았다. 이에 따라 당시 이창건 박사는 하룻밤 사이에 그 세 권 중 두 권(한 권은 지도와 사진)을 오후 늦게부터 새벽까지 번역했다. 우리 사회의 기민성과 정확성을 나타낸 것은 인쇄사 직원들의 능력이었다. 그들은 몇 시간 안에 모든 번역문을 정확하게 타자를 쳐 출근 전 30권을 인쇄하여 원자력청 회의실에 갖다 놓은 것이다. IAEA 평가단은 잉크 냄새가 나는 세 권의 보고서 페이지를 넘기며 조사자의 브리핑을 받고, "IAEA와 선진국의 부지 선정기준에 잘 따랐고 특히 이조 시대의 왕릉선정 기법을 가미한 것이 아주 흥미롭다"며 긍정적인 반응을 보였다. 그리고는 부지를 실사한 다음 현장에서 결론 내리겠다고 하여 기자들이 동행하게 되었다. 고리가 한국 최초의 원전부지로서 손색이 없다는 사실을 IAEA 평가단장이 현지에서 공표하자 어느 기자가 그 지역은 양산단층(梁山斷層, Fault zone)에 너무 가까워 부적절하다며 강하게 물고 늘어졌다. 이에 대해 활화산이 많은 선진국(예. 일본)에서의 원전 부지 선정의 예시와 그에 따른 지질 및 지질학적 특성에 대해 명쾌하게 답변해 준 이가 미국 지질조사국(US Geological Survey) 소속의 조지 칼라한(George Callahan)이 었다. 그는 신라시대부터의 우리나라 지진기록과 지역별 지질 특성에 대해 너무도 상세히 알고 있었고 양산단층에 대해선 공학적 보완조치로 얼마든지 극복할 수 있다고 자신있게 답변했다.

그날 기자 질문이 초등학교 수준이라면 칼라한의 답변은 대학원 급이라는 평을 받았다. 칼라한은 한국에 주둔하는 모든 미군 부대의 부지 선정에 적극 관여해온 전문가였으므로 한국의 지역별 지질특성, 지진, 지하수, 용수, 풍향 등에 대해 누구보다 상세히 알고 있는 전문가여서 기자들의 어설픈 질문에 당당하고 정확하게 대응할 수 있었다. 그것이 계기가 되어 그와 개인적 친분을 갖게 된 이창건 박사는 그로부터 우리나라 지역별 지질 특성, 지진, 온천수나 지하수에 대해 많이 배웠다.

원자력발전, 새 시대의 동력으로

국민소득이 200달러였던 시대, 정부 1년 예산의 4배에 달하는 건설비 1,560억 원을 투입하는 초대형 국가 프로젝트였다. 국가의 명운을 걸고 원자력발전소 건설에 착수했다. 그도 그럴 것이 1971년 착공 시점에서 고리원전 1호기 사업비는 국내총생산의 5%로 역사상 최대 국책사업이었다. 고리원전 1호기의 설비용량은 1969년 국내 총 발전설비 용량 184만kW의 약 31%이었다.

당초 고리 1호기의 건설소요 자금은 약 344억 원(외화 약 9,500만 달러, 내자 약 83억 원)으로 추정됐다. 한전은 미국의 GE와 WH 그리고 영국 원자력수출공사 등 4개의 외국회사에 견적서 제출 안내서를 발송했다. 당시 우리나라의 기술 수준을 감안해 턴키 방식으로 건설하되 제의자가 차관을 확보하도록 요구하였다. 학계를 비롯한 국내 전문가들로 전문위원단을 구성하여 약 3개월간의 종합검토를 거쳐 1969년 1월 29일 4개 회사 가운데 저렴한 가격과 건설 실적 등을 평가하여 미국의 WH를 계약상대자로 선정하였다. 한전은 기술 시방서를 확정하고 WH와의 계약체결을 위해 1969년 2월 미국의 번스앤로우와 3개월간 기술 자문 용역 계약을 체결하여, 같은 해 10월 29일부터 건설계약서 초안에 대한 상세 협의를 시작, 계약 조건과 기술사양에 대한 본격적인 협의를 진행하였다. 고리 1호기 건설계약 및 차관협정 체결은 사업자 선정 후 1년 6개월 만에 마무리되었다.

1970년 6월 17일 한전 이사회 결의를 거쳐, 6월 22일 한전과 미국 수출은행 간의 차관협정 체결, 6월 24일 WH 간의 차관협정 체결, 12월 1일 한전과 영국 라자드은행 간 차관 협정이 체결됐다.

1969년 10월부터 본격화된 건설계약 협상은 1970년 6월 24일 마무리되었다. 원전연료 성형 가공은 한전과 WH간에 별도 계약을 했다. 고리 1호기 준공은 계약 발효일로부터 60개월, 계약금은 1억 2,663만 6,000달러로 미국과 영국 기관에서 발행하는 물가지수를 적용해 계약금을 조정하되 물가 상승 한도액은 675만 달러로 정했다. 설비용량 58만 7,000kW 가압 경수로인 고리 1호기는 최종적으로 외자 1억 7,390만 달러, 내자 717억 4,200만 원 등 총 1,560억 7,300만 원이 투입된 국내 최대 규모의 단위사업이었다.

한전은 고리원전 1호기 건설허가 획득 과정에서 난제가 너무 많아 IAEA 전문가들의 자문을 받아 난관을 헤쳐 나갔다. 마침내 1971년 3월 19일 경남 양산군 장안읍 고리현장에서 '제3의 불'에 대한 꿈과 포부를 가지고 박정희 대통령이 참석한 가운데 고리원전 1호기 기공식이 거행되었다.

고리1호기를 도입할 당시 우리나라 원자력 기술 및 자료는 전무하였고, 재정과 산업 기술 수준이 열악하여 건설에 필요한 기자재를 수입에 의존할 수밖에 없었다. 가진 것이라곤 모래, 골재, 노동력뿐이었다. 따라서 원자력 개발은 외국에서 기술과 완제품을 도입하는 것부터 시작하였다. 고리 1호기 건설이 주계약자인 선진국 공급자에게 설계, 제작, 건설, 시운전에 이르기까지 모든 권한과 책임을 맡기는 일괄도입 방식(턴키방식)으로 추진된 것이다. 그러한 어려운 여건에서도 우리 기술자들은 하나라도 더 배우려고 외국 전문 기술자들에게 매달리며 사업 관리, 인력 관리, 기술 관리, 건설 기술, 기술 기준, 안전 규제 등을 배우느라 땀을 흘리고 정성을 다하였다.

당시 국내 최대 규모의 단위 사업이었던 고리원전 1호기 건설공사는 1978년 7월 20일 완공되었다. 이로써 우리나라는 세계에서 21번째 원자력 발전국가로서, 본격적인 원자력발전 시대에 진입하였다. 1959년 이승만 대통령이 연구로 기공식을 한 후, 고리원전 1호기가 상업 운전을 시작한 1978년까지 20년이 걸렸다. 20년 후에 원전 혜택을 볼 것이라고 예측한 시슬러의 말이 맞은 셈이다.

박정희 대통령이 참석한 고리원전 1호기 기공식(1971. 3. 19)

고리원전 1호기는 1978년 준공 당시 우리나라 전체 발전 설비용량 659만kW의 약 9%를 차지했다. 발전단가는 9.21원/kWh로, 화력발전 단가 16.0원/kWh 대비 42% 저렴했다.

고리원전 1호기는 저렴하고 안정적인 전력 공급원으로 우리나라의 에너지 자립에 크게 기여하고, 원전 전문인력 양성의 요람 구실을 하였다. 안타깝게도 이런 기념비적인 고리원전 1호기는 40년 만에 문재인 정부에서 영구 정지되었다. 원자력발전을 처음 시작할 당시에는 보다 안전하게 가기 위해서 최초 운영기간을 30년으로 하고 10년마다 연장하기로 법에 명기했었는데, 오늘날 난무하는 원자력 괴담속에서 그 법으로 인해 역사 속으로 사라지게 되었다. 미국은 원전 운영기간을 60년에서 20년 더 연장하여 80년까지 가동하는데, 우리나라는 고작 30~40년 만에 폐기해 버리니 국가적인 큰 손실이다.

고리 1호기 건설 과정에 국내 건설업체로는 현대건설이 원자로 계통 시공, 동아건설이 터빈·발전기 계통 시공, 유양 원자력이 비파괴검사를 담당했고, 한전은 건설공사 총 감리를 맡았다. 고리 1호기는 1977년 4월 23일 원자로 냉각계통의 수압시험, 설비 및 계통의 상온 기능 시험, 고온 기능 시험과 격납건물 누수율 시험 등을 완료함으로써 1977년 4월 26일 오후 6시 23분 고리 1호기의 초기 원전연료 장전을 성공적으로 완료했으며, 그 후 1977년 6월 19일 오후 5시 40분 임계에 도달하였다. 이후 영출력으로 원자로 특성시험을 거쳐 핵분열에너지를 이용한 전기 생산을 처음 시작하였다. 1977년 6월 26일 오후 10시 36분, 한전 전력계통에 고리 1호기를 병입하였다. 그 후 단계별로 30%, 50%, 75%, 90%의 출력에서 원자로 특성시험을 거친 후 1978년 3월 23일 100% 출력에 도달했다. 계약에 의한 성능시험 100시간 연속운전 시험과 24시간의 열효율 측정 시험을 거쳐 고리원전 1호기는 1978년 4월 29일 한전이 정식으로 인수하고 상업 운전에 들어갔다.

1978년 고리원전 1호기의 상업운전 시작 후, 우리나라는 기술 자립의 일환으로 1,000MW급 한국형 표준원전(KSNP)을 개발하여 국내 건설과 함께 북한 신포 지역에 한국형 원전 두 기를 공급할 목적으로 한반도에너지개발기구(KEDO)가 설립되어 추진되었으나 2006년 북한의 1차 핵실험이 있고 난 후 이 사업은 종료되었다. 그러나 이 기술력을 바탕으로 한국형 신형원자로(APR1400)를 자체 개발하여 표준설계인가 획득 후 국내 건설과 동시에 수출을 도모하였다. 결과 2009년 UAE에 APR1400 네 기를 수출하고, 또 2015년 사우디아라비아에 일체형 원자로(SMART 원자로) 기술 수출을 성사시켜 마침내 원자력 수출국으로 도약하였다.

국가 최고 지도자의 리더십이 주는 교훈

원자력 기술의 핵심은 화석연료의 10만 배에 달하는 핵분열 에너지를 안전하게 관리할 수 있는 기술로, 에너지 안보뿐만 아니라 국가안보와 직결된 기술이다. 현재 북한은 핵무기를 완성하여 우리의 안위를 위협하지만, 우리는 원자력의 평화적 이용을 기치로 선진국으로 도약해 세계 6위의 원자력발전 기술 강국으로 부상하였다. 원자력 연구개발을 시작한 지 50년 만에 일군 성과다. 바야흐로 기술 자립 단계를 넘어 원자력 수출 시대를 연 성공 신화를 이룬 것이다. 이것은 기술 자립의 사명감으로 수없이 많은 시행착오를 거듭하면서 연구개발에 매진해온 원자력 종사자들이 일군 값진 성취이다.

원자력 기술 발전은 대통령이 주도하는 원자력정책에 따라 크게 좌우된다. 아래에서는 역대 대통령들의 원자력 기술 자립 노력을 조명하고, 다가올 에너지 위기 시대에 현명하게 대처할 수 있는 지혜를 모색하고자 한다.

이승만 대통령(재임기간:1947~1960)은 원자력의 가능성을 미리 내다보았던 원자력의 선각자이며, 우리나라 원자력 개발의 기틀을 마련한 국가 지도자였다. 이 대통령은 '어려운 여건에서 원자력으로 가난과 에너지 문제를 해결해보자'는 큰 비전을 가지고 원자력 시대를 개막하였다. 1950년대 후반 이 대통령은 어려운 여건에서도 원자력의 무한한 가능성을 보고 원자력 기술 도입을 적극 추진하였다.

1956년 문교부 기술교육국에 원자력과(초대 과장: 윤세원)를 신설하여, 1958년 원자력법을 제정, 대통령 직속으로 원자력원을 설립하였으며, 1959년 2월 3일 산하기관으로 원자력연구소를 개소하였다. 같은해 연구로 1호기(KRR-1, TRIGA Mark-II, 열출력 100kW)를 도입함으로써 우리나라의 원자력 시대를 개막하였다. 이 대통령은 국가 재정이 매우 어려운 형편인데도 불구하고 많은 원자력 국비유학생

원자력 기술 자립의 여정

(238명)들을 과감히 국외에 파견하여 인력양성에 힘썼다. 이들이 향후 우리나라 원자력 기술 자립의 개척자가 되었다.

박정희 대통령(1961~1979)은 이승만 정부의 원자력 정책을 그대로 계승 추진하였다. 1960년대에 박 대통령은 국가 경제발전 정책을 강력히 추진하는 과정에서 중화학공업 정책의 기반이 되는 산업 동력으로 원자력발전을 기획하였다. 1968년 1월, 기초연구에 한정됐던 원자로는 전기를 생산할 수 있는 상용 원자로로 확대하는 '원자력발전소 건설계획'을 발표했다. 다음해인 1969년 1월, 미국 WH와 '고리원전 1호기'의 건설을 '턴키' 계약 방식으로 체결하고 첫 원전 고리 1호기 기공식 때 박정희 대통령이 읽은 치사는 동네 아저씨 어투였다. "인류는 원자력이라는 괴상한 물질을 개발했습니다"로 시작해 원자력이 뭔지를 또박또박 설명해갔다. 전쟁 무기 원자폭탄, 암 치료용 방사선 등을 거론하고는 전기 생산도 가능하다는 점을 말했다. 공해가 없고, 원료 고갈 우려 없고, 발전 단가도 싸다는 것이다. 박정희 대통령은 국가의 명운을 걸고 국가 경제발전을 위하여 원자력발전소 건설에 착공했다. 고리원전 1호기 착공 시점에서 건설 사업비는 1,560억 원, 국내 총생산의 약 5%로 역사상 최대 국책사업이었다. 이어 고리원전 2, 3, 4호기와 월성원전 1호기(중수로형)가 차례로 착공됐다. 고리원전 1호기 착공 시 250달러였던 1인당 국민소득은 1978년 건설 준공 시에는 1,300달러로 늘어났다. 1976년 12월 원자력발전소의 안정적 핵연료 공급을 위해 원자력연구소로부터 분리하여 핵연료개발공단을 발족시켰으나, 이와 관련한 핵무기 개발 의혹으로 미국의 강력한 제재를 받았다.

전두환 대통령(1980~1988)은 1981년 원자력을 오로지 평화 목적으로만 사용하겠다고 대외적으로 약속했다. 미국이 한국의 핵무기 개발 의혹을 의식하여 1981년 1월 핵연료개발공단을 에너지연구소로 흡수 통합시키고, 원자력연구소를 에너지연구소(Korea Advanced Energy Research Institute)로 명칭을 변경하여, 연구소 명칭에 '핵'이나 '원자력'이라는 용어를 사용하지 않음으로써 미국으로부터 의혹을 완전히 불식시키고자 했다. 미국과 IAEA 등으로부터 불필요한 감시와 견제를 받지 않고, 원자력에 대한 독자적 기술을 확보하는 것에만 목표를 두었다. 전두환 대통령은 안전한 원자력발전 기술을 독자적으로 확보하는 원자력 기술 자립에 적극적이었다. 중수로와 경수로 핵연료 국산화가 원자력 기술 자립의 첫 목표였다. 에너지연구소 대덕공학 센터장인 한필순 박사가 대덕공학센터의 센터장과 핵연료주식회사 대표를 겸임하게 되었고, 한전 사장으로는 한국중공업 박정기 사장을, 체신부 장관이던 김성진 박사를 과기처 장관에 각각 임명했다. 에너지연구소가 중수로 및 경수로 핵연료를 개발하려면 한전으로부터 용역을 받아야 했는데, 한전의 '예산배정권'은 과기처 장관이 쥐고 있었다. 이는 에너지연구소의 원자력 기술 자립을 추진하기 위한 인사였다. 시위를 떠난 화살은 너무 빨리 날았고, 1987년 중수로형 핵연료 국산화, 1990년 경수로 핵연료 기술 자립 등 불가능하게만 여겨졌던 핵연료 국산화는 대성공을 거두었다.

노태우 대통령(1988~1993)은 미국으로부터 한국은 우라늄 농축 기술, 재처리 기술과 중수 생산 기술을 개발하지 말라는 압력을 받았지만, 반면 북한은 1990년대 초부터 핵무기 개발에 박차를 가했다. 1991년 11월 8일 노태우 대통령은 '한반도의 비핵화와 평화구축을 위한 선언'을 통해 '핵무기를 제조·보유·저장·배치·사용도 하지 않는다'는 비핵 5원칙을 선언하면서 한국은 핵연료 재처리와 농축을 하지 않겠다고 천명했다. 북한도 이에 상응하는 조치를 취하라고 촉구했다. 이에 따라 핵연료 주기 기술 완성에 필수적인 핵연료 농축과 사용후핵연료의 재처리 기술 개발을 추진할 수 없게 되었다. 한편 비핵화 선언 14년이 지난 2006년 10월 9일 북한은 1차 핵실험, 2009년 5월 25일 2차 핵실험을 했다. 이로써 북한은 비핵화 공동선언을 파기했음에도 불구하고 우리만은 아직도 비핵화 약속을 준수하고 있고, 결국 북한의 핵 위협에 시달리면서 국가안보에 큰 짐을 안고 살아가고 있다.

김영삼 대통령(1993~1998)은 원전 기술 자립을 달성한 이듬해인 1996년 1월 원자력연구소에서 수행하던 원전 사업을 산업체로 이관하라고 지시하였다. 이를 이행한 1996년 6월 25일 제245차 원자력위원회 의결에 따라 원자력연구소는 원자로 계통설계, 경수로 핵연료 설계 및 중수로 핵연료 제조 업무와 방사성폐기물산업을 한국전력기술(이하 한전기술), 한전원자력연료(KNF) 및 한전에 1996년 12월 말까지 각각 이관하였다. 사업 이관과 함께 사업 참여 고급 인력도 산업체로 이관되고 연구소의 업무가 재정립되었다. 정부의 강제적인 사업 이관에 따라 산업체로 이관된 고급인력들의 고통은 이루 말할 수 없었다. 다시는 이러한 강제적이고 무리한 사업 체제 조정은 없어야 한다. 자고로 국가의 리더는 국가와 민족을 위한 결단을 내려야 한다.

1997년 말 우리나라에서는 IMF 경제 위기가 발생하였고, 이듬해 김대중 대통령(1998~2003)이 취임하였다. 원전 반대입장을 견지하던 김대중 대통령은 1989년 11월 목포 기자간담회에서 "원자력에너지 개발이 불가피하다"고 피력하였다. 노무현 대통령(2003~2008)도 임기 초기에는 원전에 대해 거부감을 가지고 있었으나, 임기 중 네 기의 원전 건설을 허가하였다. 2007년 월성 원자력환경관리센터 착공식에서 "한국 원전은 세계 최고의 안전성을 갖고 있다. 원자력은 미래 성장동력이다"고 말했다.

이명박 대통령(2008~2013)은 재임기간 중인 2009년 12월, 연구용 원자로를 요르단에, APR1400 원전을 아랍에미레이트에 수출하였다. 1959년 원자력 기술을 도입한 지 50년 만에 이룬 쾌거였다. 우리나라 원자력계의 숙원인 원자력 수출 산업화에 주춧돌을 놓는 계기가 되었다. 건국 이래 최대 규모의 해외 공사인 UAE 원전 건설 사업을 수주함으로써 우리나라는 세계 6번째 상업 발전용 원자력 발전소 수출국으로 부상했다.

2017년 6월 19일 문재인 대통령(2017~2022)은 고리원전 1호기 영구정지 선포식에서 "원전 중심의 발전정책을 폐기하고 탈원전 시대로 가겠다"며 탈원전 정책을 선포하였다. 탈원전의 핵심은 신규 원전 건설 중단과 계속운전 금지였다. 고리원전 1호기, 월성원전 1호기를 폐쇄시키고, 신한울원전 3·4호기는 건설을 중단시켰다. 역대 대통령은 설령 임기 초에 원자력에 대한 부정적인 견해를 가지고 있었더라도 임기 중에 친원자력으로 전환했다. 그러나 문재인 대통령은 달랐다. 임기 내내 탈원전 정책을 고집하였다. 탈원전 정책으로 지난 40년 간 원자력 기술 자립과 국산화로 쌓아 올린 공든 탑이 무너졌다. 천신만고의 노력 끝에 이루어낸 최고 수준의 원자력 기술을 스스로 포기하고 말았다. 원자력발전 산업뿐만 아니라, 연구개발, 인력양성 등 모든 원자력 생태계 분야가 붕괴되었다.

문재인 대통령은 2년마다 수립되는 전력수급 정책에도 원자력 전문가를 모두 배제시키고 환경운동가 출신들 위주로 에너지정책을 수립하였다. 그 결과 후임 정부가 떠안게 된 한전의 부채 급증과 부실화, 전기요금 급등, 난방비 인상 등은 순전히 국민의 부담이 되고 말았다.

문재인 정부의 탈(脫) 원전 정책은 전임 대통령들의 원자력에 대한 정책과 비교되어 국가 최고 지도자의 원자력에 대한 비전과 리더십이 얼마나 중요한지를 일깨우는 큰 교훈을 주었다. 다행히 윤석열 대통령(2022~)은 대선공약으로 "탈원전 정책을 폐기하며, 세계적 원전강국의 위상을 펼칠 수 있도록 지원하겠다"고 했다. 이제 탈원전을 극복하며 더 큰 도약을 위한 준비와 미래 원자력 기술 역량을 확충해야 한다. 원자력계는 향후 국민의 신뢰를 바탕으로 사람과 환경 중심의 안전한 사회 구축, 국민 삶의 질 향상에 기여하는 새로운 미래를 향한 도전을 해야 한다.

우리나라의 원자력발전 산업 성공은 그동안 정부뿐 아니라 민간 차원에서도 많은 노력이 있었기에 가능했다. 정부는 장기적 비전을 가지고 일관된 정책을 추진했고, 원자로, 핵연료 등 원천기술의 국산화를 차근차근 추진하였다. 체르노빌 사고, 후쿠시마 사고

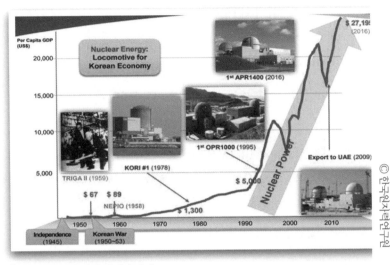

| 원자력의 국가 경제 발전에 기여

등이 있었지만 국내 연구진들은 흔들림 없이 기술 개발을 추진해 왔다. 오늘날의 결실은 무엇보다 묵묵히 뚝심 있게 연구개발을 담당해 온 과학도들의 끊임없는 도전과 열정이 있었기에 가능했다.

원자력은 지난 반세기 동안 상용화된 발전 방식 중 가장 경제적인 에너지원으로 국가 경제발전의 원동력이 되어왔다. 우리나라의 에너지 안보나 경제적 발전 측면에서 보면 이것은 필수적이다. 에너지 안보는 나라의 존폐와 관련된 문제이고 경제발전은 후손의 생계와 번영이 걸려있는 역사적 과제이다.

고리원전 1호기를 준공한 1978년, 1,300달러였던 우리나라의 1인당 국민소득은 원전 한 기를 추가 건설할 때마다 약 1,000달러씩 상승하여 현재는 30,000달러 이상에 도달하였다. 원자력은 1980년

대부터 급증하는 전력수요에 대응해 경제적이고 안정적으로 전력을 공급함으로써 국가 경제 발전에 크게 기여해 왔다. 그리고 1980년대부터 중수로 핵연료 및 경수로 핵연료 국산화, 노심기술 자립, 한국형 표준원전(KSNP) 개발, 한국형 신형원자로(APR1400) 자체 개발, 연구로 '하나로' 자력 설계·건조, SMART 개발, 사용후핵연료 재활용을 위한 미래형 순환 원자력 시스템 개발 등을 통하여 우리나라가 원자력 선진국에 진입하였다.

chapter 2
중수로 핵연료 국산화는 원전기술 자립의 초석

에너지 자원이 거의 없는 우리나라의 국가적 대명제는 에너지기술 자립이다. 1958년 「원자력법」이 공포되고, 이듬해인 1959년 연구소가 창설되고 '제3의 불'로 불리던 원자력이 도입되어 1962년 우리나라 최초의 연구로에서 원자력이 점화, 드디어 1978년 국내 최초로 고리원자력발전소 1호기가 상업 운전을 시작하며 원자력발전이 의욕적으로 추진되어왔다.

원자력발전소의 성공적인 운영을 위해서는 안정적인 핵연료 공급이 필수적이다. 우리나라는 원자력발전의 도입 시기인 1970년대부터 선행 핵연료주기 분야인 핵연료 제조기술 확보를 위해 우라늄 정련, 변환, 재변환 기술 개발에 착수하였다. 1990년대 초반까지 중수로 및 경수로 핵연료 설계·제조 기술을 국산화해 국내 원자력발전소에 핵연료 전량을 공급하는 토대를 마련했다. 1980년 12월 정부가 원전기술 자립의 첫 사업으로 중수로 핵연료 기술 개발 국산화 방침을 결정하면서, 1980년대 초 '원자력을 통한 에너지 자립의 기치'를 내건 원자력 기술 자립의 여정이 시작되었다. 그로부터 7년 6개월 후인, 1987년 7월 우리 기술진이 자력으로 개발한 중수로 핵연료가 본격적인 양산에 들어가 월성 원전에 전량 공급되기 시작했다.

중수로 핵연료 국산화 태동

1970년대 초, 우리나라는 핵연료주기 기술 자립에 많은 관심을 가졌다. 1971년 8월 연구소는 핵연료주기 기술 확보를 원자력 연구 개발의 최우선 과제로 선정하여 핵연료 성형 가공 기술과 사용후핵연료 재처리 기술 확보를 최우선 과제로 정했다. 1974년 프랑스와 원자력협정을 체결하여, 이듬해 1월에는 프랑스 쎄르카(CERCA)와 핵연료 성형 가공 연구 시설 도입을, 4월에는 프랑스 재처리 국영회사인 국영 상고뱅(SGN)과 기술용역 공급계약을 체결하였다. 그런데 1974년 5월 18일 인도가 핵실험을 단행하자, 이로 인해 미국은 인도에 농축우라늄 공급을 중단함과 동시에 프랑스가 파키스탄에 제공하려던 재처리 기술, 독일이 브라질에 이전하려던 농축 및 재처리 기술도 중단시켰다. 따라서 1976년 1월 우리나라가 프랑스에서 도입하려던 재처리 연구시설도 중단되고 말았다. 이후 재처리 연구시설 도입 사업은 우라늄 정련 및 변환 사업, 조사 후 시험시설 사업, 방사성폐기물 처리 시설 사업 등으로 대체되었다.

핵연료주기 기술 연구를 본격화하기 위하여 충남 대덕(현 대전시 유성구 연구단지)의 20만 평에 설치하였던 연구소 대덕공학센터가 1976년 12월 1일 연구소로부터 분리되어 핵연료개발공단으로 발족되었는데 당시 연구소의 특수사업담당 부소장이었던 주재양 박사가 초대 소장에 취임하였다. 1978년 3월 제2대 소장으로 양재현 박사가 부임하여 이미 진행 중이던 핵연료주기 연구시설(프랑스 차관 사업 또는 화학처리 대체사업이라고 부름)의 성공적인 완성을 위하여 핵연료 국산화 사업의 성공적 완수를 핵연료개발공단의 목표로 추진하게 되었다. 핵연료 국산화 사업의 1차 목표는 핵연료 성형 가공 공정으로 당시 여건상 경제성 및 기술 수준, 기술 개발 능력 그리고 국제적 기술협력이 가능하다고 판단되었다.

1978년 10월 프랑스 CERCA사에서 도입·설치한 10톤 규모의 시험시설이 준공되었는데, 연구소의 연구진은 연구개발비만 제대로 지원되고 소정의 시간만 주어진다면 핵연료 국산화 사업의 성공적 완수를 자력으로 충분히 해낼 수 있다고 자신하고 있었다. 따라서 시간이 다소 걸리더라도 자주 기술 개발로 핵연료 국산화를 달성함으로써 전체 핵연료주기 기술을 국내에서 자주적으로 추진할 계획이었다.

1979년 9월 24일 제26차 경제장관협의회에서 핵연료 국산화 사업 주체를 핵연료개발공단으로 지정하였다. 정부는 핵연료개발공단이 제출한 중수로 핵연료와 경수로 핵연료 국산화 계획을 심의하여 핵연료 국산화 사업을 국가사업으로 추진한다는 핵연료 국산화 사업의 기본구상(안)을 확정했다. 정부의 결정 이후 우리나라의 주력 노형인 가압경수로 핵연료는 선진국 기술 도입으로 국산화 사업을 추진하게 된 반면, 중수로는 월성 1호기 이후 추가 건설 전망이 불투명하여 경제성이 없다는 이유로 중수로 핵연료는 일단 국산화 대상에서 제외되었지만, 이는 연구소에서 중수로 핵연료 기술 개발을 자력으로 추진할 수 있는 좋은 계기가 되었다.

1979년 10월 핵연료개발공단 경영진은 핵연료 국산화 사업을 본격적으로 추진하기 위한 조직개편을 단행하여 사업관리실을 신설하고 핵연료 국산화 담당을 두어 사업추진을 본격화하였다. 정부와 한전은 미국의 WH, 프랑스의 프라마톰사, 독일의 KWU(크라프트 베르크 유니온), 캐나다의 AECL(캐나다 원자력유한회사) 등 외국 유수의 기술선과 접촉하면서 사업추진을 구체화하기 시작했다. 1980년 3월 핵연료개발공단은 남장수 핵연료 국산화 담당(한국원자력학회 사무총장 역임) 책임으로 서경수 핵연료가공 연구실장과 노성기 핵공학연구실장의 협조로 중수로 핵연료 기술을 자력으로 개발하여 국산화한다는 새로운 기본계획을 수립했다.

중수로 핵연료 국산화 사업의 1단계 목표는 1983년까지 시제품 완성, 2단계는 1985년까지 실용화 성능시험을 통한 상용화 기술 양산계획을 설정했다. 국산 핵연료 성능시험을 위해 1982년 7월부터 1년 간 노외 시험, 1983년 외국 시설을 이용한 노내 시험, 1984~1985년까지 월성 1호기 부분 장전을 통한 실용화 시험을 진행하기로 했는데, 다만 상용화 계획은 기술 개발 추진 현황과 후속기 추가 도입 상황을 고려해 추후 검토하기로 했다. 이상과 같은 중수로 핵연료 국산화 계획(안)은 5개년 기술 개발 계획으로 1980

년 7월 정부^(과기처)에 공식 제출되었다. 이 사업의 직접 효과는 800만US$ 기술 개발비 투자로 캔두^(CANDU) 핵연료를 국산화함으로써 2,200만US$ 상당의 기술 도입비를 절감할 수 있었으며, 간접 효과는 선행핵주기 기술 확립 및 혼합핵연료^(MOX) 가공 기술 자력 배양에 기여할 수 있었다.

1980년 연구소의 구체적인 국산화 기술 개발 계획서를 접수한 과학기술처는 김필규 원자력 개발과장, 강박광 원자력 국장, 이병휘 원자력 위원을 중심으로 타당성 및 기술성을 검토하였다. 이정오 장관은 직접 월성원자력발전소와 대덕의 성형 가공 시험시설을 돌아보면서 상황을 판단하고 이한주 대덕공학 센터장으로부터 수차례에 걸쳐 중수로형 핵연료 국산화 기술 개발계획에 대한 브리핑을 받았다. 드디어 1980년 12월 31일 과학기술처는 중수로 핵연료 국산화 기술 개발 사업을 1981년부터 국가 주도로 착수할 것을 승인했다.

당시 과기처 장관의 재가 내용은 중수로 핵연료 기술 개발 목적이 중수로 핵연료 기술의 자체개발·국산화 및 핵연료주기 기술의 확립이며, 목표는 1983년 초 시제품의 부분 장전을 개시하고, 1984년 말까지 실용화 시험을 완료한다는 것이었다. 그리고 이 계획에는 1982년 말 변환시설을 완공하고, 핵연료 가공의 기술 개발, 안전성 분석, 노외시험^(out-of-pile test)을 완료하며, 시제품을 제조할 것이라고 명시되어 있다. 또 국산 핵연료의 노내 실증시험을 위하여 핵연료 시제품을 1983년 24개, 1984년 100개, 1985년 400개를 월성원자로에 장전하도록 계획하였다. 또 1982년 말까지 연구소 역점

사업으로 추진해 온 프랑스 차관을 완료하고, 중수로 핵연료 기술개발을 조기에 달성하여, 1986년까지 가압경수로 핵연료 국산화를 위한 상용공장을 준공한다는 기본지침이 제시되어 있었다. 이에 따라 1970년대 중반부터 진행해 온 핵연료주기 시설을 조기 완성·활용하는 월성1호기 핵연료 개발에 착수하게 되었다.

1977~1980년에 이르는 동안 연구소와 핵연료개발공단은 원자력의 뿌리를 같이 하면서 조직상 분리되었다. 각 기관에 주어진 임무 수행을 위하여 구체적 목표를 설정하고 업무가 중복되는 분야에서는 선의의 경쟁도 하면서 주어진 국내외 여건을 활용하고 국가에 보다 발전적 기여를 하기 위하여 부단한 노력을 기울였다. 때로는 지나친 경쟁으로 인해 핵연료 국산화 산업의 설계와 제조(Software와 Hardware) 연구개발 업무를 두고 갈등이 심하기도 하여 정부와 외부의 시각에서는 서로 주관 싸움을 하고 협조가 잘 안되는 것 같은 시각으로 비쳐지기도 하였다. 1980년 두 연구소의 인력은 연구소가 738명(원자력병원 포함), 핵연료개발공단이 266명, 합계 1,004명이었고, 출연예산 규모는 연구소가 6,914백만 원이었다. 핵연료개발공단의 예산은 핵연료주기 시험시설 건설비가 큰 몫을 차지하였으므로 인적 규모에 비해 순수 연구비는 아주 적었다.

중수로 핵연료 기술 개발 본격 착수

1980년 12월 이정오 과학기술처 장관의 결정에 따라 중수로 핵연료 국산화 기술 개발 사업을 1981년부터 국가 주도로 추진하게 되었다. 이에 그동안의 연구결과, 1978년 10월에 준공된 성형 가공 시험시설, 정련·변환 시험시설, 조사 후 시험시설을 이용하여 1981년부터 국가 주도로 중수로 핵연료 국산화 기술 개발 사업이 시작된 것이다.

중수로 핵연료를 독자적으로 개발하는 것은 예상외로 어려웠다. 먼저 캐나다에서 구입한 중수로 핵연료의 실물을 역(逆)설계(reverse-engineering) 하기로 했다. 캐나다 핵연료 금속 내부 형태를 알 수 있기까지에는 서석천 한전 월성건설 소장의 도움이 매우 컸다. 서경수 박사가 서석천 소장에게 중수로 핵연료를 비파괴검사 촬영 방법으로 검사할 수 있도록 요청하자 처음엔 서 소장도 난감해했다. 월성 1호기에 장전할 원전 연료가 캐나다에서 들어와 창고에 보관 중이었지만 사용하지 않은 원전 연료인지라 잘못 손 대면 핵무기 개발 의도가 있는 것으로 IAEA로부터 오해를 받을 소지가 있었기 때문에 캐나다 원자력공사의 품질관리 책임자 입회하에 원전 연료 포장을 뜯고 무사히 촬영을 마쳤다. 그 후 누군가가 성낙정 한전 사장에게 "서석천 월성원전 건설 소장이 큰일 날 짓을 했다"고 밀고 해 야단을 맞기도 했다. 서 소장은 『한수원 30년사』에서 "당시 전화로 사장님으로부터 꾸중을 들었는데 지금 돌아보니 그때 사장님 목소리가 그렇게 심하게 노여웠던 건 아니었던 것으로 기억된다"고 회고했다.

중수로 핵연료 개발팀은 실물 크기를 재고, 모양을 본을 뜬 다음 재료와 특성을 하나하나 세밀히 분석했다. 일종의 복사본을 만든

셈이다. 그러나 아무리 복사를 잘해도 막상 실물 만들기는 결코 쉽지 않았다. 첫 번째 어려움은 이산화우라늄(UO₂) 분말을 길이 1.5㎝, 직경 1.2㎝ 가량의 원주 모양의 압분체(green pellet)로 성형하는 것이다. 이것을 1700℃나 되는 고온에서 8시간 구워 펠릿(pellet)을 만들어내야 했는데, 생각보다 고도의 기술을 필요로 했다. 연구진은 수없이 실험을 반복한 끝에 마침내 펠릿을 만드는 데 성공했다.

하지만 또 다른 어려움이 기다리고 있었다. 펠릿을 길이 50㎝, 직경 1.3㎝짜리 지르코늄 합금(Zircaloy)으로 만든 막대 모양의 봉(tube)에 채워 넣은 다음 양쪽 끝을 밀봉한 연료봉을 37개 모은 다음 이를 한 다발로 묶어야 했다. 그러기 위해서는 용접을 해야 하는데 용접 기술이 매우 까다로웠다. 용접을 세게하면 연료봉에 구멍이 생겨 우라늄 연료가 손상된다. 반대로 약하게 하면 연료봉 사이의 간격을 메워주기 위해 각 연료봉에 붙어 있는 작은 지르코늄 합금 조각이 떨어져 나가 핵연료에 손상을 일으킨다. 용접공들은 시행착오를 되풀이할 때마다 맥이 빠졌으나 연구원들은 결코 좌절하지 않았다. 1983년 1월 마침내 땀 흘린 보람이 나타났다. 37개 연료봉을 하나의 다발로 묶는 데 성공한 것이다. 중수로 핵연료 시제품이 탄생하는 순간이었다.

1981년 착수한 중수로 핵연료 국산화 기술 개발 사업은 1982년에 국가 주도형 특정 연구 과제로 선정되면서 더욱 박차를 가하게 되었다. 핵연료 설계, UO₂ 분말 제조, 핵연료 제조, 품질보증과 품질관리(QA QC), 노심관리 및 안전성 분석, 노외 시험 평가, 조사 후 시험 및 평가 기술 등 관련 기술 개발을 본격적으로 추진하였다.

한국원자력연구원 ©

▌중수로 핵연료 다발과 부품들

　연구소 계획(안)에 대한 과학기술처 장관의 재가에 따라 이미 1970년대 중반 이후 착수되어 진행 중이던 핵연료주기 시설의 조기 완성과 이 시설을 활용한 월성 핵연료(중수로 핵연료)개발 계획이 결정되고 개발 착수 년도인 1981년도 예산이 확보되었다. 또 정부가 중단하기로 방침을 정한 기자재 시험평가시설 건설비 1,006백만 원과 원자로 기자재 국산화 사업비 1,300백만 원이 중수로 핵연료 국산화 사업으로 전용되었다. 이를 계기로 다수의 서울 본소 연구원들이 사업에 참여하게 되었고 상당수의 연구개발원을 1981년 신규로 채용하였다.

한필순 박사, 원자력과 첫 인연을 맺다

　전두환 정부는 미국으로부터 한국의 핵무기 개발 의혹을 의식하여 1981년 1월 핵연료개발공단을 연구소로 흡수 통합하고, 연구소 명칭도 에너지연구소로 변경했다. 정부는 과학기술 정책 의지와 정부 출연 연구소의 보다 발전적 위상을 구축한다는 명분을 내세워 유사기능의 원자력 관련 연구소들을 통폐합하였다. 핵연료개발 공단은 박정희 정부 시절 '한국이 핵무기 개발을 하지 않을까?'라며 미국이 가장 주시하던 기관이었는데, 연구소 분소인 대덕공학센터로 위상이 크게 낮아졌고, 연구소 명칭에 '핵'이나 '원자력'이라는 용어를 사용하지 않음으로써 미국의 의혹을 불식시키고자 노력했다. 이에 따라 대덕공학센터 연구원들의 사기도 크게 떨어졌고 예산도 대폭 삭감되어 핵연료 가공 공장과 정련 공장을 가동할 운영비도 없어졌다. 그러니 소규모의 사업조차도 신규 사업으로 추진한다는 것은 아예 생각할 수도 없었고, 대내외적으로 연구를 할 만한 여건이 전혀 갖추어 있지 않았다. 더 큰 문제는 대덕공학센터의 존립 자체가 위태로워졌다는 사실이다.

　대덕공학센터의 유능한 연구원들이 일자리를 찾아 하나, 둘 연구소를 떠나기 시작하였다. 젊고 유능한 연구원들이 속속 연구소를 떠나가고 있을 즈음인 1982년 3월 16일 한필순 박사가 대덕공학센터 분소장으로 부임하였다. 한필순 분소장은 취임과 동시에 전임 이한주 박사로부터 중수로 핵연료 기술 개발사업을 이어받아 중수로 핵연료 국산화 사업에 총력을 기울였다.

한필순 박사는 1933년 평안도 강서에서 태어났다. 1950년 한국전쟁이 발발하자 아버지, 작은아버지와 함께 피난길에 올랐는데, 불행하게도 가장 사랑하던 어머니와는 생이별을 하였다. 피난길의 어려움 중에 공군사관학교에 입학한 다음 서울대학교 물리학과로 편입하여 학사학위를 취득하고, 공군사관학교 교수로 돌아왔다. 그후 미국 유학생 선발시험에 합격하여 미 공군의 장학금으로 미 일리노이주립대학교 석사과정에 입학하였다. 이때 김성진(훗날 과학기술처 장관)과 룸메이트로 호형호제하며 지냈다. 이러한 이유로 한필순 박사가 연구소장으로 부임하여 원자력 기술 자립을 추진할 때 김성진 장관이 적극 지원해 주었다. 1969년 공군소령 신분으로 미 캘리포니아대학교에서 박사학위를 받고, 1970년 국방과학연구소(ADD) 창설 멤버로 역할을 시작하였다. 한필순 박사는 국방과학연구소에서 한국형 수류탄, 방탄 헬멧, 발칸포 등을 개발했다. 1973년 5월 국방과학연구소에 신설된 레이저 및 야시장비 연구실장으로 탄산가스레이저 등 각종 레이저 무기 개발에 성공하였다. 그러다가 1979년 10월 박정희 대통령의 서거로 자주국방 기술 개발을 추진하던 국방과학연구소는 대폭 축소하게 되었다. 공사

입교 후 28년만인 1981년 1월 말, 공군대령으로 예편하였다.

1982년 3월 16일 에너지연구소 대덕공학센터 분소장으로 임명된 후 원자력 기술 자립을 위해선 핵연료 국산화가 필요하다고 보고 1983년부터 핵연료 국산화 사업계획을 추진했다. 캐나다의 기술지원을 받으려 했으나 경제문제로 무산된 후 독일과의 공동설계를 제안해 성사시켰다. 국내 소수 연구진을 독일로 파견해 기술을 익히게 한 결과, 1987년 중수로와 1989년 경수로용 핵연료 생산 공장을 세워 핵연료 국산화를 달성했다. 그 노력으로 국내 모든 원전에 국산 핵연료를 장전할 수 있게 되었다. 1991년 2월 우리나라 과학자로는 최초로 유일하게 프랑스 최고훈장인 '레지옹 도뇌르(La Légion d'Honneur)'를 받았다. 그는 한국 과학사에 눈부신 업적을 남겼다.

국가는 그의 업적을 기려 2010년 과학기술창조장을 수여하였고, 2015년 별세 후 대전현충원 국가사회공헌자 묘역에 묻혔다.

연구개발에서 양산 상용화로 확대

당초 정부의 승인은 시제품 개발까지였는데, 핵연료 성능 실증에 필수적인 노내 실증시험(In-pile-test)을 인정받지 못하여 사실상 연구개발까지만 하고, 사업을 종료할 수밖에 없었다.

한필순 분소장은 취임 후 즉시 기술 개발, 시제품 제조, 기술 검증, 품질 보증을 포함한 양산계획을 수립하라고 지시하였다. 그러나 연구원들은 기술 개발이 목표인 원래 개발계획을 고수하고자 하였다. 연구원들은 핵연료 검증과 양산단계까지는 위험부담이 크고 경제성이 없다며 반대하였고, 사실 1980년 당시 핵연료개발공단이 정부에 신청한 당초 계획서에는 월성원자로 후속기 도입 상황을 고려하여 기술 개발 양산화까지 계획하고 있었다. 그런데 핵연료개발공단이 연구소 분소로 흡수·통합되면서 분위기가 크게 바뀌어 기술 개발 양산화까지 목표로 했던 것이 퇴색되고 정부의 방침에 따라 한전 주도로 핵연료주식회사 설립이 추진되었다.

이러한 상황에서 연구원들은 핵연료 양산공급을 최종목표로 계획 수정하는 것은 불가능하다고 판단했다. 한필순 분소장의 기술 개발을 넘어 양산화까지의 계획을 수립하라는 지시에 연구원들 중에서도 특히 남장수 차장은 가장 못마땅하게 생각해 아예 연구소를 떠나 새로이 설립되는 핵연료주식회사로 이직하려고 준비하였다. 한 소장은 그의 능력이 아까워 "함께 일하자"며 만류하여 마침내 남 차장의 마음을 돌렸다. 남 차장의 태도변화도 연구소 분위기를 바꾸는 데 크게 기여했다.

남장수 사무총장은 1968년 서울공대 전기과를 졸업하고 원자력 분야에 투신, 한국핵연료개발공단과 연구소를 거쳐 한전과 한수원에서 일하다가 2004년 정년퇴직 후, 2022년 11월까지 한국원자력학회 사무총장으로 활동했다. 특히 1980년대 연구소가 원자력 기술 자립을 추진한 기간에는 중수로 핵연료 국산화, 경수로 핵연료 국산화, 원자로 계통설계 기술 자립, 다목적 연구로 자력 설계·건조, 사용후핵연료 재활용 기술 개발 등에 대한 국가 원자력 정책 수립에 지대한 공헌을 하였다. 그의 이력에서 알 수 있듯 그는 우리나라 원자력 기술 자립 역사의 산 증인이며, 원자력기술 발전을 위한 수난의 역사를 함께 헤쳐나간 모험가라고 할 수 있다.

한필순 분소장은 "연구원들이 핵연료 기술 개발만 해서는 안 된다. 기술 검증, 품질 보증까지 책임지는 기술 개발을 해야 한다"며 제품의 양산을 강조하였다. 그리고 "제품에 대한 품질보증으로 끝까지 책임을 지지 않으면 우리는 영영 기술 후진국이 될 수밖에 없다. 그러니 이제부터 의식을 완전히 바꾸자."라며 연구원들을 설득하여 1982년 3월 사업목표의 수정을 단행하였다. 그는 최종 실수요자인 한전과 협의도 없이 최종 목표를 완벽한 실증시험을 거쳐 양산, 국산화까지로 확대·설정하였다. 그러나 상의하지 않고 사업목표를 양산화까지 설정한 것은 무모하다고 할 수 있으나 이 사업을 진행하던 분야별 책임자들에게는 엄청난 변화가 아닐 수 없었다. 중수로 핵연료의 상용화 공급은 당시 상황으로는 도저히 실천 불가능한 일이었다. 왜냐하면 연구소의 기술 능력, 경험, 진행능력을 믿지 않는 분위기, 막대한 개발비를 조달할 수 있을지 의문이었으며,

"연구소가 무슨 양산화를 추진하느냐?" 하는 주변의 부정적 견해, "국제 간 특허권 문제와 경제성이 있겠느냐?"는 연구소가 해결할 수 없는 외적인 문제도 있었다. 그리고 더 중요한 이유는 연구원들이 패배주의와 무기력감에 빠져 있었다.

그러나 사업책임자의 강한 의지와 추진력으로 1982년 7월 정부와 각 분과 사업책임자들을 설득하여, 용기를 불어넣어 주었다. 동시에 사업팀을 대폭 보강함으로써 새롭게 출발하게 되었다. 중수로 핵연료 설계 개발은 석호천 박사, 핵연료 성형·가공은 서경수 박사, 노심관리는 김성년 박사, 노외 실증시험은 김병구 박사, 핵연료 변환은 장인순 박사, 품질관리는 이규암 박사, 사업 종합조정은 남장수 정책실장이 각각 맡았다.

핵연료 국산화를 효율적으로 추진하기 위해서는 막대한 예산을 투자하여 건설 중인 조사 후 시험시설, 폐기물 처리 시설이 최대한 활용되어야 했다. 핵연료 가공 시험시설(10톤 / 년)의 100톤 규모의 양산화에 대한 정부의 검토 과정에서 생략되었던 노내 실험(In-pile-test)의 실시를 통한 국산 핵연료의 성능 평가 필요성이 대두되었다. 또 중수로 핵연료 기술 개발 국산화의 성공을 통하여 연구소의 대내외적인 신뢰와 자신감, 더 나아가 추가적인 국책 연구사업 수주와 연구소의 장기적인 발전과 국가에 기여할 수 있다고 생각했다.

국산 핵연료의 노외 양립성 검증

　연구소가 제조한 핵연료는 원자로와 똑같은 온도와 압력 조건에서 견딜 수 있는지를 시험하는 노외 실증시험을 수행해야만 성능을 입증할 수 있다. 예산상 무리 없이 건설이 가능하고, 비교적 단기간에 건설할 수 있다는 점을 감안하여 우선 고온 유체 시험시설 건설을 추진하였다. 처음에는 외국과의 제휴 또는 외국 기술진을 이용한 건설을 고려하였으나, 국내 기술로도 충분히 건설이 가능하다는 판단으로 연구소 자체 기술로 설계와 건설을 시작했다.

　연구소는 고온 유체 시험시설의 개념설계를 1981년부터 진행하였고, 결과에 대해 셰리던 파크 엔지니어링 연구소(AECL Sheridan Park Engineering Laboratory) 기술진의 자문을 받아 코리아엔지니어링과 설계계약을 맺어 이미 수행한 개념설계를 토대로 상세설계를 진행했으며, 신성에서 1982년 12월 11일 준공하였다.

　연구소가 자력으로 설계·건조해 핵연료의 노외 성능시험을 할 수 있는 노외 실증시험 시설을 확보한 것이다. 이 시설은 국내 최초로 방사선 환경을 제외한 원전 1차 계통의 온도, 압력, 유량을 모의한 실증시험 설비이다. 이 시설을 이용하여 압력강하 시험, 강도 시험, 충격 시험 등의 노외실증 시험 항목을 진행하였다. 국산 중수로 핵연료의 양립성은 1983~1984년에 걸쳐 고온 유체 시험 루프 시설에 중수로 핵연료 24다발을 장전해 충격시험, 압력강하 시험, 강도 시험, 횡류 시험 등의 노외 실증 시험을 거치며 입증되었다.

캐나다와 국산 중수로 핵연료 검증시험 계약체결 내막

연구소는 천신만고 끝에 중수로 핵연료 시제품 제작에 성공했다. 노내 핵연료 검증 시험은 개발한 핵연료를 상용 원자로에 장전하기 전에 시험용 원자로에서 연소시킨 다음 조사 후 시험을 통하여 핵연료 성능을 시험하는 것이다. 그러나 핵연료 성능검증을 위하여 마지막 관문인 노내 성능시험을 통과해야만 한다. 만약 이 시험에 통과하지 못하면 지금까지의 수고는 수포로 돌아가고 만다.

핵연료 개발의 마지막 관문은 원자로에서 핵연료를 연소시켜 핵연료의 구조적인 손상 없이 열량이 제대로 나오는지를 확인하는 것이다. 캐나다에서 들여온 핵연료를 꼼꼼히 분석해 시제품을 만들긴 했으나 성능은 자신할 수 없었다.

우리나라는 핵연료 시제품의 성능을 시험할 수 있는 원자로가 없었다. 할 수 없이 캐나다 초크리버연구소(CRL)에 있는 재료시험로인 NRU(National Research Universal) 원자로에서 성능시험을 할 수밖에 없었다. 문제는 노내 핵연료 성능시험 비용으로 우리 연구진은 중수로 핵연료 시제품의 성능시험에 대해 캐나다원자력공사(이하 AECL)와 사전 접촉을 했다. 당시 우리나라의 외환 사정이 좋지 않아 어떻게 해서든 적은 돈으로 많은 것을 요구해야 하는 것이 연구소 측의 입장이었다.

캐나다 측은 실험비로 3백만 달러(캐나다 달러, C$)라는 거액을 요구했는데, 그것은 1982년 환율로 17억 8천만 원이었다. 우리가 핵연료 시제품을 개발하기 위해 2년간 사용하기로 한, 연구개발비와 맞먹는 액수였다. 캐나다 측은 중수로 핵연료를 개발하는 엄청난 비용과 시제품의 성능을 시험하는 재료시험로가 고가인 점을 감안해 최소한의 시험비는 받겠다는 입장이었고, 계약에 서명하기까지는 우여곡절이 많았다.

한필순 분소장과 AECL 측 부사장 간 줄다리기 끝에 40만C$에 겨우 합의해 계약 준비를 하고 있었는데, 출발 이틀 전에 장문의 텔렉스가 날아왔다. 기술자들끼리 합의한 계약서 초안에 고문 변호사 의견을 넣어야겠다는 것이다. 향후 양산할 경우 제약을 가할 수 있는 독소조항을 추가하겠다는 것이었는데, 자력으로 양산화를 추진하고 있던 연구소 입장에서 도저히 응할 수 없는 내용이었다.

시험비를 한 푼도 내지 않고 성능시험을 하는 것은 불가능해 보였지만 이정오 장관을 비롯, 과기처 관계자들은 계속 '무료 시험'을 고집했다. 캐나다로 출발 직전, 한 분소장이 이정오 장관을 설득하여 AECL 측에 40만C$(당시 환율로 2억 3천7백만 원)선에서 계약을 체결하라는 승낙을 받아냈다. 그러나 AECL 측은 전혀 양보할 기미를 보이지 않았고, 협상은 3일 동안 계속되었다. 한 분소장은 비록 계약이 성사되지 않더라도 불리한 조건이 추가된 계약에는 서명할 수 없다는 입장을 분명히했다. 모든 공식 일정이 끝나고 캐나다를 떠날 시간이 다가왔지만, AECL 측으로부터 아무런 연락도 없었다.

결국 협상은 결렬되어 몬트리올 공항에서 탑승을 기다리고 있었는데 비행기 출발 1시간 전 AECL 부사장이 계약서를 직접 들고 나타났다.

1982년 10월 5일 몬트리올 공항 대합실에서 AECL 측은 우리의 요구조건을 모두 수용하여 '중수로 핵연료 검증시험 계약서'에 서명함으로써 40만C$에 극적으로 타협했다. 핵연료 검증 사업에는 NRU 원자로의 조사 시험, 조사 후 시험, 화학분석 외에 훈련생 파견, 전문가 초청 강좌, 기술자료 이전 등이 포함돼 있어 중수로 핵연료의 핵심기술을 확보할 수 있는 좋은 기회가 되었다.

그 후 연구소를 방문한 이정오 과학기술처 장관은 "40만C$의 외화가 아까워서 결심할 때까지 사흘 간 잠을 한숨도 못 잤다"며 당시를 회고했다. 외화가 부족했던 시절, 몹시 힘든 결심이었다.

국산 중수로 핵연료, NRU 원자로에서 성능검증 성공

연구소는 1982년 12월, 천연우라늄 핵연료 다발 2개와 1.58% 농축우라늄 핵연료 다발 1개의 시험용 핵연료를 제조했다. 1983년 1월 12일 과학기술처가 외국용역 발주를 승인함에 따라 연구소는 AECL 측과 공동으로 핵연료 검증사업에 착수하고, 그해 2월 26일 서경수 박사와 김병구 박사는 연구소가 제작한 시제품 3다발^(천연우라늄 핵연료 다발 2개, 1.58% 농축우라늄 핵연료 다발 1개)을 갖고 노내 시험을 위해 초크리버연구소로 떠났다. 연구소가 제조한 시험용 핵연료는 AECL 측의 노내 장전 시험 전 엄밀히 검사받은 후 1983년 3월 30일 NRU 원자로에 이상 없이 장전되었다. 핵연료 제작 책임자인 서경수 박사는 직접 제작한 시제 핵연료를 시험에 입회하기 위해 캐나다로 떠나기에 앞서 "만약 우리가 만든 시제품이 불합격되어

NRU에 장전 못하게 되면 비행기에서 뛰어내려 태평양에 빠져 죽겠다"고 했다. 이 말은 자기가 제작한 시제품에 대한 과학자의 자존심이었고, 그 후 "죽지 않고 살아와서 다행"이라는 놀림을 받았다.

1984년 6월 연구소가 제작한 시제품은 7개월 간 연소시험을 무사히 마쳤다. 우리 시제품의 연소도는 캐나다 연료에 비해 전혀 손색이 없었다. 조사시험 결과 농축우라늄 핵연료는 월성원전의 평균 연소도인 168MWh/kgU보다 훨씬 높은 202MWh/kgU나 연소되는 기록을 세웠다. 천연우라늄 핵연료의 연소도가 124MWh/kgU인 것과 비교하면 대단한 기록이다. NRU 원자로에서 7개월에 걸친 국산 핵연료의 연소시험을 통해 성능이 완벽함을 입증받음으로써 국제 공인 획득과 함께 정부로부터 중수로 핵연료에 대한 설계 승인도 받았다.

핵연료 검증사업이 예정대로 진행되어 조사 후 시험이 진행될 즈음 당시 사업책임자였던 한필순 분소장이 1984년 4월 9일 4대 연구소 소장으로 취임하게 되자 노외 실증시험 분야 책임자였던 김병구 박사가 사업책임을 이어 받았다. 1984년부터는 양산화에 대비하여 연구수행 조직이 대폭 확대 보강되었다. 연구소는 중수로 핵연료 국산화 사업을 효율적으로 추진하기 위해 11개 분과로 구성된 TFT를 운영했다. 11개 분과는 핵연료봉 설계, 열수력 설계 및 기계 설계, 조사후 핵연료 시험평가, 노심관리 및 안정성 분석, UO_2 분말 제조, 부품가공, 핵연료 제조, 품질보증 및 검사, 경제성 분석 및 시스템 총괄 등을 말한다.

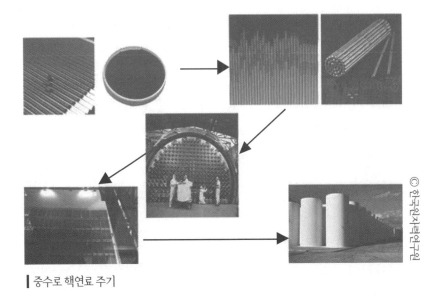

┃중수로 핵연료 주기

중수로 핵연료 국산화, 원전 기술 자립의 초석

　중수로 핵연료 개발은 연구소의 구체적이고 완벽한 기술 개발 계획과 사업 책임자의 강력한 리더십, 참여자의 헌신적인 열정과 사명감으로 여러 난관을 극복해가면서 자력 개발에 성공할 수 있었다. 정부의 사업 방침 결정에서 설계 승인까지 일관된 정책이 성공의 원동력이었다. 어려운 재정 여건에서도 정부가 지원해서 건설한 변환 시험시설, 성형 가공 시험시설, 조사 후 시험 및 분석 시설, 고온 유체 시험시설, 방사성 폐기물 처리 시설 등 대규모 핵주기 시설이 유용하게 활용되었다.

　1970년대 원자력발전소 도입과 더불어 국내 원자력 관계자의 핵연료 주기 기술 자립의 의지가 20여 년에 걸쳐 면면히 맥을 이어왔기에 중수로 핵연료 국산화라는 기술 자립의 꽃을 피우게 되었다. 이 사업을 통해 기술 개발로 어느 정도의 기술 수준만 갖추면 선진국의 높은 장벽을 넘을 수 있고, 또 비싼 기술료를 지불하지 않고도 상호 호혜의 대등한 입장에서 기술 교류나 공동연구를 할 수 있다는 교훈을 얻었다.

기술이 있으면 같은 물건도 싸게 살 수 있고, 선진국 앞에 당당히 서서 유리하게 교섭에 임할 수 있다. 즉 선진 공업국 대열에 올라서는 것이다. 기술은 요술 방망이다. 우리는 그 방망이를 남들처럼 훔쳐 오지 않았고 오로지 눈물과 땀을 흘리며 잠 못 이루는 밤을 지새우며 창출해 냈다. 이제 우리가 후손들에게 물려줄 것은 부(富, Hardware)가 아니라 새로운 가치를 만들어내기 위한 창의력과 끈질김 그리고 청렴결백과 겸손이다.

chapter 3
홈메이드 핵연료, 국내 원전에 천량 공급 시작

원자력연구소는 1984년 정부로부터 중수로 핵연료 설계인가를 획득하고, 1985년 자체 생산한 이산화우라늄(UO_2) 분말로 제조한 핵연료 24다발을 월성원전 1호기에 장전·조사시켜 실증시험에 성공하였다. 이 같은 성공적인 핵연료 실증시험을 통해 국산 핵연료의 성능과 건전성을 확보한 것이다.

연구소는 이를 계기로 이듬해인 1986년, 한전과 월성원전 1호기에 장전할 핵연료 공급계약을 체결하여 다음 해부터 연료 전량을 공급하기 시작하였다. 중수로 핵연료 국산화 사업은 연구소가 개소한 이래 우리 힘으로 R&D에서 산업화까지 성공한 첫 사례로 값진 경험과 많은 교훈을 가져다 주었다. 어려운 여건에서 노력과 열정으로 성공의 결실을 맺었던 당시의 이야기를 해보려 한다.

박정기 사장, 통큰 국산 핵연료 개발비 출연

연구소는 1983년부터 중수로 핵연료 양산공정 개발을 추진하였다. 그러나 정부의 예산 부족으로 자금조달에 시달렸다. 연구소는 1983년도 예산으로 20억 원의 개발비를 요구했으나 과학기술처는 6억 2천만 원 이상의 지원이 불가함을 통보해 왔다. 이미 양산을 목표로 사업을 벌려놨는데 큰일이었다. 그래서 연구소는 재원을 찾아 나섰다. 6개월 이상 동력자원부와 한전에 지원을 요청한 결과 1984년 10월, 한전(사장 박정기)으로부터 당시 엄청난 액수인 12.5억 원을 조건 없는 R&D 출연금으로 지원을 받게 됐다. 그 후로도 4년간 매년 비슷한 수준의 출연금을 계속 지원받아 중수로 핵연료 국산화 사업은 성공할 때까지 안정적으로 사업비를 확보하였다. 연구 개발비가 확보되자 100여 명의 연구원들은 핵연료 국산화 사업에 매진하게 되었다.

정부는 연구비 부족으로 자원 조달에 한계가 있었고 한전은 전력 생산자로서 외국에서 값싸게 핵연료를 사다가 발전만 하면 되는데, 타 부처의 국책연구소에 거액의 연구비를 출연하는 결정을 어떻게 내릴 수 있었을까? 이것은 박정기 한전 사장 덕분이었는데, 그는 전력회사 사장 수준을 뛰어넘어 국가적 소명감을 가진 분이었다. 전두환 대통령을 설득하고 더 나아가 국가 에너지 자립이라는 집념과 의지를 대내외로 일관되게 펴나간 대덕공학센터 분소장 한필순 박사와 원자력을 통한 에너토피아 건설 케치프레이즈를 내걸어 의기투합이 없었던들 불가능했을 것이다.

1985년 1월 과학기술처 장관으로 부임한 김성진 박사는 1986년 1월까지 1년 간의 짧은 재임 기간 중 원자력 기술 자립에 대한 전폭적인 지원을 아끼지 않았다. 원자력 기술개발 사업에 대해 전두환 대통령과 한전 박정기 사장의 지원 및 타 부처의 협조를 받을 수 있었던 것도 김성진 장관의 숨은 공이 있었기에 가능했다.

국산 핵연료, 월성원전에서 실증시험 성공

'상용 원전에 핵연료 시제품을 장전한다'는 것은 많은 위험부담이 따른다. 이유는 만약 문제가 생기면 원전 가동 중지, 즉 발전하지 못하는 일로 말미암아 커다란 경제적 손실을 입게 되기 때문이다. 한전의 실무책임자들과 간부들은 모험이라고 생각했을 수도 있겠지만, 캐나다 NRU 원자로에서 국산 핵연료의 성능시험이 성공적으로 검증되자, 한전은 1984년 9월 국산 핵연료를 월성원전에 직접 장전하고 성능시험을 하도록 허락했다.

시험 결과가 나오기 전 한전 반응은, 연구원들이 피땀흘려 개발한 기술이건만 "연구소 개발 기술을 어떻게 믿느냐? 만약 1조 원이 넘는 원자력발전소에 국산 핵연료를 장전했다가 사고라도 나면 누가 책임질 거냐? 품질에 자신이 있으면 국산 핵연료 품질을 보증하기 위해 동자부 장관과 과기처 장관의 추천서를 받아 오라"고 요구하였다. 다시 말해 한전의 상부기관인 동자부와 대덕공학센터의 감독기관인 과기처가 책임지면 허락하겠다는 것인데 이것은 사실상 거절이었다. 과학자의 비애를 느꼈다.

1985년 5월 17일 핵연료를 월성원전 1호기에 시험 장전하기 위한 핵연료 부분은 연구소와 한전 간에 계약이 체결되었다. 국산 시제 핵연료가 월성원전에 장전되어 실용화 시험을 하게 된 것이다. 우여곡절 끝에 1984년 9월 8일과 11일 월성원전에 24다발의 핵연료가 장전되었다. D-9 채널에 8다발(11:00~11:59), T-9 채널에 8다발(11:08~12:30), K-9 채널에 8다발(13:05~14:00)의 국산 핵연료 장전으로 한전은 드디어 국산 핵연료로써 처음으로 발전하게 된 것이다.

장전된 국산 핵연료 24다발 중 절반은 6개월, 나머지는 1년 간 연소 후에 이상 없이 1985년 9월 인출되었다. 완벽한 모양으로 인출된 핵연료의 평균 연소도는 164MW/kgU이었다. 캐나다 제너럴일렉트릭(CGE)사의 핵연료와 비교해도 손색이 없었다. 이로써 한전은 국산 핵연료의 완벽한 성능을 신뢰하게 되었고, 뒤이어 양산을 위한 각종 지원을 본격적으로 시작하였다.

중수로 핵연료 양산체제 구축

우리 힘으로 개발한 핵연료가 실용화 실증시험에 성공한 후 연구소는 핵연료 성형 가공공장을 증설하는 등 양산을 위한 조치를 밟아나갔다. 1985년 한전의 본격 지원으로, 월성원전 1호기의 연간 수요 핵연료 전량을 공급할 수 있는 100톤 규모로 기존 연 10톤 규모의 성형 가공 시험시설을 증설하였다. 이 시설은 생산 라인의 일부 증설로 연 200톤 U의 규모로도 공급 가능하도록 구축되었다. 핵연료 양산체제를 위하여 이미 개발된 핵연료 제조 및 품질 검사 기술을 활용하여 핵연료 제조공정 장비 개량, 제조공정 안정화, 양산을 위한 공정관리 및 통계적 품질관리 기술 개발, 원자력 품질보증 체제 수립 등을 추진함으로써 핵연료의 양산체제 수립을 완료하였다.

1987년부터 핵연료의 양산체제가 완비되고, 월성원전에 필요한 핵연료 전량의 자체 제조 공급단계에 들어갔다. 1981년 중수로 핵연료 개발에 착수하여 1986년 양산 준비를 완료하기까지 총 89억 5천만 원의 개발비가 들었다. 캐나다가 개발비로 투자한 금액 10억C$(1982년 환율기준 약 6천억 원)와 비교하면 엄청난 절약이자 쾌거였다. 그보다 더 큰 소득은 연구개발에 대한 믿음과 '하면 된다'는 자신감을 젊은이들과 나눌 수 있는 뿌듯함이었다.

1985년 7월, 양산공급을 위한 난제가 첩첩산중일 때 사업 책임자인 김병구 박사는 또 다른 연구의 대형사업으로 착수된 원자로 계통설계 사업 책임자로 전보되고 중수로 핵연료 기술개발의 실질적 주역인 핵연료 가공실장 서경수 박사가 사업 책임자가 되어 양산 준비를 했다. 1986년 12월, 대통령이 주재하는 기술진흥확대회의에서 중수로 핵연료 개발 성공사례를 발표하였고, 국산화에 공이 큰 서경수 박사[1]는 동백장과 부상을 받았다.

1987년 7월, 양산공장 준공 즈음, 당시 이태섭 과학기술처 장관은 원자력발전 기술 자립 사업의 국내 성공을 역사적으로 기리기 위하여 연구소 구내에 핵연료공원을 조성하였다. 이 공원에 '원자력은 국력'이라는 전두환 대통령의 휘호 등 조형물을 설치하였다.

서경수 박사는 중수로 핵연료 개발에 핵심 역할과 중수로 핵연료 양산공급을 성공시킨 후 경수로 핵연료 기술 개발 책임자로 일하다가 불행하게도 51세의 젊은 나이에 위암으로 돌아가셨다. 안타까운 일이었다.

숱한 야근을 하며 출출한 배를 라면으로 때운 날이 부지기수였고, 자기 몸을 돌보지 않고 오직 연구에만 몰두했던 한국이 낳은 진정한 '원자력 영웅'이었다. 원자력연구원 내의 핵연료공원에는 핵연료 국산화 주역으로서의 공로를 기리고 후학들에게 귀감을 삼기 위해 고인의 동상이 세워져 있다.

1980년 당시 AECL은 우리 원자력계를 형편없이 얕잡아 보고 2,500만C\$의 기술료를 요구하며 1985년부터 중수로 핵연료 양산공급에 따른 기술료 협상을 진행했다. 그러다가 연구소가 300만C\$를 거절하자 다시 10만C\$로 내렸는데, 우리는 그마저도 거절했다.

이후 수 차례의 협상을 거쳐 기술료 지불 없이 연구소·AECL이 대등한 위치에서 연구개발 결과를 상호 교환하는 조건으로 1986년 1월 29일 중수로 핵연료 양산공급에 따른 기술료 협약이 체결되었다. 그 과정에 연구진의 끝없는 노력이 있었고 모든 기술을 확보하게 된 것이 이런 계약을 가능하게 했던 것은 두말할 나위도 없다.

---

1. 1988. 10. 7 순직, 당시 연구소 중수로 핵연료사업부장 겸 핵연료(주) 사업본부장

핵연료 분말 제조의 국산화 성공

1970년대 중반부터 추진해 온 사용후핵연료 재처리 대체 사업 중 하나는 핵연료의 원료인 이산화우라늄$^{(UO_2)}$ 제조 기술 개발이었다. 이는 우라늄 정련과정에서 얻은 옐로케이크$^{(Yellow\ Cake)}$로부터 ADU$^{(Ammonium\ Diuranate)}$ 변환공정을 거쳐 제조하는 화학공정기술이다. 연구소는 1981년 8월 프랑스 SGN사와 기술도입 계약을 체결하여 천연 이산화우라늄 분말 또는 사불화우라늄$^{(UF_4)}$ 연 100톤을 생산할 수 있는 우라늄 변환 시험시설을 건설했다. 1981년 12월 제

| 原子力은 國力' 전두환 대통령 휘호탑(에너토피아 공원) ⓒ 한국원자력연구원)

조 성능보증 운전을, 1982년 4월엔 이산화우라늄 분말 제조성능 보증·운전을 각각 완료했다.

이와 동시에 원자력연구소는 독자 기술 개발에 뛰어들었다. 1981년 과학기술처가 주관한 '월성로형 핵연료 국산화 기술 개발 사업'에 착수해 1982년부터 '분말 제조기술 개발'을 시작했다. 우선 핵연료 생산에 적합한 소결성을 가진 분말을 연 1톤 규모로 제조하는 것이 목표였는데, 1982년 자체 개발한 제조 장치로 입자 모양을 변형시키는 데 성공해, 1982년부터는 장인순 실장의 주관하에 '분말 제조 탄산암모늄-우라닐 공정기술 개발'을 중수로 핵연료 기술 개발 사업 계획에 포함시켰다. 이 공정 개발을 통해 1982년 연산 1톤 규모의 장치를 제작하여, 핵연료로 적합한 국내 분말 생산에 처음으로 성공했다. 1983년에는 연 10톤 규모의 파일럿 플랜트 건설을 완료하여, 월성원전 핵연료 제조에 적용할 수 있는 분말을 만들 수 있게 되었다. 시운전 중에 생산한 분말 일부를 독일 KWU 연구소에 보내 분말의 입도, 비표면적 등 물리적 특성, 산소·우라늄(O/U) 비와 같은 화학적 특성, 소결성 등의 시험을 통해 중수로 및 경수로 핵연료 분말로서의 우수성을 입증했다.

특히 저온 소결 시험도 함께 진행한 결과 독일산 분말에 비해 전혀 손색이 없었고, 연구소에서 세계 최초로 시도했던 분말 기본단위인 미세결정 크기의 결정방법은 분말 특성검사 방안의 하나로 그 효율성도 입증된 것이다. 연구소는 시운전 후에도 이 공정장치를 계속 운전하여, 양질의 분말 시제품 1,200kg을 생산하고, 압분 소결을 거쳐 24다발의 국산 핵연료 1호를 제조했다. 연 10톤 규모에서 얻은 조업자료와 공정 장치의 특성자료를 이용해 1985년 25톤 규모의 파일럿 플랜트 건설에 착수해 3개월 간의 건설 기간을 거쳐 시운전을 시작했다. 10톤 및 25톤의 파일럿 플랜트에서 얻은 경험을 바탕으로 200톤/년 규모로 월성원자력발전소의 핵연료용 분말을 제조할 수 있는 AUC(Ammonium Uranyl Carbonate) 변환공정을 설계·건설했다.

이 공정 개발 성공은 차후 경수로 핵연료 국산화 사업과 외국 기술 도입으로 추진키로 했던 애초의 재변환공정을 당초 방침에서 바꾸어 연구소 자력으로 국산화하기로 결정하는 계기가 되었다.

월성원전에 국산 핵연료 전량 공급

1985년 초, 동력자원부, 과학기술처, 한전, 원자력연구소 간에 국산 핵연료 양산 공급에 따른 원칙과 공급가격 등이 검토되기 시작했다. 여러 차례의 협의 끝에 동력자원부는 1985년 4월 30일 핵연료 성형 가공비를 당시 국제가(35.80달러)의 120%까지 인정하고, 외국의 특허권 문제를 해결하는 조건으로 국산 중수로 핵연료 공급을 승인하였다.

우리 힘으로 개발한 핵연료가 실용화 실증 시험을 위해 월성원전 1호기에 장전되면서, 연구소는 핵연료 성형 가공 공장을 증설하는 등 양산체제를 밟아나갔다.

1985년 5월 17일 연구소와 한전은 연구소가 개발한 핵연료를 월성원전에 시험 장전하기 위한 360다발의 시제품 핵연료와 1호기에 장전할 핵연료 전량을 연구소가 공급하는 계약을 체결했다. 이로써 본격적인 중수로 핵연료 국산화 시대를 열게 되었다.

1987년 7월부터 양산을 개시하여 그해 말에는 월성발전소 연간 소요량의 절반인 2,500개를 공급하였고, 1987년 7월 양산공장 준공과 함께 월성원전의 핵연료 전량을 국산품으로 공급할 수 있게 되었다. 1988년부터 월성원전의 핵연료 전량을 공급해 오고 있다.

| 국산화에 성공한 중수로 핵연료 월성1호기 최초 장전(1984. 9. 8) ⓒ 한국원자력연구원

원자력연구소는 1988년부터 1996년까지 월성원전 소요 핵연료 전량, 즉 연간 5,100개$^{(100톤-U)}$를 제조·공급하였다. 완전무결한 핵연료 제조를 위하여 사업 책임자를 중심으로 모든 참여자가 혼연일체가 되었다. 1996년에 이르러 중수로 핵연료사업은 새로운 전환

기를 맞았다. 상업화를 달성했으니 원자력연구소는 KNF에 사업을 넘겨주라는 의견이 제기된 것이다. 원전사업의 산업체 이관이라는 정부 방침에 따라, 1997년 초 중수로 핵연료 제조 기술, 설비와 기술 인력이 KNF로 이관되었다. 1998년 KNF는 중수로 핵연료 생산 용량을 연간 400톤으로 확장하였고, 그 이후 월성 4기의 중수로에는 국산 핵연료를 전량 공급하고 있다.

이를 통해 중수로 핵연료 국산화 사업은 국내 중소기업의 기술 축적에도 크게 기여할 수 있었다. 핵연료 국산화 사업 추진과정에서 핵연료 제조 기술 개발뿐만 아니라 대부분의 핵연료 제조장비 및 시설들을 자체 개발하고, 국내 중소기업 참여를 통해 필요 기자재와 설비를 제작·설치하여 예산을 절감하였기 때문이다. 핵연료 제조장비의 국산화 제품 가격은 외제 장비의 1/5 정도였는데, 국산화 과정을 통해, 국내 중소기업의 근면함과 높은 기술 수준을 확인할 수 있는 좋은 계기가 되었다.

개량 중수로 핵연료 CANFLEX 개발

중수로용 개량 핵연료인 CANFLEX(CANDU FLEXible)다발은 43개 연료봉으로 구성되어 있으며, 기존 원자로 운전조건에서 평균 20% 출력밀도를 감소시키고 핵분열생성물 양을 1/4 수준으로 낮추게 하는 데 기여했다. 열전달 향상용 버튼을 이용해 원자로 운전 여유도를 기존보다 약 5% 늘렸다. 또한 기존 37개 핵연료 다발 제조 시설 라인을 변경하지 않고도 새로운 핵연료 다발 조립기만 보완하면 핵연료를 만들 수 있어 여러모로 편리했다.

원자력연구소는 1992년부터 AECL과 공동으로 CANFLEX-NU 다발 제조기술 개발에 성공했다. 그 후 캐나다 원전에서 시범장전 실험을 통해 건전성을 확인하고, 1998년엔 AECL 및 BNFL(영국핵연료회사)과 함께 타당성 분석·평가를 거쳐 개량 핵연료가 기존 원자로 설계 및 운전 요건을 충족하는 것까지 확인했다. 마침내 2001년 11월, 실용화 연구로 개발한 CANFLEX-NU 24다발을 2002년 7월과 12월에 월성원전 1호기에 시험 장전하여 2004년까지 조사 시험을 성공적으로 마쳤다. 연구소는 2005년 월성원전 3호기에 20여 개의 CANFLEX-NU 시험 다발을 이상유동 발생 채널에 장전·조사해 2006년에 방출했고, 육안검사와 정밀 측정을 통해 건전성을 확인하였다.

사용후핵연료 재활용 기술개발에 도전

사용후핵연료란, 원자로에서 일정 기간 핵분열하며 연소된 핵연료를 말하며 그것은 핵분열생성물과 초우라늄 원소를 포함하고 있어 오랜 기간 많은 열과 방사선을 방출한다. 천연우라늄을 사용하는 중수로(월성)에서는 기당 연간 약 95톤의 사용후핵연료를 발생하며, 저 농축우라늄을 사용하는 경수로는 1년에 1기당 약 19톤의 사용후핵연료를 배출한다. 2009년 12월 말에 국내 원전에서 임시 저장 중인 사용후핵연료량은 약 1만 761톤이었다.

사용후핵연료 관리 방안은 재처리하여 재활용하는 방안과 직접 처분하는 방식으로 나눌 수 있다. 재처리 시에는 사용후핵연료에 포함되어 있는 플루토늄$^{(Pu239)}$과 우라늄$^{(U235)}$을 추출하여 새로운 자원으로 재활용할 수 있다. 반면 직접 처분은 지하 400~500m의 암반층에 처분하는 방안이다. 우리나라의 사용후핵연료 관리 정책은 아직 결정되지 않은 상태이나, 에너지 자원이 부족한 우리나라는 사용후핵연료에 포함된 잔존 우라늄과 새로 생성된 플루토늄을 회수하는 재활용 기술 개발이 불가피하다.

연구소는 국제 핵비확산 정세를 고려하여 플루토늄을 분리하지 않고 우라늄과 함께 추출하거나 일부 초우라늄$^{(TRU)}$원소의 회수가 가능한 핵 확산저항성이 높은 기술 개발을 추진하여 왔다.

1983년, 캐나다와 공동으로 사용후핵연료에서 우라늄과 플루토늄을 비분리 처리하는 핵 저항성 탠덤 핵연료주기 기술 연구개발에 착수하였다. 이 프로젝트의 사업 책임자는 임창생 박사, 프로젝트 엔지니어는 박현수 박사였으며, 여기에 전관식 박사, 유재형 박사, 지광용 박사가 참여하였다. 이들은 캐나다 피나와$^{(Pinawa)}$에 있는 화이트쉘$^{(White Shell)}$ 연구소에서 수 개월간 공동연구를 하였다. 캐나다와 공동연구가 순조롭게 진행되고 있던 중 1984년 미국 압력으로 중단되었는데 지금 생각해보면 정말 아쉬운 연구개발 중단이었다.

탠덤 프로젝트 중단 후에도 연구소는 핵연료를 재처리하지 않고 경수로 사용후핵연료량을 줄이는 비분리 처리 관련 연구를 독자적으로 진행하였다. 경수로에서 타고 나온 사용후핵연료에는 U235가 1% 이상 남아있고, U238의 일부는 중성자 흡수로 플루토늄으로 변해 있고, U235와 플루토늄을 합쳐 약 1.5%의 핵분열성 물질이 남아있다. 중수로 핵연료에는 U235의 0.7%를 포함한 천연우라늄을 사용하는데, 경수로에서 나온 사용후핵연료에 포함되어 있는 핵분열 물질 약 1.5%를 중수로에서 재활용하면 단위 전력생산 기준 우라늄 자원 이용률을 30% 이상 향상시킬 수 있다. 더욱 중요한 것은 사용후핵연료 발생량을 3분의 1로 줄여, 경수로 사용후핵연료의 누적량을 크게 줄일 수 있다는 점이다.

한편 미국 제안으로 경수로의 사용후핵연료를 중수로에서 사용하는 경중수로연계(DUPIC: Direct Use of spent PWR fuel In CANDU reactors) 핵연료주기 기술 타당성 연구에 착수하여 미국 및 캐나다와 함께 3국 공동으로 진행하였다. 미국은 안전조치, 캐나다는 원자로 물리해석, 한국은 핵연료 성형 가공을 담당하였다.

듀픽(DUPIC) 핵주기는 경수로와 중수로를 함께 운용하는 우리나라에 적합한 핵비확산성 후행핵연료주기 기술이다. 듀픽 핵주기 연구개발이 활발하게 진행되자 IAEA도 참여하였다.

원자력연구소는 1993년부터 1997년까지 듀픽 핵연료봉을 제조하여 캐나다 NRU 원자로에서 성능시험을 하여, 1998년 조사, 재시험을 시설 내에 듀픽 핵연료 개발 연구시설을 구축하고, 25종의 원격 제조 및 품질 검사 장비를 설치해, 2000년부터 2002년까지 약 900개의 듀픽 핵연료 소결체를 제조했다. 이에 따라 한국·미국·캐나다 3국이 공동으로 듀픽 핵연료 주기 개발을 거의 완성하였다.

그러나 불행히도 중수로 원전의 추가 건설이 중단되자 듀픽 개발도 중단되고 말았다. 그럼에도 불구하고 듀픽 연구를 통하여 핫-셀(Hot-cell, 방사선 차폐장치를 갖춘 방사선 물질 취급 시설) 내에서의 사용-후핵연료 해체 기술과 중수로 핵연료봉 제조 기술, 원자로심 해석기술, 방사성 폐기물 처리 기술, 자동화 기술 등을 확보했던 것이다.

1998년 원자력연구소는 또 다른 방법의 사용-후핵연료 재활용 기술개발에 재도전하였다. 즉 국제적으로 실증된 핵비확산성 건식 기술인 파이로프로세싱(Pyroprocessing) 개발에 착수한 것이다. 이 재활용 기술은 습식 재처리 기술인 퓨렉스(PUREX)보다 핵확산 저항성이 획기적으로 강화된 건식 기술이다. 우라늄과 플루토늄뿐만 아니라 일부 초유라늄(TRU) 원소도 함께 회수할 수 있는 기술이다. 파이로프로세싱 기술개발 사업은 원자력안전위원회(원안위)에서 국가 후행핵연료주기 기술개발사업으로 확정되어 현재까지 미국과 공동연구로 추진되고 있다. 미국은 사용-후핵연료를 직접 사용하는 연구를 맡고, 연구소는 비방사성물질을 사용하는 연구를 하고 있는 중이다. 2003년에는 5kgU 규모의 전해 환원장치의 설계·제작을 완료하고, 전해 환원기술의 공학적 구현 가능성을 입증하였다. 2007년에는 전극 표면으로부터 전착된 우라늄을 용이하게 탈락시키고 전극 면적을 대폭 증대시킬 수 있도록 고체 음극 소재를 흑연으로 대체하는 기술을 개발했다. 이 연구 사업은 한·미 원자력협정에서 공동연구를 강화하기로 했다. 이에 따라 향후 한국도 사용-후핵연료를 직접 사용할 수 있을 것으로 기대하고 있다. 파이로 기술은 연구소가 개발 중인 소듐냉각 고속로와의 연계 개발이 바람직하다.

원전 기술 자립의 트리거

1987년 7월부터 국산 중수로 핵연료를 월성원전에 전량 공급하기 시작하였다. 사업 착수에서 양산까지 7년 6개월, 그동안 우리가 얻은 교훈은 많았다. 과학자들의 끊임없는 기술개발 의지와 노력, 과학기술처, 동력자원부 그리고 한전의 적극적인 지원 등 모두가 혼연일체가 되어 중수로 핵연료 개발을 자력으로 양산에 성공할 수 있었다. 중수로 핵연료 국산화 사업은 기본구상과 계획이 완벽했고 유능한 사업 책임자와 연구원들의 사명감과 적극 참여로 성공하였다. 원자력 기술 자립의 길은 험난하고 끈기와 의지, 다수의 결집된 노력의 결실이다.

중수로 핵연료 국산화 사업은 자력개발인 점을 감안하여 절대적으로 필요한 성능 입증절차 즉, 노외 시험, 노내 시험및 월성원전을 이용한 소량의 실용화 시험 등을 철저하고 완벽하게 시행하여 연구개발에서 산업화까지 일관된 정부의 정책지원과 한전의 자금지원, 승인을 받아낼 수 있었다.

국가가 어려운 재정여건에서 투자해준 대덕의 대규모 핵주기시험 시설(변환 시험시설, 성형가공 시험시설, 조사 후 시험 및 분석 시설, 고온유체 시험시설, 방사성폐기물 처리시설 등)들이 100% 활용되었다. 1970년대 초부터 꾸준히 추진해온 기초연구 능력 축적, 1970년대 중반에서 1980년대 초까지 핵연료주기 시험시설, 즉 변환, 성형 가공, 조사 후 시험시설 등 기본 필수 시설을 확보할 수 있었다. 1982년 막대한 연구비 출연도 제도적으로 마련되어 있지 않은 상황에서 한전

출연금으로 이루어낸 최초의 사례이며 원자력 기술 자립 의지를 보여준 용단이었다.

1980년~1985년 초까지 과학기술처 이정오 장관, 김성진 장관, 동력자원부 최동규 장관, 최창락 장관, 그리고 이봉서 장관(당시 차관)도 원자력발전의 기술 자립 의지를 실천에 옮기는 과정에서 중수로 핵연료 국산화 사업은 물론 연구소의 기술 자립 활동을 적극 지원해 주었다. 특히 한전 박정기 사장은 재임기간 중 원자력발전 기술 자립을 강조하면서 적극 지원해 주었고, 과학기술처 원자력국, 동력자원부 원자력발전과, 한전 핵연료과, 월성원전 현장에 근무한 실무진들도 숨은 공로자들임이 분명하다. 많은 이들의 적극 지원으로 원자력발전 기술 자립의 하나인 중수로 핵연료의 국산화 사업은 성공이라는 열매를 맺을 수 있었다.

중수로 핵연료 국산화 사업의 성공은 과거 정부와 국민이 가졌던 연구소에 대한 불신을 지지와 신뢰로 전환시키는 중요한 계기가 되었다. 연구원들은 "우리도 하면 된다"는 자신감을 가지게 되었고, 연구소의 획기적 발전과 우리나라 원자력 기술의 국제적 위상을 높였다. 또 경수로 핵연료의 국산화, 원자로 계통설계 기술 자립, 하나로 자력 설계·건조 등 후속 원자력 기술 자립 사업이 순차적으로 성공하였다. 긴 세월 열정으로 앞만 보고 달려오며 중수로 핵연료 국산화에 땀 흘려온 연구원들, 정부와 한전 관계자 모두에게 감사드린다.

chapter 4
연구원들의 꿈과 열정으로 이뤄낸
경수로 핵연료 설계 기술 자립

핵연료 기술은 원자력발전소의 경제성과 안전성을 좌우하는 기술의 핵심이다. 특히 핵연료 설계는 두뇌집약적인 소프트웨어 기술로, 부가가치가 매우 높은 종합과학인 까닭에 미국, 독일, 프랑스, 러시아, 일본 등 원자력 선진국만이 독점해 왔다. 이 때문에 우리나라와 같은 개발도상국에서 핵연료 설계기술을 자립한다는 것은 매우 어려운 과제였다.

원자력발전 기술 자립은 그 출발이 안정적인 에너지원 확보를 목표로 하고 있다. 1973년과 1979년에 있었던 2번의 국제 석유 파동으로 화력발전에 대한 경제성과 지속가능성, 공급의 안전성에 대해 많은 우려가 제기되었다. 원유가는 10배 이상 급등하여 높은 가격에도 산유국의 주요 전략 물자가 되어 석유와 가스 한 방울도 생산하지 못하는 우리나라로서는 에너지의 안정수급에 대해 심각한 우려를 하게 되었다. 따라서 우리나라 전력 생산량의 40%를 점하고 있던 원자력발전소의 자립을 위한 노력은 당연하였으며, 연료의 공급권 확보는 국가의 에너지 안보상 매우 중요했다.

필자는 미국 컴버스천 엔지니어링(이하 CE, 현 WH)에 근무하다 1984년 7월 유치과학자로 귀국했다. 당시 한국에너지연구소(이하 연구소)로 돌아와 경수로 핵연료 국산화 사업 책임자로 일하던 시절 회식 자리에서 후배들과 어깨동무를 하며 윤해영이 작사한 '선구자'를 소리 높이 부르곤 했다. 우리가 원전기술 자립의 선구자라는 자부심이 대단하였기 때문이다. 잦은 야근과 밤샘 근무에도 힘들다는 생각은 하지도 못하고, 오로지 원자력 기술 자립만을 생각하며 앞으로 달렸다. 우리의 가슴에는 그런 꿈과 열정이 있었다. 그래서 주말에 가족과 함께하는 시간도, 휴가도 반납하며 오로지 핵연료 국산화 사업에 매달렸던 것이다. 그 시대엔 그런 마음과 열정이 필요했던 시대였고, 시대의 부름에 성실히 응했을 뿐이다.

귀국 후 7년간 경수로 핵연료 설계 국산화 책임자로 사업을 이끌었다. 마침내 1990년 2월 17일, 고리 2호기에 첫 국산 핵연료를 장전함으로써 국산화 사업과 기술 자립을 성공적으로 완수하였다. 지금부터 원자력발전 기술의 핵심분야인 경수로의 핵연료 설계기술 자립 여정에 대해 이야기 해보고자 한다.

교체 노심 핵연료 설계기술이란?

1970년대, 두 차례에 걸친 석유파동으로 에너지 자원의 전략 무기화가 전 세계를 뒤흔들었다. 특히 천연 에너지 자원 빈국인 우리나라는 타격이 너무 심해 준 국산에너지로서 원자력의 필요성이 강하게 대두되었다. 원자력발전소의 건설과 기술 자립은 역사적 필연이었다. 그중 원전의 핵이라고 할 수 있는 핵연료 국산화 계획을 범국가적 차원에서 수립하게 되었다.

당시 발전소의 주종을 이루는 경수로형이 여덟기가 운전 중이었다. 이에 필요한 핵연료는 전량 수입하고 있었는데, 핵연료 국산화 사업 목표는 1989년부터 국내에서 소요되는 핵연료를 전량 국산화하는 것이었다.

핵연료 기술은 크게 설계와 제조 기술로 구분되는데 특히 설계기술은 핵연료 출력 분포와 연소 등을 파악해 설계하는 핵설계, 핵반응으로 생성된 열을 증기발생기 등에 전달하는 유체 계통을 설계하는 열·수력학적 설계, 핵연료봉의 열출력과 연소도의 극대화를 위한 재료역학적 설계 그리고 핵연료집합체의 기계 구조 설계 등으로 이루어지는 종합공학 기술이다. 이들 분야는 상호 유기적으로 연계되어 상기 설계 분야에서 진행된 매우 복잡한 물리적·기계적 현상에 대한 예측이 정확성과 신뢰성을 갖도록 정교한 수치해석 방법, 전산코드를 이용하여 핵연료의 안전성을 도모한다.

원자력발전소의 설계기술은 지금까지도 일부 선진국이 독점하여 온 부가가치가 매우 높은 두뇌 집약형 종합공학기술이고, 원자력발전 기술 중 핵연료에서 발생한 열을 안전하게 통제하여 터빈·발전기를 돌리는 증기 생산 시스템인 원자로 계통에 대한 설계가 핵심이다. 또 핵분열 물질인 U235 1그램은 석탄 3톤과 같은 양 즉 석탄의 3백만 배의 에너지를 생산한다. 이 같은 고밀도의 열을 발생

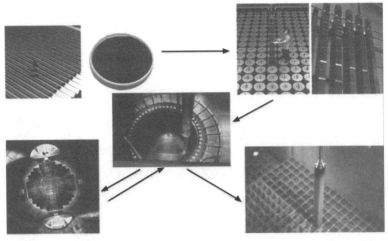

| 가압경수로 선행핵연료주기 © KNF

하는 핵연료를 통제해 안전하고 경제적으로 사용하는 것이 핵연료 설계기술이다. 원자로 계통설계 중 핵연료 및 원자로심 설계기술은 발전소의 경제성과 안전성을 좌우하는 모든 첨단 기술이 집약된 기술의 핵심 분야라고 할 수 있다.

경수로형 발전소는 평균 18개월마다 원자로 안의 핵연료집합체의 약 25~30%로 새로운 핵연료집합체로 교체한다. 노심에 장전되는 핵연료 소요량을 예측하기 위해 핵연료가 장전되기 전까지 노심 연소계산이 수행되어야 한다. 이미 연소가 진행된 노심에 대해서는 알려진 설계 자료나 운전 자료에 따라 노심 추적계산을 수행한다. 노심설계에서는 첨두 출력, 냉각수의 온도계수, 원자로 운전 정지 여유도, 주기 길이 등 기본적인 노심설계 요구조건을 충족하도록 수행한다. 교체노심 설계는 원전 운영자가 원하는 해당 주기

원자력 기술 자립의 여정

에 대한 주기 길이, 설계 제한치 등 설계 요구 조건을 만족시키면서 해당 주기의 최적화된 핵연료 장전모형을 결정하는 것이다. 이 과정에서 해당 주기 원자로심의 핵연료 연소도, 출력 분포, 반응도, 주기길이 등을 예측하며, 원자로의 안전성을 입증하기 위한 안전성 평가를 수행한다.

뜻밖의 대통령 방문

전두환 대통령의 제5공화국 정부는 민감한 과학기술 분야 중 몇 가지 프로젝트들을 중지시키고 관련 과학기술 인력들을 내보내는 조치를 취하였다. 미국은 우리나라의 원자력 기술개발을 철저하게 견제하고 있었다. 이에 정부의 요청으로 1981년 원자력연구소 이름도 에너지연구소로 바뀌었다. 이는 우리나라가 국제적으로 민감한 원자력 기술 부문의 개발을 포기한다는 신정부의 의지 표현이었다. 이렇게 국내 원자력계가 아주 위축된 가운데 1983년 4월 12일 오후 4시 전두환 대통령이 에너지연구소 대덕공학센터를 방문하였다. 정부가 원자력 연구를 축소하고 있던 시기에 대통령의 방문은 뜻밖이었다. 이 방문은 원자력 기술 개발의 새로운 돌파구를 여는 기회가 될 수 있었다.

통상 대통령의 연구소 방문 시 보고는 연구소장이 브리핑하는 것이 관례인데 그때 정부에서는 한필순 분소장이 브리핑하도록 요구하였다. 그래서 대덕공학센터 책임자인 한 분소장은 짧은 시간에 무엇을 어떻게 보고할 것인가를 고심하였다. 대통령에게 원자력의 중요성을 각인시켜야 했다. 그러나 시설이라고 해야 고작 핵연료 성형 가공 시험시설과 정련변환 시험시설이 전부였다. 규모가 큰 연구사업으로는 중수로 핵연료 국산화 기술개발 사업과 국방과학 연구소로부터 위탁받아 수행 중인 열화우라늄 관통 소재 개발 사업 정도였다. 한 분소장과 남장수 연구사업 조정실장은 대통령 보고 자료와 시설 시찰 안내 준비를 하였다. 대통령의 시찰 시간은 20분 정도다. 브리핑 차트는 2장으로 하고 핵심사업만 간략히 보고하고 시설 시찰 시에는 중수로 핵연료 제조라인과 탱크 파괴 무기인 대전차 관통자에 대해서 집중보고키로 했다.

한 분소장은 핵연료주기와 우리의 능력, 현재 진행 중인 기술개발 사업에 대하여 브리핑하였다. 그는 연구원들이 독자 개발한 중수로 핵연료 시제품 성능과 캐나다 NRU 연구로에서 검증한 최종 종합성능시험에 대하여 비교적 상세히 설명했다. 특히 캐나다는 중수로 핵연료 개발에 6천억 원을 투입했지만, 우리는 19억 1천만 원밖에 들지 않았다는 점을 강조했다. 이어진 시찰에서는 당초 의도대로 경수로 핵연료 라인은 설명을 하지 않은 채 소규모 라인인 중수로형 핵연료 성형 가공 라인만 설명하였다. 연구시설 시찰 도중 전두환 대통령께서는 이상하다는 듯이 "내가 보고 받은 건 우리나라는 경수로형 발전소가 주종이라고 하던데 옆에 있는 경수로 핵연료 라인에 대한 설명은 하지 않고 왜 중수로 핵연료 라인만 설명하는가? 우리 발전소는 대부분 경수로인데 왜 경수로에 사용할 핵연료는 개발하지 않는가? 경수로 핵연료 개발이 더 중요하지 않나?"라고 질문했다. 이때를 기다렸다는 듯이 한 분소장은 "경수로 핵연료 사업은 최근 정부 방침으로 한전의 주도로 기술을 도입하여 국산화하는 것으로 결정되었기 때문에 저희 연구소는 기술개발을 중단한 상태입니다"라고 대답하였다. 전 대통령은 "초기에는 기술과 인력, 시설을 가진 연구소가 원자력 핵심기술 자립을 주도해야지, 기술과 인력도 없는 한전이 기술 자립을 주도하면 되나?"라고 코멘트 하였다. 이 코멘트는 우리나라의 원자력 역사를 바꾸고, 연구소가 원자력 기술 자립을 주도하게 된 역사적인 계기가 되었다.

대덕공학센터 시찰을 마친 후 전 대통령은 "한 박사, 기술 자립은 연구소가 해야 돼. 그래야 우리나라에 기술이 떨어지지" 라며 원자력 기술 자립에 대한 강한 의지를 보였다. 비록 대통령 자신은 미국을 의식해 원자력 기술개발을 억제하는 정책을 펼쳤으나, 우리 과학자들이 중수로 핵연료 시제품을 독자적으로 개발한 사실에 매우 감동을 받았다는 것이다.

이 계기로 1983년 5월 27일 이정오 과학기술처 장관은 대통령께 처음으로 핵연료 국산화 및 핵연료주기 기술개발 계획에 대해 보고했다.

간략하게 소개하면, 핵연료 국산화를 통한 국가 에너지 자립 추진과 핵연료 주기 기술을 확보하여야만 궁극적으로 우리나라에서 원자력이 독립적으로 평화적으로 이용될 수 있다는 것이다.

이를 위한 국가적 사업계획과 진행현황을 명시했는데 개발전략으로서 사업과 기술개발의 동시 병행 추진으로 목표를 조기 달성하겠다는 의지를 보고한 것이다. 결론적으로 에너지연구소 주관으로 핵연료 국산화 및 핵연료 주기 기술 자립 체제를 구축하여야 한다는 국가적으로는 굉장히 중요한 의미를 갖는 보고였다.

구체적 추진 사항으로 한전 자회사로 설립된 KNF를 에너지연구소의 부설로 운영하고, 한국·캐나다 공동연구로 혼합핵연료(MOX) 연구 착수, 에너지연구소의 대덕 이전을 추진하며, 국제협력 강화를 위하여 IAEA에 적극 참여, 비엔나에 과학관 파견, 에너지연구소의 기술인력을 매년 50명씩 5년간 250명 증원, 투자재원 확보를 위하여 기술개발투자촉진법을 입법해야 한다는 것을 건의하였다.

위의 6가지 건의 사항 중 이후 시행된 사항은 KNF를 그대로 한전 자회사로 두고, 대신 1983년 7월 초 한필순 분소장이 KNF의 제2대 사장(겸직)으로 취임했다. 한 분소장이 연구소 소장으로 선임된 1984년 4월 이후에도 연구소와 KNF를 총괄 관리하여 1989년 경수로 핵연료 상용화를 성공할 수 있었다. 1985년 연구소를 대덕으로 이전하였고, 프랑스 파리 대사관에 주재 중이던 과학관을 비엔나 대사관으로 옮겼으나 유감스럽게도 혼합핵연료개발 사업은 미국의 반대로 중단되고 말았다.

'외국 합작 배제' 위해 기술 자립으로 방침 변경

핵연료개발공단은 1979년 9월 24일 제26차 경제장관협의회에서 '경수로 핵연료 국산화 사업 기본 구상안'을 제출하였다. 이후 연구소는 그 사업을 주관하고자 했으나 부처 협의 과정에서 경제기획원의 반대로 무산되었다.

그 후 1981년 7월 30일 제31차 경제장관협의회에서 '경수로 핵연료 국산화 사업 계획'이 결정되었다. 주요 사업내용은 연산 200톤 U 규모의 경수로 핵연료 성형 가공 공장을 건설하여 1987년부터 교체용 핵연료를 전량 생산·공급하는 것이다. 한전과 에너지연구소 및 기술제공 외국회사가 합작으로 국내 주도의 핵연료제조회사를 설립하는 것이었다. 외국 회사와 합작 사업으로 추진할 때는 새로운 사업체가 신설되어야 한다. 먼저 핵연료제조회사 설립 후에 외국 기술 합작선을 선정하기로 하였다. 1981년 8월 12일, 한전과 에너지연구소, 경제기획원, 동력자원부, 과학기술처 등 유관 기관들이 참여한 실무협의회에서 원자력연료사업 주관회사의 설립 지분율을 한전 50%, 에너지연구소 15% 그리고 외국업체 35%로 합의하였으며, 그해 9월 16일 부총리의 재가를 받아 결정되었다.

이후 회사설립추진위원회와 설립추진반이 구성되고 1982년 11월 11일, 외국과 자본을 합작하여 연산 200톤 규모의 경수로 핵연료 제조공장을 건설, 핵연료 설계와 제조를 담당할 한국핵연료주식회사(KNF)는 설립등기를 마쳤다. 1982년 10월 27일 발기인 총회를 개최하여 사업계획과 임원에 관련된 정관을 승인하고 상임이사 2명, 비상임 이사 4명, 비상임 감사 1명을 선출하여 초대 사장에는 한전 김선창 부사장이 선임되었다. KNF는 사업의 구체적 추진계획을 점검하고 외국 합작선을 구하는 일에 착수하였다.

전 대통령의 대덕공학센터 방문이 계기가 되어 1983년 7월 한필순 박사는 KNF 사장에 취임하자마자 핵연료 국산화에 대한 기존의 정부방침 변경에 착수하였다. 한 사장은 국산화 사업 방식을 외국 기술도입에 전적으로 의존하는 '합작에 의한 핵연료 생산'에서 '기술 자립에 의한 핵연료 생산'으로 변경하고자 했다. 기술 자립 방침을 근본적으로 바꾸어 새로운 국산화 계획을 수립하기 시작한 것이다.

국가의 장래를 생각할 때 핵연료 국산화 사업은 그 중요성을 감안하여 연구소 계획대로 외국과 합작하지 않고 국내 자율경영권을 확보하는 것이다. KNF로 설계와 제조를 일원화하기로 한 것을 분리하여 KNF는 제조만을 담당토록 하였다. 핵연료 설계와 안전해석 분야는 기술의 고급성과 기술의 연관성, 원자로 설계기술 자립의 파급효과 등을 고려하여 연구소가 담당하며 기존 정부 방침을 뒤엎는 것이었다. 한전 내 원자력 기술 자립 반대 세력들의 입김이 너무 강하여 외국 합작 배제는 어려웠다. 그러나 한 사장이 KNF 사장으로 취임한 후 곧바로 한전 박정기 사장을 면담하여 원자력 기술 자립의 중요성과 필요성을 설득하여 박 사장의 전적인 지원과 협조를 약속받았다. 이후 정부의 최고위층과 한전 박정기 사장의 두터운 신임을 받은 한 사장은 정부의 경수로 핵연료 국산화 사업 추진 방침 변경을 소신껏 밀어부쳤다. 결국 한전 박정기 사장의 강력한 지원으로 아슬아슬하게 한전 이사회의 경수로 핵연료 사업 추진 방침변경에 대한 승인을 받았다.

'핵연료 국산화 사업계획 변경(안)'은 1984년 7월 30일 동력자원부 장관이 부총리의 재가를 얻어 변경되었다. 이때 주요 변경 사항은 당초 합작 및 기술도입 방식에서 합작하지 않고 기술만 도입하는 방식을 택하는 것이었다. 그리고 KNF가 맡기로 했던 핵연료 설계업무는 다년간 원자력 기술의 연구 경험을 축적한 연구소에서 하기로 했다. 그 밖에 핵연료 사업 일정도 다소 조정하여 상용화 시기를 당초 1987년에서 1988년으로 1년 늦추고 재변환 공장은 국내 자력개발로 1989년 이후에 상용화하는 것으로 변경하였다.

방침 변경에 실무적으로 크게 도움을 준 사람은 당시 동력자원부 원자력발전 김세종 과장이었다. 김 과장은 경북 금릉 출신으로 1964년 서울대 전기공학과를 졸업한 뒤 원자력에만 매달려온 원전 전문가이다. 그 후 그는 동력자원부 전력국장, 과학기술부 원자력 실장을 거쳐 1997년부터 제3대 KINS 원장을 맡았다. 특히 그가 동력자원부 과장, 전력국장으로 재임 중 핵연료 국산화 사업 추진, 원전 기술 자립에 대해 많은 기여를 했다.

연구소의 경수로 핵연료 국산화 사업의 참여 결정은 국산화 사업비 절감과 원자력 핵심기술을 습득하여 조기에 기술 자립을 이루고자 하는 의지의 결과였다. 그러나 연구소의 설계사업 참여 기간이 설정되지 않아 1997년 정부에 의해 강제적인 사업 이관이 진행됨에 따라 많은 연구원들이 본인의 의사와 상관없이 KNF로 강제 이관되었다. 유능한 연구원의 이동으로 연구소의 선진 원자력 연구개발 능력이 저하된 것은 매우 아쉬운 일이었다.

경수로 핵연료 기술 자립으로 중간진입 전략 수립

일반적으로 기술 자립을 위해 추진하는 방법은 상향식으로 역량을 확보하여 자체 기술진에 의한 연구개발과 해외 선진기술에 의한 훈련을 통하여 기술을 자립하는 방식이다. 그러나 연구소는 자체 역량 강화와 연구개발을 통한 방법으로 추진할 경우 지나치게 시간이 많이 걸려 후발 기술로 선진기술을 계속하여 뒤쫓아 가기에는 오랜 기간이 걸릴 것으로 판단하였다. 따라서 오랜 기간 국산화 사업을 추진할 경우 여러 가지 문제에 직면할 수 있어 중간진입 [mid-entry strategy] 전략을 선택했다. 우선 세계적인 최신 상용 기술을 일괄 도입하여 핵연료 기술을 확보한 다음 지속적인 연구개발을 통하여 개량함으로써 기술 확보와 기술 선진화를 신속하게 달성한다는 계획이었다.

기술성 평가항목과 가중치

구분	설계 기술		제조 기술	
	평가항목	가중치 (%)	평가항목	가중치 (%)
기술 전수도	기술 전수도 설계개량 능력	30 20	기술 전수도 신기술개발 능력	30 20
	소계	50	소계	50
기술의 우수성	설계기술의 질 핵연료 주기비 안전성	10 20 20	제조 기술의 질 제조설비 안전성	10 20 20
	소계	50	소계	50
합 계		100		100

경수로 핵연료 국산화 사업의 추진 방향이 결정된 후 본 사업은 본격적으로 추진되었다. 제일 먼저 우리와 협력할 기술 도입선을 선정하는 것이었다. 이를 위하여 연구소의 유능한 전문인력을 결집시켜 해외기술협력 파트너를 선정하는 작업을 했다. 연구소와 KNF는 핵연료노심 설계 및 핵연료 제조 기술 도입선을 선정하기 위하여 1984년 9월 외국 기술 선진 회사에 입찰 안내서를 발급하였다. 같은 해 12월 3개국 5개 회사(미국의 WH, CE 및 엑슨, 프랑스의 FRAGEMA, 독일의 KWU)가 응찰서를 제출하였다. 당시에는 응찰서 평가에도 전혀 경험이 없어 외국에 용역을 줄 수밖에 없는 실정이었다. 벨가톰 사는 용역비로 4,200만 원을 제의해왔다. 그러나 외국에 용역을 주는 대신 적은 계약금액으로 많은 기술 이전을 받고 유리한 계약조건을 갖기 위해 유관기관 합동 TF(Task Force) 팀을 구성하여 응찰서를 자체 평가하기로 결정하였다.

엄정한 입찰서 평가를 위하여 두개 부류의 유관기관 합동 TF팀이 구성되었는데 하나는 '핵연료사업추진위원회'와 '평가반'(설계 평가반, 제조 평가반, 설계경제성 평가반, 제조경제성 평가반)으로 나뉘어서 약 7개월에 걸친 입찰 평가 작업이 진행되었다. '핵연료사업추진위원회'는 1984년 11월 24일 위원장을 KNF 사장으로, 위원으로는 연구소의 임창생, 전풍일, 남장수, 한전의 양창국, KNF의 이의겸, 나종웅, 간사로 김풍오가 활약했다. 추진위원회는 평가 기준, 평가 방법, 평가 일정, 평가 결과의 종합에 관한 임무를 진행하였다. 입찰 평가반은 설계기술 평가반(김시환 외 9명), 제조기술 평가반(김풍오 외 7명), 설계 경제성 평가반(김화섭 외 4명)과 제조 경제성 평가반(방지혁 외

4명)으로 나누어 평가 업무를 수행하였다.

1984년 12월 8일 추진위원회에서 결정한 평가원칙을 설정하였다. 즉 평가 요소를 기술성과 경제성으로 대별하고 각각의 가중치를 6:4의 비율로 설정하였다. 한편, 기술도입이 설계기술과 제조기술로 나뉘어져 이루어지므로 각각에 대한 가중치를 7:3으로 하였다. 기술성은 설계기술과 제조기술로 나누어 각각 기술전수와 현 기술의 우수성 측면에서 아래와 같은 항목에 대한 평가를 수행하였다. 평가에 있어 각 항목별로 100점 만점으로 평가한 후 추진위원회에서 종합평가 시 사전(1984. 12. 8)에 결정하고 봉인해 두었던 가중치에 따라 종합평점을 계산하여 평가하였다.

경제성 평가는 핵연료의 추정 제조원가로 요약될 수 있으므로 제조기술의 경제성 평가반에서 kgU당 추정원가를 산출하고 종합평가 시 추진위원회에서 기술성 평가점수의 구간을 기준으로 추정원가를 점수화하도록 하였다. 한편, 설계기술의 경제성 평가는 추정 제조원가가 제조기술의 경제성 평가에 포함되므로 1985년 1월 14일 설계기술의 도입가 및 기술도입 계약조건의 입찰안내서 충족도를 점수화하여 평가하도록 하였다. 설계기술과 제조기술의 경제성 평가를 종합하기 위하여 핵연료 성형 가공비의 설계 부문과 제조 부문의 구성비인 2:8을 따라 설계와 제조 경제성의 가중치도 1985년 5월 8일 추진위원회에서 2:8로 하기로 결정하였다.

1984년 8월 3일 5개 회사가 제시한 조건들이 만족스럽지 못해 1985년 1월과 4월, 2차에 걸쳐 재입찰을 공고했다. 특히 기술 자료 제출에 대해서는 보완할 것을 요구했다. 한마디로 "입찰 회사가 가지고 있는 경수로 핵연료 설계와 안전성 분석에 필요한 기술 자료 전부를 내놓으라"고 압박한 것이다. 입찰에 응한 외국 회사들은 매우 곤혹스러워하면서도 우리가 요구하는 기술자료들을 마지못해 내놓겠다고 했다. '원자력발전의 원조'이자 세계 제일을 자처하는 WH사도 처음에는 안전해석 코드만은 제공하지 못하겠다고 거세게 버텼지만, 결국에는 제공하기로 하였다.

위에서 말한 엄정한 기준에 따른 엄정한 평가 결과에 따라 서독의 KWU사가 도입선으로 선정되었는데, 이유는 국산화 사업에 가장 좋은 조건을 제시하였고, 우리의 핵심 사항인 기술 자립을 가장 효과적으로 달성할 수 있는 파트너라는 사업성과 맞아 떨어졌기 때문이다. 미국 WH가 탈락하고 독일 KWU사로 선정되자 미국 측에서는 강하게 항의해왔다. 이에 대해 연구소 측은 "40명으로 구성된 과학자들의 평가단 결정"이라고 답변했다. 평가단은 기술 수준

경수로 핵연료 기술도입 계약(1985. 8. 26.) ⓒ 한국원자력연구원

만이 아니라 기술 이전과 경제성도 중요 평가 기준으로 삼았기에 WH가 탈락한 것이다. 한편 KWU사와는 1985년 8월까지 계약 협상을 하여 우리가 원하는 조건으로 마무리하였다. 1985년 8월 26일 KWU와 '가압경수로 핵연료 기술 도입 계약'을 체결하고, 한국과 독일 양국 정부의 승인 후 1986년 1월 10일, 공식 발효되어 경수로 핵연료 국산화 사업이 본격적으로 시작되었다.

연구소는 경수로 핵연료 국산화 사업 초기부터 지속적으로 원자력 연구개발 능력을 확보할 수 있도록 기획하였다. 개량 핵연료에 대한 지속적인 기술개발 과정을 습득하고 해외 선진기술을 바탕으로 개량 핵연료 연구 능력을 확보하기로 하였다. KWU와의 기술 협상 시 그들이 수행 중인 핵연료 개발 관련 자료 전부를 연구소가 받고, 매년 1회씩 핵연료 연구개발 세미나를 개최하도록 계약서에 추가하였다. 이러한 연구개발 정보 입수는 우리가 추진한 개량 핵연료 개발에 매우 유용하게 활용되었다.

국외과학자 유치로 고급 설계인력 확보

막상 연구소가 핵연료 설계업무를 맡게 되었을 때, 가장 큰 문제는 해당 분야에 고급 인력의 절대 부족이었는데 실제로 연구소가 이 사업을 시작(1984)한 경수로 핵연료 설계 부서의 인원은 10여 명에 불과했다. 그것도 실제 핵연료 설계에 조금이라도 경험이 있는 인원은 손에 꼽을 정도였다. 이런 소수 인력으로 사업계획에서부터 계약 서명까지 모든 업무를 진행했다. 사실 첫 번째 공동설계팀 파견 선발 후 인력 부족으로 인해 파견 시점을 늦춰야 했다. 따라서 경수로 핵연료 사업팀에서는 국내의 각 대학에 주기적으로 인력 확보를 위한 설명회와 교수들에게 능력 있는 인력을 공급받기 위한 협조를 요청했으며, 해외에서 수학한 인재 확보를 위해서도 지속적인 노력을 했다.

당시 우리나라는 국민 소득이 높지 않아 선진국에서 근무 중이거나 수학한 인재를 확보하기란 쉬운 일이 아니었다. 그래서 연구소 내의 기존 연구 인력을 최대한 결집시켜 조직을 만들고, 부족한 분야에 대해서만 재외 한국인 과학자를 유치하였다.

한필순 박사는 먼저 경수로 핵연료 설계를 함께 할 수 있는 유치 대상 중 재외 한국인 과학자 목록을 작성하여 1984년 미국으로 달려가 유명 대학에서 박사학위 이수 중인 유치 대상 과학자들을 직접 면담하여 그들에게 연구소의 비전, 경수로 핵연료 국산화 사업 계획, 귀국 시 유치 지원 패키지 등을 설명하며 귀국을 적극 권장하였다. 이 패키지에는 귀국 시 이사비 지원, 가족 항공권 제공, 대전에서 가장 좋은 아파트를 관사로 제공, 월급에 추가하여 유치과학자 수당 제공, 출퇴근 차량 지원 등이 포함되어 있었다(그가 가장 공들여 유치한 과학자가 필자였다는 말을 후에 듣게 되었다).

이러한 노력의 결과로 약 30명의 국외 고급 과학자를 유치하여 핵연료 설계팀에 합류시킬 수 있었다. 그들 중에는 1980년대 초 당시의 연구소 통폐합으로 국내 연구환경에 실망하여 외국으로 공부하러 떠났던 연구원들도 있었다.

당시 유치한 과학자들은 모두 미국의 MIT, RPI, 버클리, 펜실베니아주립대, 미시간대 등 유명 대학에서 박사학위를 취득한 유능한 인재들이었다. 이 무렵 귀국한 유치 과학자들은 안덕환 박사, 백주현 박사, 박찬오 박사, 장문희 박사, 노태선 박사, 어근선 박사, 이찬복 박사, 정진곤 박사, 손동성 박사, 박종균 박사, 지성균 박사, 심윤섭 박사, 정연호 박사, 황순택 박사, 김규태 박사, 김종인 박사 등이었다. 그들이 경수로 핵연료 국산화 사업이 한국에서 연구소 주도로 진행된다는 사실에 고무되어 경수로 핵연료 국산화 사업에 적극 동참하였기 때문에 경수로 핵연료 국산화를 성공할 수 있었다. 후에 이들이 애국심과 열정을 가지고 원자력발전 기술 자립에 지대한 공헌을 한 것은 나라의 자랑이요, 민족적 긍지라고 생각한다.

이 무렵 원자로 계통 설계 사업에 대해 한전기술(사장 정근모 박사, 핵공학 부장 신재인 박사)이 먼저 아이디어를 내고 사업을 준비하고 있었다. 사실 한필순 소장도 경수로 핵연료 설계사업을 통해 고급 설계 인력을 충분히 확보하여 핵증기공급계통(NSSS) 설계사업을 담당하려는 욕심을 갖고 있었다. 그래서 한 소장은 앞뒤 설명 없이 핵연료 설계와 안전해석을 위하여 200명의 설계 전문인력이 필요하다고 정부와 한전에 말을 해놓은 터였다. 그러나 구체적인 산출 근거자료는 없었다.

당시 한필순 소장의 고민 중 하나는 "교체 노심·핵연료 설계에 과연 몇 명이 필요한가?"라는 문제였다. 설계 인력 규모는 바로 핵연료 공급계약에 명기되며 그것에 따라 설계비가 책정되므로 교체 노심·핵연료 필수 설계인력에 대한 의견은 기관별로 다를 수밖에 없

원자력 기술 자립의 여정

었다. 일찍이 WH에서 핵연료 설계업무에 종사하다가 연구소의 핵연료 설계부 부장으로 일하던 핵연료 권위자인 임창생 박사(원자력 연구소장 역임)는 100여 명이면 되겠다고 하고 한전과 KNF는 40여 명이면 충분하다고 말할 때였다.

이 무렵 미국 RPI 대학에서 박사학위를 마치고 미국 CE에서 노심설계 전문가로 일하던 박종균 박사가 1983년에 일시 귀국한 적이 있었다. 연구소 경영진은 그에게 교체 노심·핵연료 설계인력 200명에 대한 산출 근거를 요청하자 CE의 핵설계, 기계적 설계, 안전해석 등을 참작하여 영역별로 설계인력을 산출해 200명 이상이라고 연구소 경영진에 보고하였다. 연구소 경영진은 매우 만족했으나 그 분야 전문가들이 보기에 교체노심 핵연료 설계인력 200명은 무리한 인원이었다.

그 후 교체 노심·핵연료 설계에 대한 이해가 부족한 연구소 경영진은 경수로 핵연료 사업팀에게 "한전을 설득하여 교체 노심 설계인력 200명을 핵연료 설계 계약에 반영하라"고 강하게 지시하였다. 그러자 한전과 연구소 실무자 간에는 인력규모를 놓고 많은 논쟁을 하였다. 사실 연구소 경영진이 제시한 교체 노심·핵연료 설계인력 200명을 핵연료 공급 계약에 반영하는 것은 다소 무리였고, 연구소 사업팀에게도 어려운 과제였다. 그러다가 경수로 핵연료 사업팀의 끈질긴 설득 끝에 설계인력을 매년 120명 투입하는 것으로 실무진과 합의해 한전과 핵연료 공급계약을 체결하였다. 그리고 후일 초기 노심 핵연료 설계인력 50명(영광원전 3·4호기 30명, 울진원전 3·4호기 20명)과 핵연료개발 인력 30명을 계약서에 반영하여 연구소 경영진을 만족시켰다.

설계인력(1985년)이 절대적으로 부족한(30여 명) 상태에서 출범하였으나 그후 해외 고급인력 유치와 국내 대학의 적극적인 협조로 110여 명(1990년 초)을 확보하게 되었다. 그래서 이들이 우리나라 경수로 핵연료 기술 자립을 완수하였을 뿐만 아니라 지금 핵연료 설계를 담당하고 개량 핵연료 연구에 앞장서 있는 주도 세력이다.

일석삼조의 공동설계 개념 도입

연구소가 경수로 핵연료 설계 사업에 뛰어들면서 가장 큰 고민은 '기술 도입비, 설계 참여자 훈련비 등 사업비를 어떻게 확보하고 공기 안에 품질이 보증된 핵연료를 공급할 것인가? 특히 정해진 기간 동안 어떻게 기술을 습득하고, 기술에 품질이 확보된 핵연료를 공급하느냐 하는 문제였다.' 이에 대해 한전뿐만 아니라 연구소에서도 기술 자립에 대한 시각이 곱지 않은 측면도 있었다.

기술자체에 대한 불신이 만연되었기 때문에 어떻게든 핵연료 공급 시 품질보증으로 해결해야만 했는데, 이중 어느 하나라도 문제가 발생하면 핵연료 국산화 사업은 큰 타격을 입을 수밖에 없었다. 이 모든 문제를 일거에 해결할 수 있는 추진 방식이 공동 설계도입이었다.

일반적으로 기술 자립을 추진하는 방법에는 자체 역량 확보 후, '자기 기술진에 의한 연구개발과 선진기술에 의존해 훈련'하는 것이 있다. 연구소는 자체 역량 강화와 연구개발 방법으로 추진할 경우 시간이 너무 오래 걸려 선진기술 습득에 불리할 것으로 판단하였다. 즉 오랜 시간 사업에 묶이게 될 경우 여러 문제가 발생하여 국산화 사업 정책이 수정될 가능성을 참작하여 중간진입 전략을 선택했다. 그래서 우선 세계적인 최신 상용 기술을 일괄 도입하여 핵연료 설계기술을 확보한 다음 지속적인 연구개발을 통하여 기술을 보완·선진화를 달성한다는 계획이었다.

설계인력 확보 후에 이들을 훈련시키는 비용도 1인당 1억 원 정도 필요했지만, 당시엔 훈련비가 전혀 없었고 설계비도 제대로 책정되어 있지 않았다. 한마디로 시간, 인력, 예산 등이 턱없이 부족한 상황에서 사업을 시작한 것이다. 연구소와 외국 설계기술 제공 회사가 인력을 반반씩 투자하여 설계를 하기로 계획하였으며 설계에 대한 품질보증은 기술을 제공하는 회사가 책임지도록 했다. 또 훈련은 설계과정에서 받기로 했으므로 별도의 훈련기간 없이 바로 들어 갔다. 즉, 공동설계(Joint Design)이므로 훈련비는 줄 수 없다는 개념이다. 한마디로 "배우며 일하자(Working by Learning)"는 것이다. 외국의 전문가들이 보기에는 전혀 이해가 되지 않는 억지 논리였다. "도대체 공동설계가 뭐냐?"고 외국 원자력 회사들은 문의해왔다. 그들은 우리의 설명을 듣고 황당해했다. 그러나 당시(1984년) 세계 원자력 시장은 워낙 불황이어서 그들은 거절하지 못하고 '울며 겨자먹기'로 참여해야 했다.

사업 파트너가 독일 KWU사이었기에 독일에 우리 기술진을 대규모로 파견하여 설계업무를 직접 진행하였다. 공동설계이므로 별도 훈련 없이 곧바로 공동설계에 참여한, 우리 기술진은 3~4년간의 훈련기간을 단축하며 훈련비를 절감하고, 사업 기간 또한 그만큼 단축할 수 있었다. 그리고 기술 제공자인 KWU사가 설계 결과물에 대한 품질을 보장하도록 계약했으므로 일석삼조의 효과를 거뒀다. 또한 설계 실무경험이 부족했던 우리 연구원들은 공동설계를 통하여 각자가 지니고 있던 이론적 기반을 실제 설계업무에 접목시키는 기회를 얻었다. 그리고 기술도입 시 맹점일 수 있는 왜-왜 분석(know-why)형 기술을 체득할 수 있었다. 핵연료 국산화 사업은 우리 원자력발전 사업을 촉진했을 뿐만 아니라 원자력발전 기술 자립의 기틀을 마련했다. 이러한 공동설계는 후일 NSSS 설계사업에서도 같은 방식으로 추진되어 우리나라 원자력사업 추진과정에서 시간, 예산, 노력 및 인력 등 다방면으로 절약에 크게 기여했다.

세계 최초로 공동설계 개념 구현

1985년 10월, KWU사가 있는 독일 에를랑겐(Erlangen)에 사무소를 개설했다. 공동설계를 위한 예비 작업으로 1989년 가공분 핵연료 제조에 필요한 우라늄 소요량을 미리 산정하기 위해 3명의 연구원을 파견했다(1985년 말). 이후 공동설계 연구원 제1진 27명을 파견해 공동으로 1989년 가공분 핵연료에 대한 핵연료와 교체원자로심 설계업무를 착수하였다(1986년 5월). 우선 독일 엔지니어들과 함께 국내 WH 가압경수로에 사용할 3가지 집합체 종류(14x14, 16x16, 17x17)

에 대한 핵연료 설계(1989년)를 시작하였다.

초대 에를랑겐 KWU 사무소장에 이상근 실장이 부임하였다. 사업관리팀에는 노병철 실장, 핵 설계팀에 안덕환 박사, 백주현 박사, 박찬오 박사, 주형국, 노재만, 송재웅, 열수력설계팀에 이종철 박사, 심윤섭 박사, 박종률 박사, 전태현, 핵연료봉설계팀에 손동성 박사, 정진곤 박사, 김영석 박사, 김규태 박사, 서금석, 송근우, 오성은, 박성근, 김형규, 핵연료집합체설계팀에 나복균 박사, 박권현 박사, 송기남, 임정식, 안전해석팀에 한기인 박사, 노태선 박사, 이상용 박사, 김희철, 반창환, 이상종, 최한림 등이 참여하였다.

국내에서는 독일 현지사무소와 연계하여, 도입된 기술의 자체 소화를 위한 각종 분석과 반복설계를 문갑석 실장(제2대 에를랑겐 사무소장)책임으로 진행했다. 국내 기술진에 의한 반복 설계는 기술 자립을 성공시키는 기틀이 되었다. 에를랑겐 공동 설계팀은 핵연료 설계와 양립성 분석 및 안전성 분석 업무를 담당했다.

KWU사와는 예비설계와 최종설계 2단계로 나누어 공동설계를 했다. 국산 핵연료의 도면, 시방서, 핵연료 설계보고서를 작성해 정부로부터(1988. 9.) 핵연료 설계에 대한 인허가를 받았다.

한편, 최종 공동설계는 핵연료를 안전하고 경제적으로 연소시키기 위한 원자로심 설계였고(1988. 11.), 가공분 핵연료 설계를 성공적으로 수행하여(1989년) 국산 핵연료봉과 핵연료집합체의 도면, 시방서 등 핵연료 제조에 필수적인 자료를 KNF에 공급한 뒤. 국산 핵연료를 국내 발전소에 장전해, 핵적, 열수력적 및 기계적 양립성 분석보고서와 발전소의 안전성을 분석한 천이노심 안전성 분석 보고서를 정부에 제출하여 인허가를 받았다(1990. 2.).

우리 설계팀은 세계 어느 곳에서도 유례를 찾아보기 힘든 '사업기간 3년'이라는 최단시간에 선진기술을 소화·흡수하는데 성공했다. 그리고 일정에 어긋나지 않도록 기술 도입선에서 기술 자립과 함께 설계업무 수행이라는 2개의 임무를 동시에 추진하여 각종 기술보고서를 생산하였다(1985. 5.). 또 예비설계 주요 생산 결과인 핵연료 설계 보고서를 일정보다 앞서 정부에 제출하여 KNF에서 제조할 수 있는 각종 도면, 시방서 등을 차질없이 제공하였다(1987년).

모순적인 핵연료 공급계약 구조

본사업은 처음부터 외국 자본 투자를 배제하였으므로 우리의 자체 재원으로 사업비를 조달하여야 했다. 기술도입에 필요한 기술 도입비, 공동설계에 필요한 설계비, 설계 연구원 해외파견에 필요한 제반 비용, 설계에 투입될 인력의 인건비 등 사업 재원을 국가 예산으로 충당하는 것은 원천적으로 불가능하였다. 따라서 핵연료 설계 국산화 및 기술 자립을 위한 재원은 핵연료의 실수요자인 한전과 교체노심 핵연료 공급계약에 반영하여 확보하여야 했으며, 계약서에는 기술 도입비, 인건비, 직접비 등 모든 비용을 반영하였다.

교체노심 핵연료 공급계약의 또 다른 논쟁은 계약 구조였다. 일반적으로 모든 계약은 설계자가 제조자를 통제하는 것이 원칙이나 한전은 KNF와 핵연료 공급계약을 체결하고, KNF가 연구소와 핵연료 설계 계약을 하도급으로 체결하는 기형적 계약 구조를 제시하였다. 이러한 계약 구조로는 핵연료 품질을 보장하기가 어려웠다. 설계 시방서에 따라 제조하는 것이 당연하지만, 핵연료 제조 과정에서 부품 및 제품의 설계가 불일치할 때에는 역방향의 통제 방법으로 핵연료의 품질보증이 어려워지게 된다. 이에 대한 논의가 계

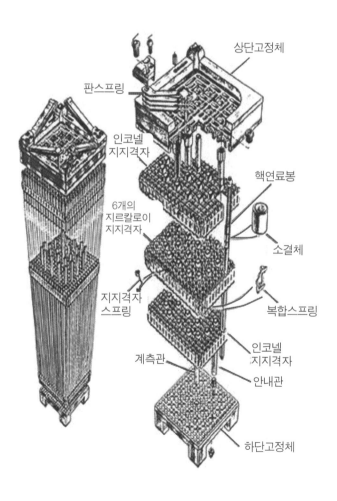

상단고정체
판스프링
인코넬 지지격자
6개의 지르칼로이 지지격자
핵연료봉
소결체
지지격자 스프링
복합스프링
계측관
인코넬 지지격자
안내관
하단고정체

국산 핵연료 집합체 17×17형 © 한국원자력연구원

속되었으나 결국 핵연료 전체 품질 보증과 배상에 관하여 연구소는 기관의 특성상 이를 해결할 수 없다는 이유로 역방향의 기형적 계약 구조로 결정되었다. 이러한 계약 구조는 후일 업무 수행 과정에서 여러 가지로 부작용이 발생했으며 경제성을 우선시하는 산업체의 특성상 많은 갈등을 불러올 수밖에 없었다. 또한 보증 관계의 계약 구조도 왜곡이 불가피했다.

열정으로 가득 찼던 일화들

현지 사무소 개설을 위하여 독일과 협의를 거쳐 사전에 준비를 했는데도 공동설계 초기에는 문제가 많았다. 가장 큰 문제는 의사소통과 관습의 장벽이었고, 주택문제도 심각했다. 연구원들은 대부분 미국에서 공부했으므로 독일어가 서툴렀다. 가족과 외국에서 생활하는 직원이 많아 긴장 상태에서 설계업무에 종사하느라 가끔 갈등이 표출되기도 했으며, 공동설계한다는 것은 생각만큼 쉽지 않았다. 우리 연구원들은 난생 처음으로 핵연료 설계를 했기 때문에 초기에는 어려움이 많았다. 공동 설계팀과 독일 기술진 사이의 갈등이 있었던 주요인은 우리 연구원들이 미국의 관행에 익숙한 반면 독일 관행은 달랐으므로 완벽을 기하려는 우리 팀과 현실적인 측면에서 설계하려는 독일 측과의 의견 차이 때문이었다.

그런 와중에 독일 현지와 연구원들과의 의견 조율과정에서 생긴 대표적인 불상사가 안전해석 팀의 전원 철수였다. 여러 가지 이유

중 가장 심각한 요인은 우리 팀의 기술자료 접근에 대한 독일 측의 제한이었다. 따라서 우리 안전해석 팀은 그 정도라면 더 배울게 없다고 판단하고 전원 귀국하는 방안을 제시했던 것이다. 결국 조정이 잘되어 문제가 더 이상 확대되지 않았지만 지금 생각해도 아찔한 순간이었다.

안전 해석 방법론과 기술자료 접근에 대한 인식 차이로 안전해석팀 철수 통보 소동까지 겪었던 일을 되돌아보면, 이것이야 말로 우리 연구원들의 열정이 기술 자립을 이룬 가장 큰 힘이 아니었나 생각한다.

설계팀은 문화와 관습 차이로 인해 발생한 해프닝을 많이 겪었다. 독일 KWU 기술진은 오후 5시면 퇴근하였으나 우리 연구원들은 책임감과 부담감으로 새벽 출근과 밤늦은 작업을 마다하지 않았다. 이러한 과정에서 우리 관습대로 야근을 하고 담을 넘어 퇴근하는 일로 웃지 못할 해프닝이 연출되기도 했다. 이는 독일은 밤 8시에는 모든 출입구를 봉쇄하므로 특수 출입증 소지자에 한해 컴퓨터 조작으로만 출입이 가능한데, 그것을 몰랐던 우리 연구원들이 야간에 담을 넘어 퇴근하는 촌극을 거듭하다가 KWU 안전요원들로부터 주의를 들었다.

공동설계 중 대형 냉각재상실사고(LOCA) 분야에서 미국과 독일 규제법 적용 차이로 인허가 문제가 발생하였다. 경수로 핵연료 국산화 사업 파트너로 독일 KWU가 선정되었으므로 연구소는 미국 원자로에 독일 설계의 핵연료를 공급하게 된 것이다. 따라서 원자로를 WH가 공급했으므로 미국 규제법에 따라 KWU 기술로 설계

| 교체노심 핵연료 성형 가공 및 설계 계약 서명(1988. 1. 12.) ⓒ 한국원자력연구원

및 안전해석을 한 핵연료의 건전성과 안전성을 보장해야 했다. 이에 우리는 KWU 기술을 근간으로 새로운 방법을 개발하여 미국과 독일 규제법의 차이를 극복하고 국산 핵연료의 인허가를 받게 되었다. 미국 규제법에는 대형 냉각재상실사고 분석에 두 가지 선택이 있다. 하나는 불확실도 평가를 근거로 하는 최적평가 방법이고 다른 하나는 법에 명시된 초기 조건 및 경계조건까지도 포함하는 보수적 방법이다. 그러나 KWU 대형 냉각재상실사고 해석 체계를 미국 규제법에 맞게 개선하고 KINS의 인허가를 받으려면 주어진 시간 안에 완료하는 것은 불가능하였다. 그래서 불확실도 평가를 근거로 하는 최적평가 방법을 적용하여 국산 핵연료에 대한 인허가를 받기로 하였다. 당시, 미국에서는 최적 계산체계를 사용하여 불확실도를 평가하는 최적 방법론 적용이 허용되고 있었다. 우리 안전해석팀도 RELAP5 코드를 사용하여 원전의 안전성을 평가하는 최

원자력 기술 자립의 여정

적 계산방법을 개발했는데 그 과정에서 NRC 이진상 박사의 도움이 컸다. 한편 KINS는 김효정 박사를 중심으로 최적 계산체계를 사용하여 불확실도를 평가하는 최적 방법론을 심도있게 검토하였다.

그리고 연구소는 생산한 최적 계산 입력자료를 근거로 KWU 방법론의 보수성을 평가하였다. 우리 연구진은 불확실도를 평가하는 한국판 최적 평가방법론을 개발하여 규제법의 차이를 극복하고 인허가를 받을 수 있었다.

설계 경험이 부족했던 연구원들은 공동 설계를 통해, 우리가 가진 이론적 기반을 실제 설계에 접목시킬 수 있었고, 또 기술도입 시 핵심적인 '노하우'도 얻게 되었다. 핵연료를 제조하는 KNF 기술진, 인허가를 담당하는 KINS 기술자, 핵연료의 실수요자인 한전 기술진이 KWU에 파견되어 함께 핵연료 관련 기술습득을 위해 노력하였다. 이는 설계제조의 연계 업무와 인허가에 대한 이해의 폭을 넓히는 좋은 계기가 되었다. 연구원의 밤낮없는 피나는 노력으로 기술 수준을 단시간에 독일 수준으로 끌어올렸다. 독일 KWU사는 우리 연구원들의 능력을 높이 평가했는데, 특히 장종화 박사는 1988년부터 2년간 KWU에서 핵설계 방법 개선과 전산코드를 개발했다. 노심의 핵연료 장전 모형 탐색에 사용하는 노심 특성 해석코드인 PANBOX2 컴퓨터 코드를 혁신적으로 보완하여 당시 도입되기 시작한 PC를 사용한 그래픽 인터페이스로 컴퓨터 스크린에서 핵연료 교체 작업을 묘사(simulation)하도록 하였다.

이것을 본 KWU 전문가들은 KWU-공급 원전 전체에 이 프로그램을 체택하였다. 따라서 장 박사의 체제기간 1년 연장을 경수로 핵연료사업 책임자(필자)에게 요청하여 KWU에서 핵설계 전산코드 개발을 하였는데, 그때 1차원 전산코드에 버클링 조정법(buckling adaptation)을 적용하여 3차원 계산 결과와 유사한 노심 운전 특성을 매우 빠르게 계산할 수 있었다. 이 방법은 지금도 원전 정지 후 신속한 출력 복귀를 위한 운전시나리오 작성 등 원자력발전소 운전에 유용하게 사용되고 있다.

KWU와 기술도입 계약에 따라 KWU는 진행 중인 핵연료 개발 관련 정보를 제공받아, 매년 개최된 공동연구를 통하여 개량 핵연료 개발 현황을 파악하였고, 연구원들을 KWU와 합의한 특정 분야에 파견하였다. 공동연구 형식으로 KWU가 진행 중인 소결체 연소 성능 개선, 피복관 소재 개발, 다차원 노심해석 체제 개발 등에 핵연료 개발 프로그램에 참여한 연구소는 KWU와 공동으로 고연소도핵연료, 이물질 여과장치(Debris Resistant) 핵연료, 액시얼 블랭킷(Axial Blanket) 활용 핵연료 개발, 새로운 가연성 독물질 개발을 수행하였으며, 연구 결과는 후일 연구소와 KNF의 개량 핵연료 개발의 기반이 되었다.

경수로 핵연료 설계기술, 조기 자립

연구소는 핵연료 설계 기술 자립을 위해 KWU사와 가공분 핵연료에 대해 공동설계를 하고(1989, 1990.), 이를 통해 습득한 기술과 실무경험을 바탕으로 1991년 가공분 핵연료부터 독자적으로 설계할 계획이었다. 그러나 연구소가 확보한 우수한 설계인력과 공동설계 경험을 바탕으로 당초 계획을 변경하였다. 1년 공급분 핵연료만 KWU사와 공동설계하고 1990년 가공분 핵연료부터 독자 설계하였다. 이로써 핵연료와 원자로심 설계기술 자립을 1년 앞당겨, 많은 외화를 절감하였다. 이로써 우리나라는 세계 11번째로 핵연료 설계와 제조 기술 자립국이 된 것이다.

많은 우여곡절 끝에 연구소가 설계하고, KNF가 제작한 국내 최초의 국산핵연료(KOFA)를 고리 2호기 7주기에 장전했다(1990. 2.). 우리 국산 핵연료가 공급되면서 교체노심 핵연료의 기술 자립을 이루었다. 이후 국내 원자력발전소 여덟개 호기에 국산 핵연료를 전량 공급하게 되었다. 독자 설계는 국내 원자력발전소의 기술적 해외 의존을 탈피하여 자주적 운영의 기틀을 마련하여, 우리 기술진이 개량 핵연료를 직접 개발하는 능력을 확보하였다는 데 의의가 있다. 무엇보다 우리 민족의 운명을 더 이상 외국인의 손에 의존하지 않고 스스로 개척해 나가는 길을 열게 되었다.

핵연료 설계 및 원자로심 설계 기술 자립 효과는 매우 컸다. 경수로 핵연료 국산화는 막대한 외화 절감은 물론 핵연료 성능 및 발전소 이용률 향상을 이루는 기반 구축과 함께 안전성 제고에도 크게 기여했다. 원전의 자주적 운영, 수입 대체효과(WH형 PWR 여덟 기에 연간 3,200만 달러), 원전의 경제성과 안전성 제고에 크게 이바지하였다고 자부한다.

오랫동안 외국에 의존하여온 핵연료를 국산화함에 따라 여러 가지 변화가 나타났다. 고자세로 일관하던 외국 공급사들이 우리가

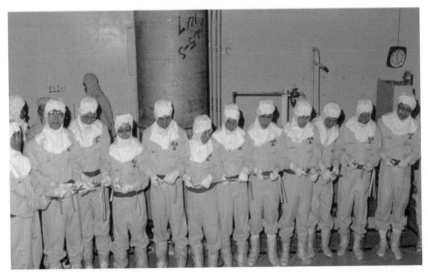

| 국산 경수로 핵연료의 고리 원전 가운데 최초 장전 (1990. 2. 27) ⓒ 한국원자력연구원

기술 자립을 하게 되자, 우리 기술이 완전치 못하다는 것에서부터 비경제적이라는 등 여러 가지 가짜뉴스를 만들어내기 시작했다. 그러나 실제로 외국 핵연료 공급가격에 비하여 국산 핵연료를 낮은 가격으로 공급하게 되자 가짜뉴스가 자취를 감추었다.

또한 교체노심 핵연료 설계과정에서 축적된 기술력을 바탕으로 미국 CE와 공동으로 영광원전 3·4호기 초기노심·핵연료를 성공적으로 설계할 수 있었다. 그리고 울진원전 3·4호기부터 초기노심 및 교체노심 핵연료도 독자적으로 설계하는 기술 자립을 달성하였다. 나아가 울진원전 3·4호기 후속기부터는 초기노심과 교체노심 핵연료 모두를 우리의 독자설계로 공급하는 기반이 조성되었다.

원자력 기술 자립의 여정

chapter 5

원자로심 및 핵연료 설계기술, 100% 자립 완성

KWU와 체결한 '가압경수로 핵연료 기술도입 계약(1986. 1. 10.)'이 공식 발효됨에 따라 경수로 핵연료 국산화 사업이 본격화되었다. 그러나 경수로 교체노심 핵연료 설계에서 가장 큰 문제는 해당 분야 인력이 절대적으로 부족했다. 그런데 정부는 영광원전 3·4호기 건설(1986)을 통하여 "1995년 말까지 95%의 원자력발전 기술을 자립한다"는 목표를 천명하였다. 이에 따라 경수로 핵연료 설계팀은 기술 자립 범위를 WH형 경수로 교체노심 핵연료 설계 기술 자립에 이어 곧바로 초기 노심 핵연료까지 확장하는 새로운 도전을 시작하게 되었다. 원자력발전 기술 분야는 모두 '1995년까지 95% 기술 자립을 목표'로 설정했으나, 경수로 핵연료 설계팀만은 '초기 노심 핵연료 설계 기술 자립 100% 달성'이라는 무모한 목표를 설정하였다.

내부적으로 전문 설계인력 부족, 연구개발 관리규정에 따른 수행체제의 문제점 및 주변의 곱지 않은 시선으로 어려움이 많았다. 그런데 놀랍게도 핵연료 설계팀은 당초 계획대로 원자로심 및 핵연료 설계 기술 자립을 100% 달성했다[1995]. 또 이를 바탕으로 연구소는 울진원전 3·4호기를 비롯한 한국형 표준 원자력발전소의 초기 노심을 독자적으로 설계했다. 많은 우려에도 불구하고 난관을 극복하고 한국형 표준원전의 초기 노심 핵연료를 어떤 방법으로 독자적으로 설계했는지를 이야기해보고자 한다.

초기 노심 설계와 교체노심 설계의 차이

원자로의 노심은 열에너지를 생산하는 핵연료집합체, 제어봉집합체, 배플, 배럴 및 기타 구조물로 구성된다. 초기 노심 설계는 이미 건설된 원전의 교체 핵연료 설계와 달리 신규 원전 건설 과정의 일환으로 진행되어 상대적으로 더 어려운 기술이다. 세부적으로는 핵 설계, 열수력 설계, 핵연료 기계 설계, 핵연료 엔지니어링, 안전성 분석, 노심 감시·보호 계통설계 등 6개의 분야로 구성된다.

반면 교체노심 핵연료 설계에서는 원자로심과 핵연료집합체 구조 변경 없이 새로 장전할 핵연료의 농축도와 핵연료집합체의 개수를 결정하면 된다. 그리고 해당 원전 주기 기간과 제반 안전규제 요건을 만족하는 원자로 내의 핵연료 장전모형을 확정하고 이에 대한 안전성을 평가한다.

초기 노심 설계 업무는 먼저 원자력발전회사가 요구하는 원자로심 열출력 및 성능 요건과 정부의 안전규제 요건을 기준으로 설정한다. 이후 노심설계를 위한 노심 열출력 및 에너지 요구조건 결정, 안전성이 반영된 노심의 평균 출력밀도 결정, 원전 출력에 따른 노심의 높이 및 직경 결정, 전체노심에 따른 핵적 및 열적 특성을 고려한 핵연료집합체의 크기와 핵연료봉 수 결정 과정을 거친다. 이렇게 결정된 노심과 핵연료에 대한 상세 설계기준을 정하고, 핵연료 농축도 및 노심 핵연료 장전모형을 결정한다. 그 후로는 각 설계 분야별 설계 인자를 생산하고, 핵연료 및 노심의 성능분석과 안전해석을 통해 인·허가 자료를 생산한다. 그 마지막으로 초기노심의 운전에 따른 시운전 예상 자료를 생산하고 시운전 절차서 등으로 운전지원을 진행한다.

초기 노심 핵연료 기술도입

중수로와 경수로 핵연료를 국산화에 성공함에 따라 원자력계에서는 새로운 도전이 시작되었다. 기술 자립에 대한 논의를 시작하면서 동력자원부와 한전 중심으로 기술 자립 계획을 수립한 것이다. 이에 제214차 원안위(1985. 7.)에서 원자력발전 기술 자립을 위한 기관별 역할분담이 의결되었다. 즉 연구소가 원자로 계통설계와 핵연료 설계를, 종합설계는 한전기술, 핵연료 제조는 KNF, 주기기 설계·제작 및 터빈발전기와 보조기기 공급은 한국중공업(두산, 현 두산에너빌리티)이 맡는 것으로 결정되었다.

정부의 원자력발전 기술 자립 계획 수립 과정에서는 기관 간 역할 분담이 중요한 논쟁거리였다. 특히 핵심 기술인 원자로 계통설계를 '한전기술(KOPEC, 현 KEPCO-ENC)에서 주관할 것인가', '연구소에서 주관할 것인가'가 큰 쟁점이었다. 연구소는 이미 교체노심 핵연료 설계를 KWU사와 공동으로 수행하고 있었기에 원자노심 및 핵연료 설계와 원자로 계통설계는 연계 업무가 많아서 이 업무를 서로 다른 기관에서 담당하도록 나누는 것은 거의 불가능한 실정이었다. 결국 KOPEC에 비하여 전문 연구인력을 더 많이 확보하고 있었던 연구소가 원자로 계통설계와 핵연료 설계를 주관하기로 결정했다. 그러나 원자력발전의 핵심기술인 초기 원자로심 설계와 핵연료 설계를 연구소가 주관하는 것에 대해서는 별다른 논의가 없었다. 이는 이미 교체노심 핵연료 설계기술 자립이 연구소에 의하여 성공적으로 추진되고 있어 초기 노심 핵연료 설계도 연구소가 담당하는 것이 효율적이라는 공감대가 형성되었기 때문이다. 이러한 이유로 정부와 원자력계의 결정에 따라 연구소 핵연료 설계팀이 영광원전 3·4호기 초기 노심 핵연료 설계 기술 자립을 추진하는 주체가 되었다.

연구소는 당당히 영광원전 3·4호기 건설 및 원전 기술 자립의 가장 중요한 분야인 원자로 계통설계와 초기 노심 핵연료 설계를 담당하는 기관이 되었다. 그래서 한전으로부터 원자로 계통 및 핵연료 설계에 대한 발주의향서를 접수하였다(1985. 7.). 연구소는 한전, KNF, KOPEC, 한국중공업과 공동명의로 외국 하도급 대상 회사에 입찰안내서를 발급했다(1985. 10.). 입찰안내서 발급은 계약의 상당부분이 준비됨을 뜻하므로 그 준비 작업에는 오랜 시간과 노력이 필요했다. 왜냐하면 원자력발전소 건설뿐만 아니라 관련 기술 자립을 위한 제반사항이 계약에 반영되어야 하기 때문이다. 연구소는 전문가들로 TF팀을 구성하여 철저한 준비와 다방면의 자문을 통하여 입찰안내서를 작성했다.

1986년 3월 WH와 CE, 프랑스 프라마톰, 캐나다 AECL 등 5개 외국회사로부터 응찰서가 접수되었다. 연구소 전문가들이 약 6개월간 원자로 계통과 핵연료의 안전성·신뢰성·경제성·기술전수 조건·우리 기술진의 설계 참여 범위 등을 고려해 각 회사의 응찰 내용을 평가했다. 연구소는 원자로 계통설계와 초기 노심 핵연료 설계 분야의 기술 검토 및 평가를 담당하기 위하여 자체 평가팀을 구성하고 세심한 부분까지 평가했다. 전반적인 원자력발전소 건설 관련 상업성 및 경제성 평가는 한전이 담당했기 때문에 우리는 원자로 계통설계와 초기 노심 핵연료 설계 기술 검토에 전념하게 되었다.

그렇지만 계약 사항이 단순히 원자력발전소 건설에 그친 것이 아니고 기술 자립을 위한 기술도입 및 향후 연구개발 사항까지 포함되어 다방면에 걸친 심층 검토가 필요했다. 기술도입은 연구소의 원자로 계통설계와 공동으로 도입되었기 때문에 양측의 검토가 동시에 진행되었다. 기술자료, 전산코드, 연구개발 계획 및 자료가 혼합되어 있어 검토에는 많은 시간이 필요했고 특히 타 기관의 검토와 연계되어 한전의 종합검토 과정에 맞도록 일정 협의도 병행했다. 한전은 원자력발전소 건설 발주자로서 기술도입 계약을 주도했다. 그리고 외국 기술 도입선이 하청 계약자로 참여하는 계약 형태라 복잡한 계약 형태를 가질 수밖에 없었다. 이러한 사유로 계약 평가절차 또한 복잡한 과정을 거쳤다.

심층 평가과정을 거쳐 최종 취합 결과 원자로 계통설계와 초기 노심 핵연료 설계는 CE가 우선협상 대상자로, 원자력발전소 종합설계는 S&L, 주기기 제조는 GE가 선정되었다. 협상은 처음부터 난항이었다. 당연하지만 미국의 CE는 우리 전문지식이나 능력을 과소평가했기에 우리의 요구를 무리하다고 판단하고 있었다. 그렇지만 우리는 교체노심 핵연료 기술 자립 경험에서 습득한 협상 경험을 토대로 수많은 토론과 협상을 통하여 우리 요구사항들을 대부분 관철시켰다. 특히 핵연료주기비 보증과 같은 다소 무리한 사항도 받아냈다.

1986년 말 연구소와 CE 간 '영광 3·4호기 핵연료 공동설계 계약', '원자로 계통 및 핵연료 설계 기술도입 계약'이 체결되었다. 한전과 영광원전 3·4호기 초기 노심 핵연료 공급계약은 교체노심 핵연료 공급계약에 비하여 오히려 CE와 순조롭게 체결되었다.

한전과 KNF가 WH형 경수로 교체노심 핵연료 국산화 사업 당시 연구소가 보여준 기술력과 사업관리 능력을 신뢰하였기 때문이다. 1987년 5월과 6월 계약에 대한 정부 승인을 받은 연구소는 기술도입 계약에 의거 기술자료, 기술보고서, 계산서, 설계문서 및 도면 등 1,741종, 비제한코드·제한코드·상용코드 155종을 확보하였다.

후에 국회의 5공비리 청문회에서 이것 때문에 오히려 대표적인 5공비리로 무차별 공격을 받았고 또 관련자들이 검찰에 소환되어 곤욕을 치뤘다. 그러나 당시 참여자들은 사명감으로 공정하게 응찰서를 평가했으므로 일체의 외압이나 비리가 없는 것이 인정되어 외국 기술도입선 선정 문제는 일단락되었다.

우리나라는 국내 WH형 원전 여덟기 교체노심 핵연료 기술을 KWU에서 도입했고(1986. 1.), 1987년 6월 신규 원전 초기 노심 핵연료 설계를 위해 CE에서 핵연료기술을 도입했다. 1년 5개월 만에 이중 기술도입을 한 것이다. 이 때문에 외국회사의 핵연료 기술 습득에 많은 어려움이 있었으며, 설계·제조 전문인력이 중복으로 투입되었다. 역사에는 '만약'이라는 가정은 없다지만, 그래도 '만약 경수로 핵연료 국산화 사업을 1년 반만 늦추었다면' KWU와 CE의 이중 기술도입을 피하고 원자로 계통설계와 연계한 핵연료 설계기술을 확보하였을 것이다. 후에 KNF와 한전에서 체결한 또 다른 국외 기술도입 같은 빌미를 주지 않았을 것이다.

초기 노심 핵연료 공급계약 체결 과정

초기 노심과 핵연료 설계 업무는 많은 논의 끝에 결정되었다. 업무 영역을 '어떻게 정의 하느냐'부터 '어느 기관에서 진행하느냐'는 것에 이르기까지 장기간의 협의를 통하여 결국 초기 노심 핵연료 설계 업무 영역은 아래와 같이 정립했다.
- 초기 노심 및 핵연료 설계
- 원자로 보호감시 계통 설계
- 핵연료 가공을 위한 엔지니어링 설계자료 생산

- 우라늄 구매에 필요한 자료 생산
- 건설 허가 및 운영 허가 등을 위한 자료 생산과 인허가 지원
- 원자력발전소 운전 관련 자료 생산
- 핵연료 제조 지원
- 핵연료 장전 임계 및 시운전 시험자료 생산과 이에 수반된 기술지원
- 사업관리 및 품질보증 등 수요자가 필요로 하는 사항

영광원전 3·4호기 초기 노심 핵연료 설계는 한전의 주도 아래 외국 기술 도입선을 먼저 결정한 다음 기술도입과 공동설계 계약을 체결했다. 이를 바탕으로 영광원전 3·4호기 핵연료 공급계약은 설계와 제작을 구분하여 계약을 체결했다. 초기 노심 핵연료 공급계약 방식은 KNF가 주계약자로 한전과 핵연료 공급 계약을 체결하고, 연구소는 KNF와 핵연료 설계계약을 체결하였다. 따라서 KNF가 CE의 지원을 받아 핵연료를 제작하였다.

초기 노심 핵연료 설계 계약은 교체노심 설계계약에 비해 훨씬 쉽게 체결되었으나 계약관리 업무 자체는 교체노심에 비하여 복잡한 과정을 겪었다. 영광원전 3·4호기 초기 노심 핵연료 설계는 실질적으로 독립된 계약이라기보다 ABB-CE와 체결한 공동 설계 계약의 핵연료 공급사항을 한전과 KNF와의 핵연료 공급 계약에 반영한 것이 주 계약 내용이었다. 또한 교체노심 핵연료 설계 계약은 핵연료 자체의 공급에 국한되어 있었으나 초기 노심 핵연료 설계는 원자력발전소 건설의 한 분야인 만큼 연구소는 타 기관과 원전 건설, 시운전 연계업무를 많이 처리하였다.

영광원전 3·4호기를 비롯한 한국형 표준원전의 초기 노심 및 핵연료 설계를 위하여 매년 30명의 설계인력을 투입하는 계약을 체결했다. 한전과 합의된 분야별 인력 투입계획은 초기 노심 핵 설계 7명, 노심 열수력 설계 3명, 핵연료기계 설계 4명, 노심 안전해석 4명, 노심 감시·보호계통 설계 6명, 핵연료 설계 제조연계 분야(Fuel Engineering) 2명, 사업관리 및 품질보증 4명이었다. 교체노심 핵연료 설계 공급계약은 소요인력 산정에 한전과 연구소 간에 큰 이견을 보였던 반면 초기 노심 핵연료 설계 인원 수에 대해서는 비교적 수월하게 합의점에 이르렀다. 이는 교체노심 핵연료 설계 계약 과정에서 형성된 상호 이해와 신뢰를 공유했기 때문이었다.

교체 노심 및 핵연료 설계에 120명, 초기 노심 핵연료 설계에 30명, 총 150명으로 우리나라 모든 경수로 원자력발전소의 초기 교체 노심 및 핵연료를 설계하게 되었다. 또한 가압경수로 핵연료 설계 개선 및 연구개발 인력 50명을 고려하여 총 인력 200명으로 노심 핵연료 설계 및 연구개발을 추진할 계획이었다. 당초 한전은 핵연료 공급계약 인력과는 별도로 50명의 연구개발 인력을 추가 지원하기로 합의했으나, 한전에서 추가 인력지원을 받지 못하게 되어 자체 인력으로 연구개발과 설계 개량업무를 추진하였다.

영광원전 3·4호기 사업을 위하여 한전이 종합사업관리 절차서를 마련함에 따라 연구소는 초기 노심 핵연료 설계에 적용할 사업관리 절차서를 작성하였다. 주요 사항은 자료관리 절차, 사업 번호 체계, 품질보증 계획 및 품질보증 절차서이다. 초기 노심 핵연료 공동설계 업무를 체계적이고 효율적으로 추진하기 위하여 6개월마다 진도점검회의(Progress Review Meeting)을 개최하여 설계업무의 진척 사항, 설계 결과물 등을 확인하였다. 한전과 KINS의 실무자도 이 회의에 초빙받아 핵연료 공급 관련 일정과 품질관리 인허가 현안을 함께 점검하였다.

초기 노심 핵연료 설계 기술 역량 확보를 위한 여정

연구소는 1995년 말 '영광원전 3·4호기 초기 노심 핵연료 설계의 기술 자립 100% 달성 목표'로 기술 자립을 추진하였다. 이는 국내 원전 기술 자립 분야 중 가장 야심찬 계획이었다. 타 분야가 95% 목표로 설정한 것에 비하면 핵연료 사업은 다른 개념으로 출발해야 했다.

이로 인해 후속 호기인 울진원전 3·4호기부터는 우리 기술진의 독자 설계로 추진하기로 했다. 이를 위하여 영광원전 3·4호기를 참조 발전소로 이와 동일한 기종의 발전소 건설에 필요한 초기 노심과 핵연료를 수요자가 요구하는 품질 수준을 국내 기술로 독자 설계할 능력을 확보했다.

연구원들은 초기 노심 핵연료 설계기술을 자체 확보하기 위해 기존의 기술도입 방식을 탈피하여 공동설계 개념을 채택하였다. 최초의 기술자립 원전인 영광원전 3·4호기의 초기 노심 핵연료 설계를 위해 기존의 기술도입 방식을 탈피하여 연구소 기술진을 CE에 파견하여 공동 설계했다. 계획된 기간과 예산으로 기술전수와 핵연료 설계를 병행할 수 있어 설계 품질을 CE에서 보장함으로써 원전의 안전성과 핵연료 품질을 동시에 확보하는 방법으로 추진되었다.

기술도입 계약으로 설계 수단(tool)을 확보하여, 훈련과 공동 설계로 실제 설계에 적용하는 모든 방법을 익히고 확인하며, 품질보증 과정을 통하여 검증하는 방법으로 초기 노심 핵연료 설계기술 자립을 추진하였다.

또한 지속적인 공동연구와 연구개발 자료를 확보하여 기술개발을 위한 모든 지식과 노하우를 배워 향후 기술개발 주도에 대비했다. 기술도입 계약으로 확보한 설계 수단을 공동 설계를 통해 연마함으로써 기술과 경험을 축적하였다.

기술 자립을 완벽하고 효율적으로 단기간에 달성하기 위하여 미국 현지에서 핵연료 설계가 진행되는 동안 대덕 연구소에서는 기술 자립을 지원하는 한편 우리 기술진에 의한 모의 설계가 자체적으로 추진되었다. 또 전수받은 전산코드와 기술 자료를 활용하여 기술 검토와 활용 방안을 준비했다. 그래서 기술 축적을 위하여 다방면의 기술 검토와 자문을 받아 당초 기획했던 기간 안에 성공적으로 기술 자립을 달성할 수 있었다.

초기 노심 핵연료 설계인력은 타 분야에 비해 고급 인력을 많이 확보하고 있었는데, 이는 교체노심 핵연료 설계 기술 자립을 위해 국외에서 유치한 과학자들과 모의 반복 설계를 통해 자체 양성된 고급 인력을 보유하고 있었기 때문이다.

특히 교체노심 핵연료 설계에 경험을 가진 우수인력과 국내에서 훈련을 받은 젊은 인력이 상호조화를 이루어 초기 노심 핵연료 기술 자립을 성공할 수 있었다.

초기 노심 핵연료 설계 기술 자립 달성

초기 노심 핵연료 기술 자립을 위하여 공동설계 개념을 채택하고(1986), 공동설계팀을 미국의 CE에 파견했다. 기술 파트너로 선정된 CE에 원자로 계통(NSSS, Nuclear Steam Supply System) 설계팀과 공동으로 현지 사무소를 운영하게 되었다. 미국 CE의 System 80을 참조 노형으로 하는 영광원전 3·4호기의 초기 노심 및 핵연료의 공동설계가 진행되었다.

초기 노심 및 핵연료 설계팀을 핵 설계(Nuclear Design), 열수력 설계(Thermal-hydraulic Design), 핵연료 기계 설계(Fuel Mechanical Design), 안전해석(Safety Analysis), 노심 보호계통(Core Protection System) 및 노심 감시계통(Core Monitoring System) 설계, 핵연료 엔지니어링(Fuel Engineering) 등 6개 분야로 구성하였다.

초기 노심 핵 설계팀; 이창규, 주한규, 송재승, 김상지
핵연료 설계팀; 정연호 박사, 박진영 박사, 김종인 박사, 구양현,
　　　　이희남
열수력 설계팀; 권정택, 장두수
원자로보호·감시계통설계; 어근선 박사, 김정진, 인왕기, 유형근
안전해석팀; 황순택 박사, 이상종, 배규환

품질관리; 조문성 등 20명의 연구원이 참여하였다.

　이들은 파견 전 국내에서 설계에 필요한 사전 교육을 받았고, 영어 자격시험에도 합격하여 미국 현지의 공동설계에도 문제가 없었다. 대부분의 연구원들은 가족과 함께 CE가 있는 윈저로 갔다.

　파견 초(1986. 12.)에는 추위와 많은 눈이 내리는 윈저의 겨울 날씨에 적응해야 했으며 숙소와 자동차 운전 면허 발급 등 현지 정착에 어려움이 많았다. 미국의 소도시인 윈저에 다수의 연구소 가족들로 공동체를 이루었으므로 원활하게 현지 생활에 적응했다. 그러나 연구원들의 생활 환경이 매우 열악하였고 특히 의료보험, 주거비용이 문제였다. 실제로 의료보험에 가입을 못하는 경우도 있었다. 연구소 규정상 환경개선이 어려웠으나 경영진의 특별 조치로 주거비용의 일부 지원과 보험료 실비지원으로 문제를 해결할 수 있었다.

　공동설계팀의 파견 전 '초기 노심 핵연료 설계 절차서'를 작성하여 공동설계 참여자의 업무내용·보고서·계산서·보고서 내용과 생산 일정 등 설계 결과물을 정의하여 체계적으로 공동설계를 추진하도록 사전 준비하였다. 또 국내에서 설계에 필요한 사전 교육을 실시하였으므로 공동설계에 참여하는 데 큰 문제가 없었다. 더구나 설계에 적응도를 높이기 위해 현지 도착 후 해당 전문가들로부터 실무교육을 직접 받는 등의 치밀한 추진으로 파견팀을 운영하였다. 1단계(1986년 11월부터 5주간)는 CE 엔지니어들의 소내 강의 교육(CRT)을 통해 설계 전반과 설계과정을 파악했다. 2단계(1986년 12월부터 6개월 간)는 소내 CRT 수료 연구원들이 윈저에서 실무 훈련

(On-the-job Training, OJT)을 통해 CE 엔지니어 지도로 업무 적응 훈련을 받았다.

그리고 3단계(1987. 5 ~ 1989. 2)는 영광원전 3·4호기 초기 노심 핵연료 설계업무를 윈저에서 CE 엔지니어들과 함께 공동설계를 했다. 영광원전 3·4호기 초기 노심 및 핵연료의 공동설계는 상호 합의로 연구원들이 설계하고, CE 엔지니어들이 독립적으로 검토·승인하는 체제로 운영했다. 연구소는 기술 전수와 영광원전 3·4호기 초기 노심 핵연료 설계를 동시에 시작하여 1987년 5월부터 약 2년간 진행했다. 설계 결과물에 대한 품질은 CE에서 보증하여 원전의 안전성과 품질을 동시에 확보했다.

윈저에서 공동설계 기간 중 초기 노심 및 핵연료 설계, 원자로 보호 및 감시계통 설계, 핵연료 가공을 위한 엔지니어링 설계, 장기 핵연료 관리 및 우라늄 구매에 필요한 자료를 생산했다. 그리고 예비안전성분석보고서(PSAR) 중 노심 및 핵연료 관련 부분 작성, 원자로 계통설계의 입력 자료 생산, 설계 방법론 개발, 건설허가를 위한 지원 등 업무를 했다. 공동설계 기간 중 우리 연구원들은 사명감을 가지고 기술 자립 달성을 위해 매일 밤 늦게까지 일하며 주말도 반납하며 열정적으로 일하였다. 그리고 공식적으로 얻기 어려웠던 핵연료 설계 관련 자료들을 많이 확보하였다.

1990년 초 연구소는 초기 노심 핵연료 설계센터를 윈저에서 대덕으로 이전하여 최종 공동설계를 했다. 공동설계팀이 귀국해 CE의 자문을 받아 후속기인 영광원전 3·4호기 초기 노심 핵연료를 독자적으로 설계해, 국내 기술진으로 18개월간 영광원전 3·4호기를 반복 설계를 독자적으로 진행하였다. 따라서 영광원전 3·4호기는 1990년 7월부터 1996년 6월 말까지 6년에 걸쳐 공동설계를 한 것이다. 연구소 기술진의 초기 노심 핵연료 설계 결과물에 대한 독립 검토와 승인은 CE 전문가들이 수행하는 공동설계 체제를 유지하였으나 최종 설계는 국내 기술진과 미국 CE 기술진 공동으로 진행되었다. 그러나 실제로는 국내 기술진이 주도하는 독자 설계였다. 이는 독일 KWU사와 교체노심 핵연료 공동설계를 앞서 수행하면서 설계기술 능력을 확보하였기 때문이다.

영광원전 3·4호기의 최종 설계와 함께 울진 3·4호기의 독자 예비설계도 1990년 11월부터 1992년 12월 말까지 진행되었다. 이후 한국표준형 경수로의 기술 자립을 완성한 울진원전 3·4호기의 초기 노심 및 핵연료의 독자적인 최종설계가 1993년 1월부터 1999년 6월 말까지 진행되었다. 이는 1996년 말 정부의 사업이관 정책에 따라 연구소가 담당하던 사업들과 인력을 관련 사업체인 KNF로 옮겨간 인력이 독자설계를 한 것이다.

연구소 설계팀은 초기 노심 핵연료에 대한 최종 공동설계를 통하여 원자로심과 핵연료 관련 핵적 특성을 분석하여 핵설계 보고서를 작성하였다. 핵연료의 기계적, 열수력학적 특성을 분석하여 핵연료 설계보고서를 작성하였고, 각 설계 분야별 연계 자료 생산, 핵연료 제조를 위한 자료 및 원자로 계통설계 업무에 필요한 자료를 생산하였다. 최종 안전성 분석 보고서 입력도 작성하고, 영광원전 3·4호기 운영 인허가 및 시운전 기술지원 업무도 수행했다.

이처럼 기술 확보를 위한 기나긴 여정은 결실을 맺게 되어 영광원전 3호기는 1994년 9월 10일 핵연료를 장전하여, 1995년 3월 31일 상업 운전에 들어갔고, 영광원전 4호기는 1996년 6월 3일 핵연료를 장전, 그해 12월 말부터 상업 운전에 들어갔다.

한국형 표준원전 초기 노심 핵연료 독자설계

영광원전 3·4호기의 공동설계를 통해 연구소 설계팀의 첫 목표는 정해진 기간 내 핵연료를 공급하는 것이었지만, 더 중요한 목표는 독자설계 능력을 키우는 것이었다. 국내 연구진은 자체 기술 능력 확보를 위해 여러 가지 노력을 기울였다. 결과 초기 노심 핵연료 설계기술 전반에 해당하는 핵 설계, 열수력 설계, 핵연료 기계 설계, 핵연료 엔지니어링, 노심 감시·보호계통 설계, 안전해석, 사업관리, 품질보증 분야 등의 기술 능력을 확보할 수 있었다.

영광원전 3·4호기 설계 경험과 국내 기술진에 의한 반복 설계를 통해 설계 경험을 쌓았지만 울진원전 3·4호기 독자 설계는 연구소로서는 모험이었고, 독자설계 진행 과정에서 많은 어려움을 겪었다. 그러나 영광원전 3·4호기 설계, 선행 교체 노심 설계 자립 과정에서 기술 역량과 자체적으로 운영하던 모의 설계를 통해 쌓아 올린 기술능력이 모여 결국은 성공했다.

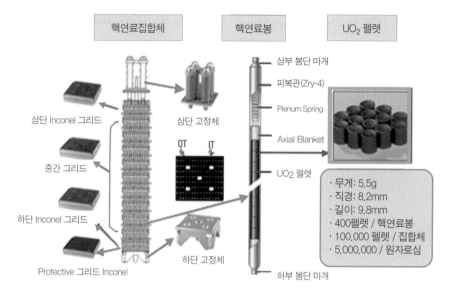

| 핵연료집합체 | 핵연료봉 | UO₂ 펠렛 |

상부 봉단 마개
피복관(Zry-4)
Plenum Spring
Axial Blanket
UO₂ 펠렛
하부 봉단 마개

상단 Inconel 그리드
중간 그리드
하단 Inconel 그리드
Protective 그리드 Inconel
상단 고정체
하단 고정체

OT   IT

· 무게: 5.5g
· 직경: 8.2mm
· 길이: 9.8mm
· 400펠렛 / 핵연료봉
· 100,000 펠렛 / 집합체
· 5,000,000 / 원자로심

▌한국형 표준원전 핵연료집합체와 핵연료봉 ⓒ 한국원자력연구원

노심 및 핵연료 설계, 완벽한 기술 자립 완성

　WH형 경수로 핵연료 국산화 사업을 통한 교체 노심 핵연료 설계기술을 기반으로 영광원전 3·4호기 초기 노심 핵연료 공동설계에 성공하여, 1998년 울진원전 3·4호기 초기 노심 핵연료의 독자설계를 완성하는 성과를 거두었다. KWU사와의 공동설계로 확보한 WH형 원자로의 교체노심 핵연료 설계기술을 바탕으로 영광원전 3·4호기의 교체노심 핵연료를 설계함으로써 설계주기 전 과정에 대한 체계적 기술 자립을 이루었다. 이로써 원전 설계에서 가장

핵심이 되는 초기 및 교체노심 핵연료 설계 기술을 100% 자립하였다. 경수로 노심 및 핵연료 설계기술 자립으로 APR1400을 포함, 국내 모든 경수로에 핵연료를 안정적으로 공급할 수 있어 에너지 안보에 크게 기여하게 되었다.

우리나라 원자력 분야에서 최초 국산화는 중수로 핵연료였다. 故 박원구 박사, 故 서경수 박사를 비롯해, 연구원들의 중수로 핵연료 국산화를 위하여 오랫동안 노력한 결과 경수로 핵연료 설계 기술 자립을 당초 목표보다 조기에 달성하였다. 이런 기술 자립 조기 달성은 연구원들과 책임자의 열정이 가장 큰 원동력이었다.

교체노심 핵연료 국산화에서 경수로 핵연료 기술 자립의 기틀을 마련했고, 영광원전 3·4호기 건설을 통하여 초기 노심 핵연료 설계의 완벽한 기술 자립을 이루었다. 경수로 핵연료 설계의 경우는 영광원전 3·4호기의 건설 계획 단계부터 기술 자립 100%를 지향하였다. 당시 타 분야의 기술 자립은 1995년까지 95% 달성 목표로 계획된 것에 비하여 출발부터 다른 개념이었다. 숫자상 5%는 큰 차이가 없는 것처럼 보일 수 있으나 5%는 "외국 의존이 있느냐 없느냐"를 기술 자립 달성 여부를 가늠하는 중요한 바로미터로 생각할 수 있다.

핵연료 설계에서는 지속적인 기술 발전 능력의 확보가 매우 중요했는데, 우리는 그것을 매년 공동 연구회의를 통해 CE의 연구개발 사항을 확인하고 우리의 연구개발 과제를 도출함으로써 개량 핵연료 개발의 근간을 마련하였다. 영광원전 3·4호기 기술 자립 사업에서 CE와 공동연구를 지속적으로 추진하여 기술개발 능력을 확보하였다. 우리 연구진이 확보한 개량 핵연료 개발 능력은 현재 국내에서 개발 중인 스마트, 고속증식로, 가스냉각로 등 미래형 원자로 핵연료 개발에 크게 기여하고 있다.

한국형 표준원전 핵연료 ⓒ KNF

chapter 6
경수로 핵연료 제조 기술, 최단기간 자립 성공

　국내에서 사용 중인 핵연료는 중수로·경수로 핵연료, 두 종류가 있다. 경수로 핵연료는 WH형 가압경수로 핵연료와 한국형 표준원전 핵연료로 구분된다. 핵연료 제조는 농축된 육불화우라늄을 이산화우라늄 분말로 변환하여 우라늄 분말을 소결체로 제조하고 이를 핵연료봉에 장입하여 핵연료집합체를 만드는 공정이다. 핵연료 제조 국산화를 위해 KNF는 1985년 KWU와 기술도입 및 기기도입 계약을 체결하고 1986년 11월 연산 200톤 규모의 핵연료 성형 가공 공장 건설을 하였다. 1988년 9월 핵연료 설계 및 가공 방법에 대해 정부로부터 승인을 받아, 1988년 10월 핵연료 생산공장이 상업 가동에 들어가 국산 경수로 핵연료를 제조하기 시작하였다.

　KNF는 고리원전 2호기용 핵연료 52다발을 제조하여 1989년 7월 26일에 첫 출하하였다. 1989년 고리원전 2호기 재장전 핵연료부터 국내 WH형 가압경수로 소요 핵연료를 전량 공급하기 시작하여 세계 역사상 유래를 찾아볼 수 없는 2년이라는 단기간에 핵연료 제조 기술 자립과 공장건설을 완공하였다. KNF가 어떻게 최단시간에 경수로 핵연료 제조 기술을 자립했는가를 이야기하고자 한다.

경수로 핵연료 1다발, 5만 가구의 1년 간 소요 전력 생산

경수로는 미국에서 개발된 원자로형으로 물을 냉각재와 감속재로 사용하며 3~4%의 저농축우라늄을 핵연료로 사용하며, 성형 가공 과정을 거쳐 제조된다. 경수로 핵연료의 기본인 소결체는 우라늄을 재변환하여 우라늄 분말을 생산하는 공정을 거친 후 압분체로 만든다. 이 압분체는 1,750℃ 정도로 구워내 담배 필터보다 약간 짧은 소결체로 직경 8mm, 길이 1cm 정도의 원주형 크기인데 무게는 약 5.2g이다. 핵연료봉은 원통형 튜브 속에 약 350개의 UO_2 소결체를 장입후 양끝을 용접해 만드느데 이것은 피복관, 상·하단 봉단마개, 스프링 및 소결체로 구성된다. 이 연료봉을 수백 개 묶어 핵연료집합체를 만드는데, 골격체(skeleton)는 각 연료봉 간의 간격을 일정하게 유지하고 연료봉을 고정시키는 역할을 하며, 상단 고정체, 하단 고정체, 지지격자, 안내관 등으로 구성하여, 이들을 조립대에 고정시킨 다음 용접해서 만든다. 중수로 핵연료봉 길이가 50cm인데 비해 경수로는 380cm로 매우 길다. 핵연료봉을 가로세로 14줄, 16줄 또는 17줄로 배열하여 집합체를 만드는데, 고리 2호기의 경우 직경 1cm, 길이 365cm의 핵연료봉을 16×16 형태로 배열하여 정방형 기둥 형태의 핵연료집합체를 만든다.

핵연료의 원료인 천연우라늄은 U238이 99.29%, U235가 0.71%로 구성되어 있다. 이 중 우라늄 235만이 핵분열을 일으켜 에너지를 발생한다. 중수로에서는 천연우라늄을 사용하지만, 경수로의 경우 우라늄 U235를 3~5% 농축해 연료로 사용한다. 핵연료로 사용되는 우라늄 235 1그램이 완전 핵분열을 일으키면 200리터 석유 9통 또는 석탄 3톤이 연소할 때 만큼의 열에너지를 생산하기 때문에 원자로에 소량의 핵연료를 장전해도 3~4년 동안 많은 열을 생산할 수 있다.

담배 필터 크기의 핵연료 소결체 한 개면 4인 가족이 6개월간 사용할 수 있는 1,800kWh의 전력이 발생한다. 경수로용 핵연료집합체 1다발이 생산하는 전력량은 무려 1억 6천만kWh로, 이는 5만 가구가 1년 동안 사용할 수 있는 전력에 해당한다.

핵연료주식회사 탄생의 뒷이야기

1973년 석유파동 이후 세계 에너지 시장에서는 원전 건설 붐이 일어났다. 에너지 부존자원이 없는 우리나라는 원자력발전의 도입이 필연적이었으며 이를 위해 핵연료의 국산화, 핵연료주기 시설의 확보가 시급하게 되었다. 1979년 9월 핵연료개발공단^(핵공단)은 기술 검토팀을 구성하여 핵연료 국산화 사업을 위한 기술도입, 공장설계 및 건설, 핵연료 설계, 생산 및 품질관리 등을 다각적으로 검토하기 시작했다.

핵공단은 1979년 9월 24일 제26차 경제장관협의회에 '경수로 핵연료 국산화 사업' 안을 제출하였다. 사업의 주체는 핵공단이 되며 사업의 특수성을 고려하여 국책사업으로 추진해야 한다는 내용이었다. 핵연료 국산화 사업을 외국회사와 합작으로 사업을 추진할 때는 핵공단이 아닌 새로운 사업체가 신설되어야만 하였다. 이에 KNF를 설립하게 되었다.

1981년 1월 에너지연구소와 핵공단이 통합되어 에너지연구소로 이름이 바뀌면서 핵연료 국산화 사업은 핵공단의 당초 계획을 이어받아 계속 연구소 주도로 추진하게 되었다. 연구소는 연구를 수행하는 기관이지 사업을 수행하는 것이 적합하지 않다는 대내외 분위기에서도 핵공단에서 이 사업을 추진하였던 당시 대덕공학센터 책임자인 이한주 박사와 남장수 차장, 김풍오 과장, 안종환 과장과 과학기술처 강박광 원자력 국장, 김필규 원자력개발 과장, 장재옥 기좌만이 원자력 기술 자립 차원에서 과학기술처와 에너지연구소가 주관해야 한다며 열심히 뛰었다. 1981년 4월 핵연료 국산화 사업계획을 경제장관협의회에 상정하기에 앞서 관계기관들과 사전 협의했다. 재무부, 동력자원부, 경제기획원의 경제기획국, 투자심사국, 경제협력국은 연구소 주관 안에 긍정적이었다. 그러나 예산실은 "에너지연구소보다 실수요자인 한전이 경영하는 것이 사업의 안전성 확보에 유리하다"는 이유로 강하게 반대하였다.

1981년 4월 10일 오후 4시 강봉균 과장을 설득하기 위하여 과학기술처의 김필규 원자력개발 과장, 장재옥 기좌, 연구소의 이한주 대덕공학센터 분소장, 임창생 핵연료설계 실장, 서경수 핵연료가공 실장, 남장수 핵연료국산화 담당과 안종환 과장은 함께 경제기획원의 예산정책과를 찾아갔다. 밤 9시 반까지 장장 5시간 30분간 준비된 각종 자료로 설명하고 에너지연구소의 논리로 설득하였으나 소득이 없었다. 강봉균 과장은 "에너지연구소는 연구를 수행하는 기관이다. 연구는 실패가 허용될 수 있으나 사업은 실패 시 국가 경제에 막대한 타격을 주게 된다"고 주장하였다. 그러면서 그는 "조기 기술 자립과 적기에 국산화를 위해서는 한전같이 재원이 확실하고 사업 경험이 있는 기관이 주관하는 것이 바람직하다"고 하였다.

1981년 4월 과학기술처가 경제장관협의회에 상정한 '핵연료 국산화사업계획(안)'은 경제기획원의 검토와 관련기관들의 의견을 수렴하여 1981년 7월 30일 제31차 경제장관협의회에서 원자력 선진국과 합작해 가압경수로 핵연료 국산화를 추진한다는 결정이 내려졌다. 주요 결정 내용은 연산 200톤-U의 경수로 핵연료 제조공장을 건설하여 1987년부터 국내 소요분 핵연료를 전량 생산·공급하는 것을 목표로 486억 원의 소요자금을 투자하여 한전과 에너지연구소 및 기술을 제공할 외국회사가 합작하여 경영권은 국내 기업이 주도하는 핵연료제조회사를 설립하기로 하였다. 그해 8월 12일 유관기관들이 참여한 실무협의회에서 한전 50%, 에너지연구소 15%, 외국업체 35%를 투자하기로 합의했으며, 9월 16일 부총리 재가로 최종 결정하였다.

1981년 10월 6일 경제기획원, 동력자원부, 과학기술처 등의 정부기관과 한전, 에너지연구소가 중심이 된 '핵연료제조회사 설립 추진위원회'를 구성하였다. 그리고 1981년 11월 18일 한전의 이의겸 핵연료실장을 반장으로 '핵연료주식회사설립추진반'을 구성하여 1982년 2월 9일 열린 제2차 설립추진위원회에서는 사업계획을 확정하여 외국회사 지분율을 35%에서 49%로 상향 조정, 공장 준공 시점을 1987년 말로 6개월 연기하며 에너지연구소의 보유시설을 최대한 활용하도록 하였다.

또한 핵연료 설계 기술은 핵연료 국산화 사업의 주체인 핵연료 제조회사가 보유하고, 설계업무에 필요한 인력은 44명으로 하였다. 설립추진위원회는 한전의 성낙정 사장을 비롯해 김선창 원자력담당 이사, 박윤명 경리부장, 이의겸 핵연료실장 등과 에너지연구소 차종희 소장을 비롯한 김덕승 기획부장, 서경수 핵연료가공실장 등으로 구성했다. 이 추진위원회는 1982년 10월 27일 발기인 총회를 개최하였다. 총회는 발기인 회의 때 결정했던 사업계획, 임원과 관련한 일부 조항을 변경한 정관을 승인하고 상임이사 2명, 비상임 이사 4명, 비상임 감사 1명을 선출하였다. 상임이사로 김선창 한전의 원자력담당 이사, 이의겸 한전 핵연료실장을 선임하였으며, 비상임 이사로는 김세종 동력자원부 원자력발전과장, 최상훈 과학기술처 원자력개발과장, 박윤명 한전 경리부장, 임창생 에너지연구소 핵연료개발부장을, 비상임 감사로는 박승빈 한전 감사실장을 선임하여 1982년 11월 11일 KNF의 설립 등기를 마쳤다. 초대 사장으로 김선창 이사를, 상임이사 2명은 외국과의 합작회사 설립 시까지 현 소속기관의 직책을 겸하도록 하였다. KNF는 경수로 핵연료 설계·제조 사업 착수와 함께 외국 합작선을 구하기에 나섰다.

'외국과의 합작'에서 '국내 기술 자립'으로 핵연료 공급

KNF 출범으로 핵연료 국산화 사업은 활기를 띠기 시작했다. 외국회사의 출자에 대비하여 입찰안내서, 계약서 등 서류를 준비하여 1983년 5월 경 입찰안내서 발급을 위해 과학기술처, 한전 등 관계기관과 협의를 하며 핵연료 국산화 사업추진에 박차를 가하고 있었다. 1983년 7월 6일 당시 에너지연구소 대덕공학센터장이던 한필순 박사가 제2대 사장으로 취임하면서 경수로 핵연료 국산화 사업 방침을 재검토하기 시작했다.

KNF 한 사장은 사장 취임 후 한전 박정기 사장을 만나 원자력 기술 자립의 중요성을 강조하고 전적인 동의를 받았다. 이후 경수로 핵연료 국산화 계획 변경을 구상하는데, 주 내용은 "외국 투자를 배제하고 경수로 핵연료 설계는 우리가 수행하며, 기술 도입선은 우리가 주체가 되어 결정하여야 한다"는 것이었다. 이 사업계획서를 준비하여 박정기 사장에게 보고하려고 하였다. 그러자 한전 양창국 과장이 한필순 사장에게 "경수로 핵연료 국산화 계획을 박정기 사장에게 보고하기 전에 사업계획서를 자기에게 미리 보여 달라"고 해 보고서를 보여주었더니 양창국 과장이 거두절미하고 바로 "나는 이 계획에 반대한다"고 했다.

양창국 과장은 서울대 원자핵공학과를 졸업하고 1979년 한전 원자력 분야 공채 1기로 입사 후 미국 오리건주립대에서 원자력 분야 석사학위를 받은 원자력 전문가였다. 그 후 그는 한전 핵연료처장, 정년 퇴임 후에는 대한전기협회 전무이사, KNF의 감사와 사장을 역임하였다.

한 사장은 바로 박 사장에게 경수로 핵연료 국산화 사업계획 변경을 보고하였다. 그러자 박정기 사장은 한 사장의 보고를 듣자마자 "나는 대찬성입니다. 한필순 박사님의 기술 자립 정신에 완전히 공감합니다. 다만 KNF 창설 멤버이며 초대 사장을 지낸 김선창 한전 부사장을 설득해 주세요"라고 당부했다.

김선창 부사장은 사업계획서를 듣기도 전에 마치 사업계획서를 상세히 파악하고 있는 듯이 조목조목 반박했다. "기술이 뛰어난 외국 원자력 회사가 품질이 우수한 핵연료를 제조해야 한다. 더욱이 핵연료 설계만은 반드시 외국회사에 맡겨야 하는데, 핵연료 설계가 얼마나 어려운데 우리 과학자들이 맡습니까? 만약 우리 과학자들이 설계하고 제조한 핵연료가 발전소에서 사고라도 일으키면 누가 책임질 겁니까?" 그가 초대 사장으로 7개월간 애써 세워놓은 사업 방침을 한 사장이 완전히 바꾸려는 게 몹시 불쾌했던 것 같았다 김선창 부사장은 한 사장이 추진하려던 원자력 기술 자립 정책을 강하게 부정한 것이다. 그는 부하 직원들의 말만 듣고 사업계획서를 일방적으로 반박하였다. 국가적으로 매우 주요한 원자력 기술 자립을 적극 반대하며 외국 기술에 의존하려는 당시 한전 분위기를 극적으로 보여주는 단면이었다.

한전 간부들의 원자력 기술 자립에 대한 반대를 해결하기 위해 다시 박 사장을 찾아 "한전 안에 원자력 기술 자립을 강하게 반대하는 세력이 있어 도저히 기술 자립은 안되겠습니다"라고 했다. 그러자 박정기 사장은 "저를 믿어 주세요. 한 박사님께서 경수로 핵연료 국산화 사업을 하는데 지장 없도록 돕겠습니다"라고 거듭 다짐했다. 며칠 후 한전 이사회에서 "한필순 사장께서 사업설명을 직접 해 달라"고 요구해, 1983년 10월 7일 한전 이사회에 '핵연료 국산화 사업계획 변경(안)'을 보고하였다. 이날 김선창 부사장은 이사회에 참석하지 않았고 예상한대로 한전 이사들도 설계인력 확보 등 사업계획에 대한 비판을 이어 갔다. 이사회 분위기가 심상치 않게 돌아가자 박정기 사장이 직접 나서서 "경수로 핵연료 국산화 사업을 적극적으로 도와주자"라며 이사회를 마무리하였다. 박 사장은 연구소 방문 후 강한 집착을 보인 전두환 대통령의 경수로 국산화의 심중을 알고 원자력 기술 자립을 적극적으로 지원했다.

1983년 12월 22일 연구소는 제205차 원자력위원회에 경수로 핵연료 국산화사업 방침변경(안)을 보고하여 정부 각 관련 기관들의 의견을 수렴하고자 했다. 당시 동력자원부와 한전은 외국 합작선 명의의 제품 생산과 보증 효과로 제품의 품질에 대한 신뢰성을 확보해야 한다고 주장했다. 또한 외국 자본 참여를 통한 장기 안정적인 재원 확보와 기술전수 조기 실현 및 연구 투자기반 조기 구축, 사업에 대한 안전성 보장, 국내에서 자체 개발된 기술 분야도 외국 기술 도입 범위를 조정할 경우 활용이 가능하다는 점 등을 들며 종전의 합작투자 방안을 고수하였다.

연구소와 KNF는 "국가의 정책목표인 원자력 기술 자립을 달성

원자력 기술 자립의 여정

하기 위해서는 외국 간섭을 받지 않는 독자 경영이 필요하다"는 것을 1년에 걸쳐 사업 변경 당위성에 대해 정부와 한전을 끈질기게 설득했다. 이에 따라 사업 방침을 '외국과의 합작'에서 '국내 기술 자립'으로 변경하여 경수로 핵연료 국산화 사업 방침 변경을 추진하게 되었다. 당초 외국 합작 및 기술도입에서, 합작은 않고 기술만 도입하는 방식으로 추진하게 되었다.

1983년 12월 22일 제205차 원자력위원회에서 사업계획 변경(안)을 승인하고, 1984년 7월 30일 부총리가 재가해, 기술도입에 의한 생산방식으로 변경되었다. 당초 KNF가 모두 맡기로 했던 핵연료 설계는 에너지연구소에서 하고, 핵연료 제조는 KNF가 맡기로 하였다. 사업 추진 기본 방침으로 실증된 최신 상용 핵연료의 설계 및 제조 기술과 핵연료의 제조 및 가공 공장 건설에 필요한 설비를 도입하기로 하고, 사업 추진 일정도 당초 계획에서 성형 가공 시설은 1988년 준공하고 재변환 시설은 1989년 이후로 준공 시기를 늦췄다. 이는 정부 전원개발계획 변경에 따라 초기 투자를 가능한 줄이고 재변환 기술의 국내 개발 기회를 주기 위한 것이었다.

1986년 정부는 영광원전 3·4호기 건설을 통해 1995년까지 초기 노심 핵연료 제조기술을 100% 자립하는 목표를 설정하였다. 목표 달성을 위해 KNF는 독일 KWU(Kraft Werk Union AG)에서 확보한 제조 및 검사 기술과 인적 자원, 기술 자료를 활용하기로 하였다. 또한 영광원전 3·4호기 초기 노심 핵연료부터 외국의 기술도입 없이 우리 기술로 제조하여 한국형 표준원전에 공급하기로 결정하였다.

제조 검사공정의 개발 및 장비 보완, 시운전 및 공정 자격인증

인허가, 사업 관리 등을 순수 우리 기술로 추진하기로 한 것이다.

핵연료 제조기술 도입선 선정, 과학적인 기준과 방법으로

사업계획을 변경한 KNF와 에너지연구소는 1984년 8월 3일 기존 WH 원전에 대한 교체노심 핵연료 기술도입 계약 입찰안내서를 발급하였다. KNF는 기술도입 대상업체의 자격 기준을 정하여, 핵연료 제조업체는 5년 이상의 핵연료를 생산 실적과 상용 원전에서의 연소 실적이 5년 이상 있으며, 핵연료 성능이 우수한 업체, 핵연료 설계 및 제조 기술 전수를 할 수 있는 조건을 갖추어야 한다는 것이었다. 그리고 1984년 8월 3일 이런 조건을 갖춘 미국의 CE, WH, 엑슨(Exxon), 독일의 KWU, 프랑스의 FRAGEMA에 입찰안내서를 발송하였다. 그리고 4개월 후인 1984년 12월 4일 입찰 마감 결과, 미국의 WH, CE, 엑슨, 프랑스 FRAGEMA 및 독일 KWU 등 3개국 5개 회사가 응찰했다.

1984년 11월 24일 한필순 사장을 위원장으로 한, 6명의 위원으로 구성된 '핵연료사업추진위원회'는 기술도입선을 결정하기 위한 평가 기준과 방법을 설정하였다. 그리고 실무작업을 맡을 평가반 (설계 기술성 평가반, 설계 경제성 평가반, 제조 기술성 평가반, 제조 경제성 평가반) 을 조직하였다. 제조기술성 평가에는 완전한 기술이전, 신기술개발 능력, 제조설비, 품질 및 제공 기술 보증, 안전성을 주요 평가항목으로 선정하였다. 제조기술 경제성 평가에는 충분한 경제성, 기술도입 대가, 계약조건 충족도, 추정 제조원가를 평가항목으로 설정하였다. 기술성과 경제성의 가중치를 6 : 4로 정하였다.

1985년 5월 8일 추진위원회는 5개 회사 중 종합평점 80점 이상의 KWU사와 WH를 대상으로 최종 입찰을 실시하였다. 1985년 6월 20일 응찰서 평가 결과, 독일 KWU를 기술 도입선으로 선정, 8월 14일 열린 제7차 KNF 이사회에서 '핵연료 성형 가공 공장의 기기공급, 기술도입 계약 및 차관협약 체결'을 승인함으로써 8월 26일 KWU 사와 계약을 체결하였다.

핵연료제조 인력양성을 위하여 독일 RBU(Reactor Brennelement Union GmbH, KWU의 자회사)에서 이론교육, KWU사로부터는 이전 받은 기술과 기술자료에 대한 기술교육(Class Room Training: CRT)과 현장 교육(On-the-Job Training: OJT)을 실시하였다. 현지에서 기술교육은 KNF 핵연료 가공공장의 참조공장인 RBU에서 1986년부터 1989년까지 3년간 시행했다. 또한 완벽한 기술이전을 위한 기기설치 및 시운전, 소결체 제조, 핵연료봉 제조, 집합체 및 부품의 제조와 관련 품질 검사 기술의 세부 사항 습득 등에 대한 교육은 KWU사의 전문가를 국내에 초청하여 기술자문을 받았다. 핵연료 가공시설의 건설단계에서부터 시설의 시운전 기간(1987년~1989년)까지 55명이 기술자문을 받았다. 또한 에너지연구소의 중수로 핵연료 성형 가공 공장에서 62주(1985년부터 1987년까지)에 걸쳐 총 105명이 현장실무 교육을 받았으며, 총 267명에게 실시한 국내 전문기관 위탁교육은 제조시설의 설치, 시운전, 모의 핵연료 생산 및 본격적인 상업 생산에 많은 도움이 되었다.

'갑'과 '을'이 뒤바뀐 핵연료 공급계약 체제

핵연료 국산화 사업 형태가 당초 계획했던 합작회사에서 국내 법인 형태로 변경되고 연구소와 KNF가 핵연료 설계 부문과 제조 부문을 각각 나누어 수행하는 이원화 체제가 되자, 품질보증 문제와 누가 한전에 대한 주계약자가 될 것인가 하는 문제가 쟁점으로 떠올랐다. 외국의 경우는 대체로 설계기관이 대외창구 및 주계약 업무를 수행하고 있으나 동력자원부와 한전은 "KNF가 주계약자가 되어 대외창구 역할을 맡아야 한다"는 입장이었다.

1983년 10월 7일 박정기 한전 사장은 '핵연료국산화사업(안) 한전이사회보고'에서 KNF를 대외창구로 결정했음을 밝혔다. 뒤이어 1985년 11월 1일, 계약 체제 및 추진 일정을 확정하기 위하여 한전과 연구소, KNF가 참여하는 3자 회의를 개최하였다. 이 자리에서 "핵연료의 공급계약 체제는 한전과 KNF가 각각 갑과 을로 계약을 맺고, 에너지연구소는 KNF의 하청계약자로 참여한다. KNF가 한전과의 계약상 모든 책임을 지고, 에너지연구소는 설계자로서 KNF에 책임을 지며 필요시 한전을 지원한다"고 합의함으로써 계약체제를 확정지었다.

핵연료 공급계약은 한전이 국외 공급자와 체결한 계약서를 참고할 수 있어 비교적 쉬운 편이었으나 핵연료 설계계약은 핵연료 공급계약서에서 설계자가 수행해야 할 역무와 계약 내용을 분리하였고, 설계자가 작성할 설계 자료를 계약 역무로 정의하였다. 계약 협상은 1985년 11월 1일에 시작한 지 2년 25일이나 지속되었다. 1987

년 11월 25일 마침내 교체노심 성형 가공 공급계약을 체결하였다. 계약 물량은 1989년에서 1991년까지 3년간 21개 교체 영역 분으로 1,016개 집합체$(436,043 Kg-U)$였다. 교체노심 성형 가공 설계계약도 같은 날 체결했다.

핵연료 제조 공장 부지확보 비화

　기기 및 기술도입을 추진하는 한편 성형 가공공장 건설을 위한 부지선정 작업에 착수하였다. 공장부지는 원자력법에 의한 부지 지반, 수문 및 도로 상태, 주변 환경 등의 요건과 함께 부지매수 용이성, 경제성, 핵연료 설계를 담당할 연구소와의 연계 조건 등을 충족해야만 했다. 개발제한구역이며 산업기지개발구역인 덕진동 향교골 일대 25만 7,852 m2$(약 7만 8천 평)$을 공장부지로 선정하고, 1984년 9월 이러한 내용을 담은 '핵연료주기시설 건설 방침안'에 대해 대통령의 재가를 받았다. 곧이어 부지 매수 작업에 착수하여, 이듬해 8월부터 향교골 일대를 부지로 한 공장설계 작업에 들어갔다. 주민들과의 개별 접촉을 통하여 부지매입을 시도했으나 의외로 어려움이 많았다. 부지매수 작업에 착수한 지, 1년이 지난 1985년 10월, 대전시와 용지보상 및 부지매수 위탁협약을 맺고 매수 작업에 들어갔으나 부지 단가 인상 및 잔여지 매수 등을 요구하는 주민들의 진정과 민원 제기로 부지매입은 어려워졌다. 1988년까지 공장을 준공한다는 당초 계획에 차질이 예상되었다.

1985년 말까지 순탄하게 진행되던 핵연료 국산화 사업은 공장 착공을 눈앞에 두고 부지확보 문제가 발생했다. 1989년 1월 양산 목표 달성을 위한 제반 추진사항을 점검해보니, 목표를 달성하려면 앞으로 남은 2년 반 안에 공장이 완공되어야 하는데 공장 부지를 매입하는 데 난항을 거듭하고 있었다. 또 건설 및 기술 인력 부족으로 공장건설이 적기에 준공하기 어렵게 되었는데, 이를 해결하기 위하여 KNF와 연구소의 간부들로 '경수로핵연료사업정책위원회'를 구성하였다. 위원장에 KNF 사장, 부위원장에 핵연료(주)의 이영우 관리본부장, 에너지연구소의 임창생 원자력사업본부장, 위원으로는 연구소의 김덕승, 전풍일, 김시환, 이영환, 유성겸, KNF의 서경수, 윤석중, 최인택 그리고 간사위원으로는 에너지연구소의 남장수가 위촉되었는데, 이들 중에서 서경수, 윤석중, 남장수는 당시 에너지연구소와 KNF의 보직을 겸하고 있었다.

사업정책위원회는 1차 회의에서 공장 부지 변경이 불가피하다는 판단 아래, 즉시 착공할 수 있고 매수에 어려움이 없는 에너지연구소 부지 내의 가능지역 3개소를 검토하기로 하였다. 결과 중수로 핵연료 가공 공장 뒤편을 최적지로 결정하고 이를 그해 4월 26일 제5차 이사회에서 최종 확정하였다. 1985년 5월까지 기본설계, 안전성분석 보고서 준비 등 사업기간 단축 계획을 수립하고 KNF의 사업 추진 조직을 재정비 강화하여 연구소 기술진의 대폭적인 지원을 받도록 하였다. 공장 건설 비상대책 수립 시 설치한 건설위원회 위원장은 이영우 관리본부장이 맡았고, 건설부장은 연구소의 윤석중 부장이 겸직하였다. 연구소의 인력은 모두가 겸직이었으며 1988년

8월 공사를 완료할 때까지 이 체제를 유지하였다. KNF는 연구소안에 8만 2,645m²를 확보함으로써 부지 문제를 해결했다.

연구소는 원래 그린벨트 안에 지어졌는데 이를 풀기 위해 박정희 대통령이 이 지역을 개발 촉진 지역으로 정했다. 그 안에 KNF 핵연료 성형 가공공장 건물을 지었다. 그러나 끝까지 그린벨트는 풀리지 않았다. 전두환 대통령까지는 문제가 없었는데 노태우 대통령이 취임하면서 이 건물도 불법 건물이 되고 말았다. 즉 KNF 건물은 완공했으나 허가가 나지 않아 준공을 할 수가 없었다. 그린벨트법과 개발촉진법은 서로 모순된 법이었는데 한 지역에 적용됐다. 이런 법적용 문제로 대통령의 사인까지 났으나 논란으로 허가가 나지 않았다. 나중에 이 문제는 해결되긴 했으나 하마터면 한필순 사장은 전과자로 낙인 찍힐 뻔하였다. 이 사건으로 인해 당시 과학자들에 대한 우리 사회의 인식이 어땠는지를 보여주는 단면이다.

정부의 경수로 핵연료 국산화 일정을 준수하기 위하여 불가피하게 핵연료 가공 공장 부지를 연구소 안에 선정하였지만, 장기적인 관점에서는 참 아쉬운 결정이었다. 후일 KNF는 연구소 정문을 통해야 했고, 핵연료 제조를 위한 기자재 반입과 제조한 핵연료집합체도, 이송도 연구소 정문을 거쳐야 했으므로 많은 불편을 겪었다. 또 KNF와 연구소의 직원 수가 늘어남에 따라 출퇴근 시간에는 에너지연구소 정문에서 병목현상이 생겨 KNF는 출퇴근 시간을 조정해야만 했고, 더욱이 원자력발전소 증설로 인한 핵연료 및 육불화우라늄 운송량 급증에 따라 대형차량의 출입이 증가하자 기존 도로 이용에 과부하가 걸렸다. 이에 KNF만의 정문 및 왕복 4차선 총

길이 1.3km의 진입로 건설을 2011년 9월 착공하여 2013년 초 준공하였다. 이로써 KNF는 창립 30년 만에 독립적인 정문과 진입로를 갖게 되었다.

당초 제1 핵연료 제조공장은 연산 200톤 규모였다. 1988년 10월 생산을 시작한 이후 신규 원자력발전소 건설로 핵연료 소요량 또한 지속적으로 증가하였다. 1991년 이미 소결체 적재 공정의 생산물량이 130톤-U을 초과하기 시작하였고, 1992년에는 소결체 장입 공정의 생산능력도 165톤-U을 초과하였다. 또 국내 신규 원전 건설에 비해 늘어나는 핵연료 공급을 충족하기 위하여 재변환 공장 및 중수로 핵연료 성형 가공 공장 시설 확충이 필요하게 되었다.

이에 따라 제2 핵연료 제조공장 건설 부지 확보 문제에 직면하게 되었다. 그래서 공장을 증설할 부지가 없어 연구소의 야산을 헐어서 부지 정지 작업을 하고 신규 공장을 증축할 수밖에 없는 어려움을 감수하고, 1995년 330 톤-U 규모의 생산라인 설치 및 시운전을 거쳐 생산에 들어갔다. 1995년 12월 KNF는 핵연료 연 생산 1,000톤을 달성하였다.

현재 국내 원전 건설과 국외 원전 수출로 인한 핵연료 소요량의 지속적인 증가에 대비하여 제3 핵연료 제조공장을 건설 중이다. 그리고 2004년 핵연료 피복관 공장신축 시에는 KNF 부지 내 공장을 건설할 부지가 없어 대덕테크노밸리에 피복관 제조시설 부지 1만 7,870㎡(약 5,000평)를 확보하여 2009년부터 피복관 양산을 위한 본격적인 상업 가동에 들어갔다. "KNF 본사만 연구소 부지 안에 놔두고 제조공장 부지는 원전부지 인접한 지역에 넓게 부지를 확보했었더라면 부지 관련 제반 문제를 방지할 수 있지 않았을까?"하는 아쉬움이 남았다.

최단기간에 핵연료 제조공장 건설·핵연료 생산

공장설계는 1985년 8월 기술도입 계약과 동시에 시작하였다. 가공 공장은 KWU와 한전기술에서 1986년 1월부터 8월까지 건물골조 설계를 마치고, 이듬해 3월 마감공사 등 제반 설계를 완료하였다. 사옥 건물 설계도 공장설계와 병행하였다. 특히 주 가공 공장 건물은 내진 및 방화 겸용 특수 철근콘크리트 구조로 하고 부품 가공 공장은 일반 공장 건물과 같은 콘크리트 구조로 설계하였다. 이때 우라늄 물질 관리구역인 주 가공 공장 건물의 내진설계는 적용 기준이 애매하여 상당한 논란의 대상이 되었다. 그러나 원자력법상 원자력발전소 기준을 준용토록 명시되어 있는 점을 감안하여 결국 내진설계를 적용하였다. 핵연료 제조공장 건설에 원전 건설과 동일한 내진 요건을 적용한 결과 건설비가 많이 들어 국산 핵연료의 생산 단가에 영향을 미쳤다.

원자력발전소에 공급되는 제품들은 품질 및 기술기준에 대해 매우 엄격한 규제를 받게 하는 것은 발전소를 안전하게 운전하기 위하여 꼭 필요한 조치이기 때문이다. 특히 핵연료의 품질이야말로 원자력발전소의 안전 유지에 가장 기본적인 요건이다.

과학기술처와 원자력안전센터에서는 엄격한 기술 및 품질관리 기준을 마련하고 한치의 오차도 허용하지 않았다. 공장 건설과 관련 인허가 절차도 무척 까다로웠다. 개발구역 내 건축행위 허가 변경, 산업기지 개발구역 내 사업시행자의 지정 변경, 실시계획 승인 변경 등 건축 허가 및 준공 인허가를 받는 데 약 3년이 걸렸다. 그러나 다행히 원자력안전센터의 요원들이 KNF 기술진과 같이 독일에 파견되어 공장설계 초기부터 독일 RBU 공장의 설계·건설·운영을 잘 파악한 결과, 6개월 만에 공장 건설 인허가를 받을 수 있었다.

당초 공장 건설 목표 일정은 1986년 6월까지 건설공사 완료, 12월까지 공장 준공 및 시운전 완료, 1989년 1월부터 상업 생산을 개시하는 것이었다. 그러나 사업계획과 공장 부지가 변경되면서 건설 착수 시기도 늦어지고 이에 1986년 1월 공장 건설 비상대책회의에서 KNF는 필사의 노력을 펼칠 것을 각오로 1988년 12월을 준공일로 사수하였다.

1986년 9월 착공한 핵연료 성형 가공 공장은 난항 끝에 1년여 만에 골조 공사를 끝내고 공장 건설 작업과 병행하여 1987년 9월부터 기기설치 공사를 시작하였다. 그해 10월 14일 소결로 설치 작업을 시작으로, 총 378종에 이르는 장비의 설치가 시작되었다. 설치 작업이 완료된 설비에 대해 운전시험(Running Test)과 자격시험(Qualification Test)을 통하여 생산 용량에 맞는 기기의 변수를 결정하고 동작의 이상 유무를 점검하는 과정이 이어졌다.

1988년 2월 27일 소결체 생산용 장비 설치가 모두 끝났다. 장비를 세척한 후 3월 2일 3번에 걸친 예비 생산시험을 실시하였는데, 성공적이었다. 마침내 4월 4일 17×17형 시범 핵연료집합체용 소결체를 생산하였다. 소결체 생산 개시에 즈음하여 핵연료봉 1차 용접 공정에서 공정자격인증 시험도 수행하여, 용접변수를 잡고 그해 6월 8일 17×17형 시범 핵연료봉을 제작하였다. 1988년 10월 31일 KNF 전담 반원과 44명의 독일 기술자가 총력을 기울인 결과 378종의 장비 설치 및 시운전이 성공리에 마무리되었다.

1988년 10월 15일, 총투자 규모 약 644억 원, 투입 연인원 12만 명의 대규모 건설사업을 완료하여, 기기의 시운전 및 안전 점검을 거쳐 핵연료 생산을 개시하였다. 생산은 순조롭게 진행되어 1988년 12월 28일 제1호 국산 경수로 핵연료가 탄생되었다. 곧이어 12월 29일 2개, 12월 30일 1개 등 1988년에 4다발의 고리 2호기용 핵연료집합체를 생산함으로써 1989년 1월부터 공식적인 상용 생산에 들어가, 1989년 9월 28일 약 500여 명의 국내외 인사가 참석한 가운데 성형 가공 공장 준공식을 거행하였다.

모의 핵연료 제작으로 원전 현장 양립성 확인

1988년, KNF 기술진의 감독으로 농축우라늄을 사용한 핵연료집합체 제조 전, 모든 공정을 최종 확인하였다. 에너지연구소 설계팀은 "상업운전 첫 해에 미처 예상하지 못하였던 일로 인해 핵연료 납품에 차질이 오지 않을까"를 염려했다. 이에 연구소는 "국산 핵연료와 원전 핵연료 취급장치의 양립성 시험을 위하여 각 핵연료집합체별로 모의 핵연료 제조가 필요하다"고 KNF에 제의하자 KNF 기술진은 반대가 심하였는데, "설계대로 제조하면 되는데 무엇이 문제인가? 연구소 설계팀이 실력이 부족하여 모의 설계를 제조하자고 한다"고 비난하였다. 그러나 가장 확실한 검증방법은 실제 모의 핵연료집합체를 제조하여 원전 현장에서 양립성을 시험해 보는 것이다. 이에 에너지연구소 설계팀이 KNF를 설득하고 또 강력하게 권고하여 1988년 12월 말까지 3종류의 핵연료집합체 별로 2개씩 총 6개의 모의 핵연료집합체를 미리 생산하기로 결정하였다. 마침내 감손우라늄을 이용해 1988년 6월 24일 17×17형 모의 핵연료집합체 2다발을 제작 완료하였다. 이어 KNF 기술진의 책임 아래 8월 8일부터 10월 10일까지 14×14형 모의 핵연료집합체를 제작하여 8월 17일부터 10월 31일까지 16×16형 모의 핵연료집합체를 성공적으로 제작하였다.

연구진은 모의 핵연료집합체로 발전소 유형별 양립성 시험을 통해 국산 핵연료를 원전에 공급하기 전 기하학적 양립성을 확인하기 위해 모의 핵연료집합체를 각 발전소로 옮겨, 여러 장치 및 시설과

경수로 핵연료 성형 가공공장 준공식
(1998. 9. 28) ⓒ KNF

의 비정상적 간섭사항 유무를 확인한 것이다. 기존 핵연료를 취급하던 발전소 신연료 취급 공구, 사용후핵연료 취급 공구, 핵연료 이송 계통, 제어봉 교환 장치 및 제어봉, 핵연료 재장전 기중기, 사용후핵연료 저장조, 연소 중인 핵연료 및 원자로심과 양립하는지 등 국산 핵연료집합체에 대한 사전 확인이 이어졌다.

고리 1호기용 14×14 모의 핵연료집합체 1다발로 핵연료 운송, 인수, 취급, 장전 및 인출, 저장 등 각종 작업의 적합성을 확인하기 위한 핵연료 인수 시험 중에 문제가 생겼다. 연구소 서금석 실장을 비롯한 핵연료 설계 전문가들이 현장에 가보니 시범 핵연료집합체는 인수 작업대에 수직으로 세워져 있는데, 그 위의 천장 크레인에 달린 핵연료 이동용 그리퍼가 집합체의 상단 고정체에 삽입이 되지 않는다는 것이다. 서 실장이 즉시 현장 작업자에게 쇠줄을 빌려서 인수 작업대 앞에 세워둔 사다리를 타고 4m 높이의 집합체 상단 고정체 가까이 올라가서 이리저리 살펴보니 핵연료 상단 고정체와 이동용 그리퍼가 맞닿는 위치에서 모서리 부분이 살짝 접촉이 되어 그리퍼가 삽입이 안 되고 있는 것이었다. 그래서 그는 쇠줄로 핵연료 상단 고정체의 모서리를 몇 번 문질러서 모따기를 좀 더 해주자 그리퍼가 상단 고정체 안으로 수월하게 삽입되어 안으로 다 들어가자 그리퍼의 양 팔이 펴져서 상단 고정체와 결합이 되었다. 이후 모의 핵연료시험은 핵연료 저장조에서 수중으로 원자로 건물에 이동해 원자로 노심에 장전하고 인출이 되는 핵연료 인수시험 전 과정을 아무런 문제없이 완료하였다.

서 실장은 연구소로 돌아와 사고 보고서를 작성하고 문제가 된 상단 고정체 모서리 부분의 모따기 수치를 설계 변경하여 실제 핵연료에서, 같은 모서리 접촉 사고가 생기지 않도록 조치했다.

KNF가 원전에 납품한 두 번째 핵연료는 17×17 모의 핵연료집합체 1다발이다. 원자로 노심에 장전 시험을 하는 도중 핵연료집합체 상단이 정위치에서 약 2cm 정도 삐딱하게 기울어지는 것이 발견되어 다른 위치로 이동하여 장전해 보았으나 역시 약 2cm 정도 삐딱하게 기울어졌다. 더욱 이상한 것은 기울어지는 방향이 노심 내 위치에 따라 이리저리 방향이 바뀌어 종잡을 수가 없다는 것이다. 그래서 한전 핵연료처 주관으로 관련기관의 담당자들을 원인 조사를 위해 함께 현장으로 갔다. 원전 현장에서 한전, KNF, 에너지연구소의 전문가들이 모여 17×17 모의 핵연료집합체에 대한 정밀 외관 검사를 하였다. 핵연료집합체 하단 고정체에 있는 4개의 다리 중에서 한 개의 다리 밑바닥에 직경 약 5mm, 두께 약 1mm 정도의 새까만 점이 발견되었다. 모의 핵연료집합체를 이리저리 옮겨 장전을 해도 떨어지지 않고 그대로 붙어 있었다. 이것을 면도칼로 조심스럽게 떼내어 만져보니 약간 말랑거리는 타르가 아스팔트처럼 굳어져서 핵연료집합체의 하단부에 붙어 있는 것이었다. 핵연료의 한쪽 다리만 약 1mm 정도 더 높아지는데, 모의 핵연료의 구조가 가로세로의 폭은 약 20cm의 직사각형이고, 높이는 약 400cm의 키다리 아저씨이어서 구두 바닥에 겨우 약 1mm 두께의 껍딱지가 붙어도 머리 꼭대기에서는 약 20배가 증폭되어 정위치에서 약 2cm나 기울어지는 것이었다. 이 새까만 점을 제거한 다음 17×17 모의 핵연료집합체는 원전 노심 내 장전 확인시험을 무사히 마쳤다.

이때 채취한 작고 새까만 덩어리를 방사선 검출기로 측정했더니, 다량의 방사선이 검출돼, 원전 안전관리팀이 회수해 갔다. 이 것으로 바닥에 있던 이물질이 장전 시험 도중 시범 핵연료집합체 하단의 한쪽 다리 밑바닥에 부착된 것으로 확인되었다. 원자로 노심의 밑바닥에는 각종 이물질이 남아 있어서 핵연료 장전 작업을 하는 도중 핵연료 상단부가 조금 삐뚤어져 다음 핵연료를 장전하는 통로를 방해하는 경우가 흔히 발생하는데, 그런 경우 옆으로 살짝 밀치기를 하여 핵연료가 들어갈 수 있는 통로를 확보하고 장전한다. 그런데 이번 모의 핵연료의 장전 시험은 관련 기관의 담당자가 입회하여 정밀하게 핵연료의 상태나 각종 작업 진행 상황을 정밀하게 점검하여 조그마한 이상이 발견되어도 그 원인을 밝힌 경우였다. 다행히 우리가 공급한 핵연료에 아무런 이상이 없고 원자로 노심 바닥에 남아 있는 작은 이물질이 문제를 일으킨 것으로 확인되었다.

국산 경수로 핵연료, 고리 2호기에 첫 장전

국산 핵연료 생산은 순조롭게 진행되어 1988년 12월 28일 마침내 제1호 국산 핵연료가 탄생되었다. KNF는 1989년 3월 18일까지 총 52다발의 고리 2호기 7주기용 핵연료를 생산하였다. 이를 통해 생산된 국내 최초 국산 핵연료집합체는 7월 25일 처음으로 출하되었다. 당시에는 KNF는 에너지연구소와 정문을 같이 사용하고 있어서 납품하는 핵연료를 실은 12대의 트럭 앞에는 경찰차와 KNF 직원이 탄 차가 가고, 뒤에는 연구소 핵연료 서비스팀 연구원 2명이 탄 차가 따르며 정문을 지나 고리 발전소로 향했다. 핵연료 서비스팀은 운송 과정, 핵연료 인수인계 과정을 참관하고 핵연료가 신연료 저장조에 무사히 장입되는 것을 확인하였다. 이듬해 1990년 2월 17일 고리 2호기에 납품된 핵연료는 원자로 노심에 장전되고 시운전 과정을 성공적으로 마쳐 100% 정격 출력에 도달하였다.

연산 200톤 규모의 핵연료분말(UO_2)제조공장이 1988년 완공되어 습식 공정으로 생산된 UO_2 분말을 첫 국산 경수로 핵연료집합체 제조에 사용하였다. 그런데 이 분말을 압분하고 생산한 펠렛에서 표면에 많은 금속 이물질이 발견되었다. 이는 건설 후 처음으로 생산하는 핵연료 분말 제조 과정에서 이물질이 생성된 것으로 추정되었다. 연구소 핵연료 설계팀은 "펠렛 표면에 나타난 이물질이 원자력발전 운전 중에 고온에서 핵연료 피복관과 작용하여 핵연료 피복관을 파손시킬 수 있다"는 판단으로 KWU에 기술 검토를 의뢰했더니 이물질이 있는 펠렛을 원전에 사용할 수 없다고 회신해 왔다. 그러나 KNF는 "핵연료 생산 일정상 고리원전 2호기 핵연료를 계속 제조해야 한다"고 주장하며 문제의 본질을 해결하려고 하지 않고 경영진을 통하여 연구소 설계팀을 압박해왔으나, 그렇다고 이물질을 포함하고 있는 핵연료 펠렛의 사용을 승인할 수 없는 처지였다. 이런 상태가 2주 동안 지속되자 첫 국산 경수로 핵연료 공급에 차질이 예상되었다. 이에 설계팀은 고민 끝에 "KNF가 핵연료 펠렛 제조과정에 엄격한 품질관리를 적용하여 이물질을 포함한 펠렛을 폐기한다"는 조건으로 승인하여 고리원전 2호기용 핵연료 펠렛 제조를 계속할 수 있었다.

1987년 11월 KNF는 국내 부품 제조기술을 적극 활용하여 부품의 국외 의존도를 낮추고, 생산원가의 경제성을 높이며, 부품의 안정적인 국내 공급 체계를 구축하기 위한 '교체노심 핵연료 부품 국산화 계획'을 수립하고, 사업본부장을 책임자로 하는 핵연료 부품 국산화 전담반을 구성하였다. 핵연료 부품 국산화 계획에는 부품 개발의 난이도를 감안하여, 봉단마개 외 5종의 소형 부품을 1차 개발 대상으로 선정하였고, 상하단 고정체와 판 스프링(Leaf Spring)을 2차 개발 대상 부품으로 나누어 단계적으로 개발하기로 하였다.

1988년 1월, 봉단마개 외 5종의 소형 부품을 개발하고 고리원전 2호기용 KNF 제조에 사용되었다. 이듬해 1월, 14×14용 안내관 체결 나사의 공정 자격인증을 끝으로 1차 개발대상 부품 전량이 국산화되었다. 하단 고정체는 1989년 4월 공정 자격인증을, 1991년 2월 상단 고정체 완성품이 개발됨으로써 1차, 2차 개발 대상 부품들의 국산화 개발이 성공적으로 완료되었다. 2001년 지지격자를 마지막으로 핵연료 구조부품 국산화를 완성한 이후 2005년도에는 한국표준형 개량연료인 PLUS 7용 부품을 개발, 2008년 WH 개량 핵연료인 Ace 7용 부품 개발을 완료하는 등 지금까지 약 100여 종의 핵연료 부품을 모두 국산화하여 조달하고 있다. 한편 핵연료의 핵심 부품 및 주요 장비를 미국, 캐나다, 브라질, 아르헨티나, 중국 등에 지속적으로 수출하고 있다.

KNF는 미국 WH와 공동으로 한국형 표준원전용 제어봉집합체 생산을 위한 합작회사를 설립하였다. 2011년 4월 KWN(KW Nuclear Components)은 상업 생산을 시작으로 한빛원전 5호기 등 국내 소요량 전량을 공급하고 미국을 비롯한 전 세계 원전을 대상으로 수출을 추진하고 있다.

한국형 표준원전 핵연료 국산화

당시 건설계획 중이던 영광원전 3·4호기의 기술도입선을 미국 CE로 결정함에 따라 영광원전 3·4호기 건설을 추진하고 있던 한전은 KNF에 초기 노심 핵연료 공급계약에 대한 입찰 참가를 요구하였다. KNF는 1986년 3월 31일 응찰서를, 6월 3일에는 계약안을 제출하였다. 실질적인 계약 협상은 1987년 2월 중순부터 수 차례의 협상을 거쳐 1987년 4월 9일 한전과 영광원전 3·4호기용 초기 노심 핵연료 설계 및 공급계약, 연구소와 설계계약, 미국 CE와 핵연료 설계 및 공급 지원계약을 동시에 체결하였다.

KNF는 한전과 초기 노심 핵연료 공급계약을 체결함으로써 본격적으로 영광원전 3·4호기 핵연료 생산에 착수하였다. 영광원전 3·4호기의 핵연료는 설계 형상, 기술 제원, 가공 공정 및 품질관리 측면에서 기존의 WH형 원전 핵연료와는 상당한 차이가 있었다. 기존과는 다른 한국표준형 원전 핵연료 생산을 위한 제조 및 검사 공정의 개발과 장비 보완이 필요했다. 이 같은 과정이 1993년부터 공정별로 완료됨에 따라 1993년 2월 소결체 제조공정의 자격인증시험이 시작되어, 같은 해 3월, 핵연료봉 및 집합체 제조공정까지 모든 공정에 대한 자격인증이 완료되었다. 핵연료의 설계 주체인 CE와 연구소의 기술진이 자격인증시험에 참여하여 신규 원전의 초기 노심 핵연료 생산 준비가 완료되었음을 확인한 것이다.

KNF는 1993년 8월부터 영광원전 3호기 초기 노심 핵연료 181다발의 생산을 시작으로 1994년 3월 생산을 완료하여, 1995년 2월에는 영광원전 4호기 초기 노심 핵연료 177다발을 성공적으로 생산하였다. 이로써 당초 1986년 국가 원자력 기술 자립 목표로 설정된 핵연료 제조 기술 자립과 핵연료 국산화를 100% 달성하였다.

경수로 핵연료 제조기술, 완전 국산화 성취

KNF는 핵연료 제조 국산화를 위해 1986년 11월 연산 200톤 규모의 핵연료 성형 가공 공장건설에 착공하여 1988년 6월 제조설비 설치를 완료하고 시운전 역시 성공하였다. 같은 해 9월, 정부로부터 핵연료 설계 및 가공 방법에 대해 승인을 받아, 1988년 10월 핵연료 생산공장이 상업 가동에 들어가 국산 핵연료를 제조하기 시작하여, 세계 역사상 유래를 찾아 볼 수 없는 2년이라는 단기간에 핵연료 제조 기술 자립 및 공장 건설 목표를 달성하였다.

KNF는 최단기간 핵연료 성형 가공 공장을 완공하고, 핵연료 제조 기술 자립 100%에 성공하였다. 1989년 7월 25일 고리 2호기 교체 노심용 핵연료 52다발을 제조하여 첫 출하를 했다. 또 한국표준형 원전에 사용되는 초기 노심 핵연료 국산화에 성공하여 1995년부터 국산 핵연료를 공급하고 있다. 이로써 교체 노심 및 초기 노심 핵연료의 기술 자립과 국산화를 성공적으로 완수하였다.

KNF가 국산 핵연료 제조기술을 확보하여 국내 관련 기업에 원자력 품질 수준(Nuclear Grade)의 정밀 기계가공·공정관리 기술을 파급시킨 효과가 크다. 경제적 측면에서도 연간 4,200만 달러 이상의 수입대체 효과와 고용증대 효과를 가져왔다. 나아가 원전 이용률과 가동률 향상을 통해 발전소의 경제성을 제고하였으며, 원자력 발전 핵심기술의 국외 의존 탈피를 통해 원전의 자주적 운영 관리에 기여하고 있다.

KWU와의 WH형 원전 교체노심 핵연료 국산화 사업으로 확보된 제조 및 검사 기술, 인적 자원, 기술 자료를 활용하여 외국에서 별도 기술도입 없이 영광원전 3·4호기 핵연료를 우리 기술로 제조하여 공급하였다. 제조 검사 공정의 개발 및 장비 보완, 시운전 및 공정 자격인증, 인허가, 사업관리 등을 순수 우리 기술로 하였다.

1995년 영광원전 3·4호기 초기 노심 핵연료를 제조·공급함으로써 재변환 및 성형 가공 기술을 100% 자립하였다. 영광원전 3·4호기 사업을 통하여 초기 노심 핵연료 제조기술을 자립하고 울진원전 3·4호기 초기 노심 핵연료는 국내 기술로만 제조 공급하였다.

chapter 7
세계 최고 수준의 경수로 개량 핵연료 개발·공급

선진 핵연료 제조회사들은 대략 5~7년 주기로 원전의 안전성과
경제성을 향상시킬 수 있는 새로운 개량 핵연료를 개발하여 공급하
고 있다. 개량 핵연료를 개발하는 능력은 자유경쟁 체제에서 회사
의 존폐를 좌우하는 핵심 요소이다.

KNF는 2001년과 2004년에 각각 PLUS7 및 ACE7 개량 핵연료 개
발을 완료하고 국내 발전소에 시범집합체를 장전하여 상용로에서
연소시험을 성공적으로 완료한 바 있다. 2006년부터 한국표준형
원전에 PLUS7™, 2009년부터 WH형 원전에 ACE7™을 공급하고
있다. KNF는 핵연료 제조비의 약 40%에 달하는 핵연료 피복관도
국산화하여 2009년부터 국내 원전에 전량 공급하고 있다.

최근 KNF는 개량 핵연료의 연소·열적·내진 성능·신뢰성 및 제조
성 등을 대폭 향상시켜 독자 기술 소유권이 확보된 고성능 고유 핵
연료를 개발하여 곧 상용 공급이 이루어질 예정이다.

또한 세계 최고 수준의 고성능 고유 노심 설계 및 안전해석 코드 체계를 개발하여 원안위로부터 인허가를 받았다. 이처럼 세계 최고 수준의 핵연료를 개발하기 위해 독자 원천기술 고도화에 매진하고 있는 KNF의 개량 핵연료 개발의 역사를 이야기하고자 한다.

한국형 표준원전 개량 핵연료 PLUS7™ 개발·공급

한국형 표준원전을 위한 개량 핵연료 개발은 우리나라 원자력 산업계의 숙원 사업 중 하나였다. 1984년부터 경수로 핵연료 국산화 사업은 초기에는 연구소가 설계를 담당하고 KNF가 제조를 담당하는 이원화로 나뉘어져 있었다. 그런데 1997년 정부의 방침에 따라 핵연료 사업체계가 KNF로 일원화되어 1999년 4월 2일부터 개량 핵연료 개발을 본격적으로 추진하였다.

KNF는 개량 핵연료 개발을 위해 경험이 풍부하고 기술 수준이 우수한 외국 핵연료 업체와 공동개발을 하기로 했다. 이에 1999년 4월 20일 CE, 지멘스, WH 등 3개 회사에 공동개발 초청장을 발송하여, 1999년 5월 29일 3개 회사로부터 제안서를 접수받아 5월 31일부터 6월 23일까지 기계적 성능·열수력 성능·제조성 등의 기술성과 핵연료 주기비, 개발비·경제성 및 소유권, 실시권 등의 제약조건을 주요 기준으로 면밀하게 평가한 결과 WH를 우선협상 대상으로 선정하였다. 그리고 개발 범위 및 개발금액 등에 관한 협상 끝에 그해 8월 19일 WH와 개량 핵연료 공동개발 계약을 체결, 9월 7일 공동개발을 시작했다.

수 차례의 설계개념 연구, 예비설계, 시제품 제작의 과정을 거치면서 개량 핵연료의 설계를 구체화하여, 수십 종류의 노외 성능시험을 거쳐 개량 핵연료의 설계를 완성하였다. 중간 지지격자는 캐나다 AECL의 VISTA Loop에서 고주파 진동 시험과 프레팅 마모 시험을 통해 우수한 성능을 입증받았고, 컬럼비아 대학에서 열적 성능시험인 CHF(Critical Heat Flux: 임계열속)시험을 진행하였다.

원자로 운전온도에서 수행하는 지지격자 좌굴 강도 시험 등 여러 종류의 부품 시험을 거쳤다. 또 집합체 형태로는 기존 연료와 집합체 압력강하 비교평가를 위한 압력강하 시험, 집합체의 유체유발 진동을 평가하기 위한 진동시험 및 프레팅 마모 성능을 평가하기 위한 500시간의 내구성 시험을 하였다. PLUS7™은 2001년 6월 13일 시험용 집합체 제작 성공 후 WH에 보내 장기 내구성 시험과 수력적 시험에 합격함으로써 2002년 3월 30일 개발을 완료하였다.

2002년 KNF는 PLUS7™ 노외 성능시험에 성공하여, 2002년 12월 31일부터 시범집합체 4다발이 울진원전 3호기 5주기에 장전되어 2004년 4월까지 16개월 동안 한 주기 연소시험을 성공했다. 그리고 시범집합체에 대한 연소성능 검사 결과, 기존 핵연료와 비교할 때 성능의 우수성을 확인하였다. 1주기 연소를 성공적으로 마친 시범집합체 4다발은 2004년 5월 다시 장전에 들어가 2005년 9월 2주기 연소시험을 마치고, 2006년 4월 11일부터 한국표준형 원전에 상용화를 시작하였다. PLUS7™은 2009년 말 한전컨소시움이 수주한 UAE 바라카원전 1호기를 시작으로 2017년부터 4개의 UAE 원전에도 공급하고 있다.

개량 핵연료 PLUS7™은 기존 핵연료에 비해 열적 성능이 12% 이상 향상되었고, 핵연료 방출 연소도 영역 평균 45,000MWD/MTU에서 55,000MWD/MTU로 대폭 향상된 연소성능을 보여주었다. 연료봉 직경의 최적화 및 축방향 블랭킷(Axial Blanket) 사용으로 중성자 경제성이 향상되어, 하단 고정체 및 이물질 여과 지지격자 개발을 하여 이물질 여과 성능이 향상되는 등 7가지 성능이 획기적으로 개선되었다. 이 개량 핵연료는 기존 가디언 연료에 비하여 7가지 성능이 향상되었다고 하여 PLUS7™이라고 명명했다.

원전의 안전성 및 경제성이 대폭 향상된 한국표준형 개량 핵연료 'PLUS7™'은 영광원전 3·4·5·6호기, 울진원전 3·4·5·6호기 8개 한국표준형 원전에 기존 연료를 PLUS7™ 연료로 대체할 경우 1주기당 약 120억 원씩 절감할 것으로 평가되었다. 또한 원자력발전소 출력증강으로 연간 1,600억 원(5% 기준) 이상의 추가 이득을 거두었다. 이 밖에도 신고리원전 1·2호기, 신월성원전 1·2호기 등 한국표준형 원전에 사용하여 경제성을 크게 향상시켰다.

WH형 원전용 개량 핵연료 ACE7™ 개발·공급

2000년대에 들어서면서 KNF는 한국표준형 원전용 개량 핵연료인 PLUS7™ 제조 경험을 바탕으로 WH형 원전 개량 핵연료 개발에 나섰다. 국내 WH형 원전에 사용되는 핵연료는 14×14형, 16×16

한국표준형 개량 핵연료 PLUS7 최초 장전
(2006. 5. 16.) ⓒ KNF

형, 17×17형의 3종이 있다. 이중 개발의 시급성과 기대 효과를 고려하여 고리원전 2호기 16×16형 핵연료와 고리원전 3·4호기 등 6개 호기에 사용되는 17×17형 핵연료 개발을 2000년 11월 7일 시작하였다.

WH와 프라마톰에서 받은 개발 제안서를 검토한 결과 WH 원전용 개량 핵연료를 공동으로 개발할 국외 파트너로 WH를 선정했다. 2001년 10월 29일 개발목표, 개발비용, 일반계약 조건 등의 협의를 거쳐 공동개발 계약을 체결하여 2004년 7월까지 3년에 걸쳐 진행하였다. 2001년 11월 12일부터 핵연료기계 설계, 열수력 설계, 노심 설계 및 제조 분야 등의 연구인력 총 27명을 WH에 파견하여 WH형 원전용 16×16형 및 17×17형 개량 핵연료의 부품 및 집합체 설계, 개량 핵연료 제조 기술 개발, 부품 및 집합체 제작과 노외 실증시험을 수행하였다.

집합체 및 부품의 연소성능, 열적성능, 지진과 냉각재 상실 사고

(LOCA)시 하중에 대한 건전성, 기존 핵연료와의 양립성 및 제조성 등을 평가하여 WH형 원전용 개량 핵연료를 설계하였다.

기존 연료 대비 다양한 장점을 갖춘 개량 핵연료 설계를 검증하기 위해 노외 실증시험용 개량 핵연료집합체를 제조하였다. 제조한 부품 시험 집합체에 대하여 미국 컬럼비아 소재의 WH 시험실에서 다양한 노외 성능시험을 하였다. 지지격자에 대하여 셀 특성 시험, 정적 좌굴 시험, 고온충격시험 등을 하였는데, 특히 중간 및 혼합 지지격자에 대해서는 VISTA Loop에서 5×5 모의 집합체에 대한 고주파 진동 시험을 통하여 과도한 유체유발 고주파 진동이 발생하지 않는 것을 확인하였다. FACTS 시험 시설에서는 집합체 압력 강하량을 측정하여 집합체 각 부품별 압력손실계수를 생산하였고 기존 핵연료와의 수력적 양립성에 문제가 없음을 확인하였다. 또 VIPER Loop에 기존 연료와 개량 핵연료를 장입하여 500시간 동안 유동시험을 진행한 결과 연료봉과 지지격자 사이에 과도한 프레팅 마모가 발생하지 않는 것도 확인하였다.

컬럼비아대학에서 중간 및 혼합 지지격자에 대한 임계열속시험을 한 결과 당시 사용 중인 핵연료에 비해 열적 여유도가 20% 이상 향상된 것으로 평가되었다. 임계열속 상관식 적용성 평가를 위한 데이터베이스를 확보하여 같은 부품 및 집합체에 대한 일련의 노외 성능시험을 통해 WH형 개량 핵연료는 목표 연소도 내에서 모든 설계기준을 충분히 만족시키는 설계 여유도를 갖는 것으로 평가되었다.

WH형 개량 핵연료는 시범집합체 제조에 대한 공정자격 인증시험을 성공적으로 마치고, 2001년 8월부터 2004년 7월까지 '17×17형 ACE7' 및 '16×16형 ACE7' 시범집합체 4다발을 각각 제작하였다. 이중 '17×17형 ACE7™' 개량 핵연료는 노내 성능을 확인하기 위하여 2005년 7월 고리원전 3호기 17주기에 장전, 2006년 12월 1주기, 2008년 7월 2주기, 2009년 11월에 3주기 노내 연소시험을 완료하여 2009년 1월부터 고리원전 3·4호기, 영광원전 1·2호기와 울진원전 1·2호기에 상용 공급하고 있다.

그리고 16×16형 'ACE7'은 2005년 1월 고리원전 2호기 20주기에 시범집합체를 장전, 2006년 3월 1주기, 2007년 5월 2주기, 2008년 12월 3주기 연소시험을 성공리에 마쳤다. 이 핵연료는 연소시험 성공 이후 2008년 12월부터 고리 2호기에 공급되고 있다. 'ACE7™'은 2005년 10월 28일 한국과학재단이 주관한 '2005년 대표 우수 연구'에 선정되었다.

이 같은 설계·제조 및 검증시험을 거쳐 개발된 WH형 원전용 개량 핵연료는 핵연료의 평균 연소도를 7,000MWD/MTU 이상 증가, 열적 성능 10% 이상 개선, 연료봉 외경 변경 및 중간 지지격자 재질 변경을 통한 경제성 확보, 다중 이물질 여과 장치 사용을 통한 이물질 여과 성능 보완 등 7가지 향상된 특성을 가지고 있다. 이러한 특징을 갖는 개량 핵연료의 명칭은 공모를 통해 기존 연료 대비 7가지 성능 향상을 의미하는 'ACE7™'으로 명명하였다.

ACE7™은 WH에서 개발하여 공급하던 기존 핵연료에 비해 성능이 더욱 향상된 세계적 수준의 개량 핵연료이다. 'ACE7™' 핵연료 개발 및 상용 공급은 핵연료 주기비를 절감할 뿐만 아니라 열적 성능 향상으로 출력 증강 등 원전 이용률 향상, 무결함 핵연료로 안전성 및 신뢰성 증대, 핵연료 개발 기술습득을 통한 독자개발 역량 확보라는 대내외적 성과를 거두며, 핵연료 개발 역사에 큰 이정표를 남겼다.

하나(HANA) 피복관의 개발·공급

1997년부터 국내외에서 사용해왔던 핵연료 피복관은 지르코늄 합금 지르칼로이-4이다. 연구소는 이보다 부식 및 크리프 변형 저항성이 우수하고 국제 경쟁력을 가진 원천기술로 고성능 지르코늄 신합금 피복관 개발을 시작했다. 당시 미국, 프랑스 등 원자력 선진국들은 30년 이상 사용한 지르칼로이-4 피복관을 대체할 신형 피복관 개발을 거의 마무리한 상태였으므로, 우리나라는 10~15년 정도의 기술격차를 극복해야만 했다.

연구소 연구팀(팀장 정용환 박사)은 연구개발 초기 3년 동안 700여 종의 신합금을 설계·제조에 대한 성능평가를 함으로써 국내 독자 소유권을 확보한 6종의 최종 후보 합금(HANA)을 선정하였다. 그러나 이것을 제조할 수 있는 시설이 없었기 때문에 일본 회사와 협력하여 6종의 HANA 피복관 시제품을 만들었다. 이후 재료학적 관점에서 부식·크리프·인장·파열·피로 특성 및 미세조직·마모성 등 노외 성능평가를 했다. 모든 성능을 실험실에서 평가해 우수성을 입증하는 데에만 3년이 걸렸고, 그 중 부식 특성이 가장 중요한 요소로 6가지 다른 부식 조건에서 1,000일간의 부식 시험을 진행했다.

HANA 피복관의 노내 성능 검증은 크게 '연구로 검증시험 단계' 와 '상용로 실증시험 단계' 두 가지로 나눠 진행됐다. 첫 단계인 연구로를 이용한 노내 검증 시험은 노르웨이 할덴연구로에서 진행한 5년 간의 연소시험이었다. 노내·외 성능 검증시험 결과 HANA 피복관은 기존의 상용 피복관보다 내부식성이 50% 이상 향상된 성능을 보였고, 설계기준 사고 조건에서도 우수한 성능이 확인되었다.

HANA 피복관 상용화 실증시험은 국내 원전에서 진행했다. 2007년 11월 영광원전 1호기에서의 시범 핵연료봉 연소시험을 시작으로 2016년까지 진행된 한빛원전 5호기 시범 핵연료봉 연소시험과 울진원전 6호기 시범 집합체 연소시험을 통해 우수한 성능을 확인할 수 있었다.

연구소는 HANA 피복관 개발을 통해 신합금 피복관 합금 조성 및 제조공정에 대한 30여 건의 특허를 국내외에 출원·등록했다. 그런데 2004년 유럽 특허청에 등록한 HANA 피복관 원천기술이 프랑스 아레바 사가 기존 특허에 비해 새로운 것이 없다는 이유로 2011년 3월 무효 소송을 제기했다. 이 무효 소송은 7년여에 걸친 국제 특허분쟁에 휘말렸으나 연구소가 승소했다. 이후 연구소가 개발한 HANA 피복관 기술은 2012년 12월 국내 핵연료 제조사인 KNF에 유상 이전되었다.

KNF는 국내에서 사용되는 핵연료 피복관 국산화를 위한 기술 개발에도 뛰어들었는데, 국가 전략물자인 지르코늄 합금 핵연료 피복관의 제조 기술을 자립하는 것이 목표였다. 대덕테크노밸리에 피복관 제조시설 부지 1만 7,870 ㎡^(약 5,000평)를 확보하여 제조시설 설계 용역업체와 제조기술 개발 국산화에 필요한 국외 협력사로 미국 WH를 선정하여 2004년 11월 공동개발 계약을 체결하였다.

2006년 공정 분야별 기술자와 제조 연구원들이 공동개발사인 WH에 파견하여, 피복관 제조기술, 공장 건설, 제조 장비 개발, 제조 공정기술 확립 및 시운전 업무 등도 익혔다. 2007년 12월까지 총 26종에 대한 장비 설치 및 시운전을 통한 장비 점검시험을 거쳐 2009년 1월부터 피복관 제조공장은 본격적인 상업 가동에 들어가 양산했다.

지르코늄합금 피복관 국산화 개발 성공으로 2009년 후반부터 국내 원자력발전소에 사용되는 핵연료 피복관 전량을 안정적으로 공급할 수 있는 연간 1,400km 생산능력의 지르코늄합금 피복관 공장 준공식이 있었고, 2010년 3월 국산 피복관으로 제조한 핵연료가 울진원전 6호기 5주기에 최초로 장전되었다. 현재 국내 경수로 원전에 공급하는 핵연료용 피복관 전량을 국산으로 생산·공급하고 있다.

KNF는 연구소에서 개발한 신소재 HANA 합금^(TREX)을 경수로 핵연료 제조에 적용하기 위한 피복관 제품 공정자격 인증시험을 완료하여, 수출 선도형 국산 고유 핵연료로 적용할 목적으로 개발 중인 HANA 합금 피복관을 2010년 시범 집합체 장착용 피복관 및 안내관에 대한 제품자격 인증시험을 거쳐 노내 연소시험을 하였다. 이를 통해 내부식성과 기계적 특성이 향상된 신합금 핵연료 피복관의 개발과 상용화를 추진하였다.

┃ 지르코늄합금 핵연료 피복관 제조공장 준공식 (2009. 3. 27.) ⓒ KNF

또한 국내 발전소 소요 핵연료에 피복관을 전량 공급함으로써 연간 400억 원 이상의 수입 대체 효과와 수입가 대비 저렴한 가격으로 피복관을 생산, 공급할 수 있게 되어 핵연료 피복관 국산화 개발 사업은 기존 핵연료 성형 가공 공장의 일괄도급 방식의 제조기술 국산화 기술 자립과는 달리 사업기획 단계부터 시운전까지 모두 자체 기술로 추진하는 쾌거를 이루었다. 이로써 경수로용 핵연료 부품 100% 국산화 달성은 물론, 신 합금 기술 개발의 기반을 구축하여 원자력 선진국들과 핵연료 개발 경쟁에 어깨를 나란히 할 수 있게 되었다.

한편 2010년부터 매년 1·2호기 분의 튜브 수출계약을 WH와 체결함으로써 국산 튜브의 품질을 세계적으로 인정받게 되었고, 지르코늄합금 튜브 제조기술과 시설을 국내에서 보유하여 향후 신합금 피복관 기술 개발뿐만 아니라 티타늄 및 인코넬 튜브 등 훨씬 앞선 고정밀 튜브의 기술 개발 터전도 마련하게 되었다.

수출선도형 고성능 고유 핵연료 HIPER 개발

1980년대 중반부터 시작한 정부의 '핵연료 국산화 정책'에 따라 외국에서 도입한 기술을 기반으로 1989년 핵연료 설계·제조 기술은 완전 자립하였다. 그러나 도입 기술에 대한 국내 실시권만 확보하고 있을 뿐 기술 소유권이 없었다. 이에 국제경쟁력을 갖춘 우리 고유의 수출 선도형 'PLUS7™' 및 'ACE7™' 등의 개량 핵연료 공동 개발 경험을 바탕으로 독자적인 핵연료를 개발할 수 있다는 자신감을 갖게 되었는데, 이는 KNF의 독자 기술 소유권이 확보된 고유 핵연료 개발 능력을 배양하는 데 값진 기반이 되었다. 이에 2000년대 초, 국제 경쟁력이 있는 경수로 고유 핵연료 기술 개발 및 상용화 달성을 목적으로 확보된 글로벌 Top 3 수준의 수출 선도형 고성능 고유핵연료 개발을 2005년 9월에 착수하여 HIPER 연료 개발목표는 연소성능 65GWD/MTU 이상, 열적성능 기존 가디언 연료 대비 15% 이상 향상, 내진성능 0.3g 지진요건을 만족하는 무결함 연료로 신뢰성 확보 및 기존 ACE7 연료 대비 제조성 향상을 성취하였다.

고유 핵연료 개발 기본 방향으로는 외국에서 도입한 기술과 자체 개발 기술 활용을 극대화하고, 국내 관련 기관이 공동개발하여 기존 경수로 및 차세대 원자로에 공통으로 적용될 수 있도록 개발하는 것이다. KWU, WH 기술을 최대한 활용하여 WH형 핵연료 기술의 개량화와 기존 CE 기술을 기반으로 CE 핵연료 기술의 개량화를 추진했다.

2010년 2월까지 2단계 총 4년 6개월에 걸쳐 고유 핵연료를 개발하였는데, 이 프로젝트는 PLUS7 및 ACE7 개량연료 개발 경험을 바탕으로 2단계에 걸쳐 추진하였다. 1단계에서는 고유 핵연료 개발 요건 및 성능요건을 설정하고 고유 부품과 골격체 후보모형을 도출하여 선별시험과 성능평가를 하여 주 후보를 선정한 후, 주 후보에 대한 상세설계를 진행하였다. 상세설계를 통하여 노외 성능시험용 시제품 제작을 위한 도면 및 시방서 생산을 완료함으로써 1단계 개발을 성공적으로 완료한 후, 2단계 개발⁽²⁰⁰⁸년⁾에서는 부품 및 집합체 제조 기술을 개발·제조하여 다양한 노외 성능시험을 하였다. 그리고 핵연료 노심 특성 및 안전성을 평가하고 부품 및 집합체의 노외 성능평가 및 최종설계를 완료하여 시범집합체 제조를 위한 도면과 시방서를 확정하였다. OPR1000 및 APR1400 원전용 고유 핵연료인 HIPER16은 2010년 8월까지 상세설계 및 노외 성능 검증을 거쳐 개발을 완료하였다. 기존 핵연료에 비해 연소·열적·내진 성능, 신뢰성 및 제조성이 대폭 향상되었다.

HIPER16 시범집합체 8다발을 제조하여 2011년 7월부터 4년 반 동안 울진원전 6호기에 시범 장전하여 노내 연소시험을 완료하였는데, 스웨덴 스튜드빅(Studvik) 핫셀에서 시범적으로 장전하여 핵연료봉의 조사 후 진행 중이다. 이 시험 결과를 바탕으로 인허가 획득을 추진할 계획이다.

국내 원전의 최초 상용화를 눈앞에 두고 있는, WH형 경수로용

HIPER17 핵연료는 2008년 1월부터 자체 개발에 들어가, 2012년 12월까지 상세설계 및 노외 성능검증을 진행하여 개발을 완료하였다. 독자적으로 기술 소유권 확보를 위하여 도출된 후보 모형 중 2009년 말까지 총 국내 29종 및 국외 14종의 특허를 출원했으며 14종에 대해서는 국내 특허등록을 마쳤다.

고유 노심설계와 안전해석 기술 확보

KNF는 2005년 완전한 기술 자립을 이루어 글로벌 Top3 회사가 되기 위해 노심설계 및 안전해석 전산코드 개발 로드맵을 수립하였다. 2006년 10월부터 독자 기술 소유권을 확보한 우리는 국제시장 진출 제한이 없는 세계 최고 수준의 고유 노심설계 및 안전해석 코드 개발을 시작하였다. 당초 2013년 12월 완성을 목표로 진행했으나 2009년 UAE 원전 4기를 수주함에 따라 2012년 12월로 목표를 앞당기게 되었다.

원자로심 설계에 필요한 핵 설계 코드, 열수력 코드, 핵연료봉 설계 코드, 핵연료집합체 및 제어봉 설계 코드 개발을 성공적으로 완료하고 인허가를 받았다. 그때 개발한 코드들의 공통점은 WH형이나 한국표준형 원전을 구분하지 않고 국내외 모든 경수로형 원전의 교체 노심설계뿐만 아니라 신규 원전의 노심설계에도 적용할 수 있다는 것이다. 2013년부터 APR1400 노형인 신고리원전 3호기 2주기 교체노심 설계에 적용하여, 단계적으로 국내 운전 중인 모든 원전과 UAE 바라카원전 노심설계에도 적용하고 있다. 현재 개발 중인 수출 선도형 고성능 고유 원전연료에 대한 성능평가에 활용하여 고유연료 수출시 노심설계 코드도 함께 제공함으로써 국제 경쟁력을 확보할 수 있게 되었다.

국내 전체 경수로형 원전에 대한 안전해석 코드를 개발, 인허가 획득을 목표로 2006년 10월 원전 안전해석 코드 개발에 들어갔다.

2015년 12월 고유 안전해석 코드 개발 및 안전해석 방법론을 개발하여 고유 안전해석 평가모델도 원전이나 핵연료 수출에 지장이 없도록 코드체계 개발을 목표로 유관기관과 공동으로 개발을 완료하여, 인허가를 얻었다. 2018년 4월 신고리원전 3호기 2주기 교체 노심 설계에 적용하여 원안위로부터 최종 인허가를 받았다.

고유 핵연료 상용화로 세계 핵연료 시장 선도

1978년 고리원전 1호기가 처음 상업 운전을 시작한 초창기에는 외국에서 핵연료집합체 완제품을 수입하여 국내 원전에 장전하였다. 1982년 KNF가 설립되어 선진 국외기술을 도입하여, 이를 기반으로 제조기술을 국산화하여 1989년부터 국내 원전에 상용 공급하였다. KNF는 지난 40여 년 동안 핵연료 제조 및 설계 기술을 국산화하여 현재 국내에서 가동 중인 24기의 원자력발전소에 고품질 핵연료를 전량 공급하고 있다. 이러한 국산화 경험을 바탕으로 미국 WH와 공동으로 개량 핵연료 PLUS7™과 ACE7™을 개발함으로써 핵연료 설계기술을 확보하고 독자 기술 소유권의 원천기술을 구축하였다. 고유 핵연료인 HIPER16과 HIPER17은 독자 기술 소유권을 확보한 핵연료로 연소성능, 열적성능, 내진성능, 신뢰성 및 제조성 측면에서 세계 최고 수준이다.

나아가 국내뿐 아니라 국제 시장에도 진출하여, 아랍에미리트에는 바라카원전 1~4호기에 필요한 핵연료를 전량 수출하였으며 미국, 중국에도 핵연료 핵심 부품, 서비스 장비 등을 수출하고 있다. 이제는 세계 핵연료 시장을 선도하는 글로벌 핵연료 공급회사로 성장하여 수준급의 경쟁력 유지를 위해 설계기술과 원천기술 고도화에 매진하고 있다.

또한 2010년 7월, 브라질 핵연료회사인 INB와 300만 달러 규모의 핵연료용 지지격자 수출을 했으며, 2006년 6월 INB와 처음으로 핵연료 부품 공급계약 체결 후 매년 INB 표준형 핵연료의 지지격자, 연료봉 스프링, 슬리브 등 수출품목을 확대해 오다가 본 계약 이전까지 브라질뿐 아니라 원자력 종주국인 미국에도 약 1,000만 달러의 핵연료 주요 부품을 수출해오고 있다.

핵연료 부품 재료비의 60%를 차지하는 지르코늄 합금 피복관은 그동안 전량 수입해왔는데, 피복관 제조 및 성능평가 기술을 국산화하고 2009년부터는 연간 30만 개의 피복관을 생산하여 국내 원자력발전소에 전량 공급해, 연간 400억 원의 수입대체 효과를 거두고 있다. 그리고 국제 전략물자로 취급받고 있는 지르코늄 관련 물자를 안정적으로 확보하여, 2009년 2월부터 생산 장비, 시스템, 인력 등 제조공정 전반에 대해 검증을 받아 2010년 12월 WH로부터 공급업체 자격인증을 받아, 핵연료 핵심 부품인 지르코늄 합금 피복관을 첫 수출(2011년)하였다.

KNF의 3년 간 200만 달러 규모의 지르코늄 합금 피복관 수출은 원자력 종주국이자 기술 전수국인 미국의 WH에 핵연료 소재를 외국 원자력발전소에 사용하는 첫 사례로 우리 기술의 우수성과 품질을 세계적으로 인정받았다.

아울러 KNF는 2011년 11월부터 진행된 중국핵동력연구설계원(NPIC: Nuclear Power Institute of China)의 핵연료서비스 장비 구매 및 기술훈련을 위한 국제경쟁에 입찰하여, 세계 유수의 경쟁사들을 물리치고 수주하는 쾌거를 이루었으며 수주 금액은 400만 달러에 달한다. 이 장비는 2013년 1월 31일 중국에 인도되어 중국 진산 원자력발전소에 사용되고 있다.

chapter 8

독자적 원자로 모델 확보, 원전 강국으로 가는 길

우리나라는 1970년대 턴키 방식으로 고리원전 1호기 건설을 시작으로 신규 원전의 지속적인 건설에 따라 원전 운영, 건설 프로젝트 관리, 발전소 종합설계, 토목 구조물 건설에 대한 능력을 확보하게 되었다. 그리고 터빈·발전기·보조기기 등의 기기 및 부품 국산화도 이루어 연구소는 발전로 계통 연구, 원전 종합설계회사 설립, 중수로와 경수로 핵연료개발 국책 연구과제를 통하여 원전사업 참여의 기반을 마련하였다.

따라서 1980년대 후반 중수로와 경수로 핵연료 국산화의 성공에 힘입어 우리 연구진들은 원자력 핵심기술의 마지막 보루인 '원자로 계통설계' 기술 자립에 본격적으로 착수하기로 도전한 것이다. 원자로 계통설계 기술은 원전기술 국산화 100%를 달성하는데 가장 어려운 핵심기술로 꼽힌다. 어려운 목표였지만 해내야만 했다. 원자력 기술 자립은 국가와 민족의 생존권이 걸린 중요한 과제였기 때문이다.

1987년부터 1995년 연구소가 미국의 CE로부터 원자로 계통설계기술을 전수받아 원자력 기술의 핵심인 핵증기공급계통(Nuclear Steam Supply System) 즉 원자로 계통설계 기술 자립을 추진하였다.

이렇게 전수받은 기술을 바탕으로 개발된 한국형 표준원전(OPR1000)은 1998, 1999년에 각각 완공된 울진원전 3·4호기이다. 한국형 표준원전은 영광원전 3·4호기를 기본으로 첨단 전자 계측 장비를 동원해 운전의 편의성을 증대시키고 안전성을 강화한 개량형 원전이다. 이후 2007년 'APR1400' 모델인 신고리원전 3·4호기를 건설할 때까지 국내에 건설된 모든 원자력발전소를 한국표준형 원전으로 건설하였다. 이제부터 연구소가 "어떻게 원자로 계통설계 기술 자립을 이루었고, 한국형 표준원전을 개발하였는가?"에 대하여 이야기하고자 한다.

원자로 계통설계 주관, 어느 기관에서 할 것인가?

우리나라는 원자력발전소 설계기술 자립을 위해 다각적인 노력을 기울여 왔다. 기술 자립의 첫 사업의 일환으로 핵연료 국산화 사업을 추진하였고, 이 사업이 성공적으로 추진됨에 따라 원자력계에서는 원자력발전 기술 자립에 대한 논의가 시작되었다. 동력자원부와 한전이 중심이 된 원자력발전 기술 자립 계획 수립 과정에서는 기관 간 역할 분담이 가장 중요한 논쟁거리였다. 원자력발전 기술 자립 방안을 두고 산업자원부와 과학기술부가 주도권 다툼을 하고, 원자로 계통설계 주관을 놓고 연구소와 한전기술 사이 치열한 다툼이 일어났다. 통상 WH가 계통설계를 했다면 'WH형 경수로'이고, 우리가 계통설계를 하면 '한국형 경수로'가 되는 것이다.

특히 핵심기술인 원자로 계통설계를 '한전기술에서 주관할 것인가? 연구소에서 주관할 것인가?'가 큰 쟁점이었다. '원자로 계통설계'란 원전의 전체 계통 체계를 어떻게 할 것인지 결정하는 설계로 원자력의 핵심기술이며 가장 고도의 기술을 필요로 한다. 그러므로 인력을 확보하고 있고 기술 능력도 있는 기관이 원자로 계통설계를 맡는 것이 바람직하다.

원자력발전 기술 자립 시 가장 중요한 기술인 원자로 계통설계를 한전의 자회사인 한전기술에 맡기려는 논의가 진행되었는데, 1984년 동력자원부의 당초 기술 자립 계획은 원자로 계통설계를 한전기술이 맡고 연구소는 기술 인력을 지원하는 것이었지만, 1984년 당시 연구소는 그 사업에 뛰어들 형편이 아니었다. 중수로 및 경수로 핵연료 국산화 사업에 매여 있어 다른 데 신경 쓸 겨를이 없었기 때문이다.

그러나 한필순 소장은 1984년 4월 취임사에서 연구소의 적극적인 상용 원전 사업 참여로 국가에 기여하고 나아가 핵심기술 자립을 도모하겠다고 밝혔다. 그는 정부의 장기전원개발 계획에 따라 신규로 추진하기로 한 원전 11·12호기(영광원전 3·4호기로 명칭 변경)의 원자로 계통설계 참여에 대한 강한 의지를 가지고 있었다. 평소 그는 한국의 과학기술자는 연구를 위한 연구보다는 실제 문제 해결에 도움이 되는 연구를 함으로써 국가와 국민생활에 기여해야 한다고 생각해 왔다. 그러나 연구소는 이미 중수로 및 경수로 핵연료 국산화 사업에 매달려 있었기에 그렇게 하려면 "연구소가 원자로 계통설계를 책임지고 진행할 수 있는 기술 인력을 확보할 수 있겠는가?"가 과제였다.

1984년 8월 말, 20여 명의 주요 간부들이 참석하는 브레인스톰이 서울 연구소 영빈관에서 열렸으며, 회의의 주제는 '우리 연구소에서 원자로 계통설계를 할 수 있겠는가?'였다. 지금도 인력이 부족한데 원자로 계통설계까지 할 수 없다는 것이 중론이었다. 벌여놓은 사업도 제대로 감당하기 어려운데 무슨 재간으로 가장 어려운 사업에 또 뛰어들려고 하느냐며, 한결같이 인력난을 지적하였다.

그 무렵 시작한 경수로 핵연료 국산화 사업에 필요한 150명의 핵연료 설계 인력도 확보하기 어려운 상황인데, 원자로 계통설계까지 넘보는 것은 지나치리만큼 무모하다는 것이었다. 심지어 실패하면 그 책임은 누가 질 것이며 책임론까지 거론하고 나섰다. 이러한 의견은 충분히 일리가 있었다. 그렇다고 대규모 정부 프로젝트에 가장 우수한 인력을 보유하고 있는 연구소가 단순히 들러리를 서는 것도 자존심이 허락하지 않았다. 여건을 따져보니 인력난 때문에 적극적인 사업 참여는 도저히 불가능해 보였다. 하지만 정부가 주도하는 대형 프로젝트에 연구소가 지나치게 소극적으로 대응할 수도 없었으며, 이것이 연구소가 당면한 딜레마였다. 그래서 하는 수 없이 경수로 설계 개발에 가장 중요한 원자로 계통설계는 포기하는 대신 원자로 본체 설계에만 참여하기로 절충점을 찾기로 했다.

하루 종일 브레인 스토밍을 한 결과 연구소는 현실 여건과 앞으로 '연구소가 원전사업에서 차지할 위상을 고려해 원자로 본체만 설계하자'는 결론에 도달하였다. 무척 아쉬웠지만 어쩔 수 없었다.

연구소가 계통설계를 포기했다는 소식은 곧바로 경쟁 기관들에게 알려졌다. 1984년 9월 초, 한전기술과 한국중공업에서 번갈아 연구소에 사람을 보내 계통설계를 자기네 회사가 할 수 있도록 협조해 달라고 요청해 왔다. 한전기술에서는 "우리 능력은 연구소의 10분의 1밖에 안 되고 인력도 절대 부족하지만 연구소가 60명의 과학기술자들을 빌려주면 원자로 계통설계를 할 수 있으니 인력 지원을 해달라"고 했다.

한편 한국중공업 측에서는 "사실 이번 영광원전 3·4호기 건설사업에서 우리가 발전기와 터빈을 비롯 각종 계통설비를 제작하기로 되어있으니 사업 성격상 원자로 계통설계도 우리가 하는 것이 맞다며, 만약 우리가 원자로 계통설계를 맡을 경우 연구소에 몽땅 용역을 줄 테니 지원을 해 달라"고 했다. 도대체 원자로 계통설계를 하기에는 인력도 부족하고 능력도 떨어지는 회사들이 어떤 이유에서 계통설계를 하겠다고 나서는지 아무리 생각해도 이해가 되지 않았다. 그래서 한국중공업 성낙정 사장에게 이유를 물었더니 그는 "사업이라는 것은 미리 모든 것을 다 갖춰놓고 시작하는 게 아니다. 일단 사업을 따내면 돈이 들어오고, 그 돈으로 부족한 인력을 뽑으면 되고, 필요한 기술은 외국에서 들여오면 되지."라고 했다. 단순하면서도 귀중한 경영원리를 깨달았다. 이 논리대로라면 연구소도 얼마든지 원자로 계통설계 사업을 할 수 있었다. 그 순간 한필순 소장은 속으로 '연구소가 한국형 경수로 개발의 중심 역할을 하려면 원자로 계통설계만은 꼭 우리 연구소가 맡아야겠다'고 단단히 결심했다.

그러던 차에 '1984년 9월 18일 최동규 동력자원부 장관실에서 원전 관련기관 대표자 회의가 열린다'는 한 통의 공문서를 접수하였다. 영광원전 3·4호기 원자력발전소 건설사업에서 각 기관이 맡아야 할 역할 분담을 결정하기 위한 회의였다.

정부 측에서는 동자부 장관, 기획관리실장, 전력국장, 과기처 차관 등이 참석할 예정이었고, 관련기관으로는 한전, 한국중공업, 에너지연구소, 한전기술 대표들이 참석하기로 되어 있었다. 그 회의에서 연구소가 원자로 계통설계를 맡겠다는 뜻을 분명하게 밝힐 생각이었다. 그런데 동자부 소속인 한전에서 준비한 사업계획서에 관한 회의 자료를 보니 한전기술이 연구소로부터 60명의 과학기술자들을 지원받아 원자로 계통설계를 하는 것이 바람직하다는 식으로 적혀 있었다. 이 회의 자료대로라면 '한중(한국중공업)이나 한전기술 같은 사업체에 이 일을 맡기면 정작 주요한 기술은 다 수입해오겠구나' 하는 생각이 들었다. 즉 그들은 어디까지나 이익을 추구하는 산업체이므로, 이윤을 남기는 것이 주 목적이다. 그러니 외국 기술을 사서 들여오면 되므로 굳이 힘들여 기술을 개발하지 않을 것이 분명해졌다. 한필순 소장은 1984년 9월 18일 최동규 동력자원부 장관이 주관하는 회의에서 "원전 기술 자립의 중요성과 고급인력을 많이 보유한 연구소가 원자로 계통설계를 해야 한다"고 강하게 주장하였다. 그러나 본 회의에서는 영광원전 3·4호기 원자로 계통설계는 동자부 의도대로 한전기술이 맡고 연구소는 원자로 본체설계만 하는 것으로 결정되었다.

당시 원자로 계통설계 경험이 없는 국내 기술진은 원자로 본체설계와 원자로 계통설계를 분리해도 가능한 것으로 생각했다. 이는 외국의 원자로 계통설계회사들이 원전의 핵심기술 전수를 기피하여 우리 기술진이 계통설계를 제대로 이해하지 못하게 된 주요 요인이기도 했다.

1984년 9월 18일 회의 참석자는 동력자원부 장관(최동규), 과학기술처 원자력상임위원(임용규), 한국중공업 사장(성낙정), 한전기술 사장(정근모), 에너지연구소 소장(한필순), 한전 부사장(문희성)이었고, 그날 회의에서 원자력발전소 건설 기술 자립을 위한 국내 기관별 역할 분담이 다음 표와 같이 결정되었다. 한국전력은 원전건설 종합관리를 맡기로 했다.

이 같은 결정에도 불구하고 "원자로와 핵증기공급계통 설계를 연구소와 한전기술로 분리 분담시키는 것이 적절한 것인가"의 논란이 연구소, 한전기술, 한전 등 전력그룹협력 회원사들 간에 계속되었다. 왜냐하면 원자로와 핵증기 공급 계통은 기술적으로 분리 한계 설정이 어렵기 때문에 연구소나 한전기술 중 한 기관이 일괄 수행하는 것이 바람직하다는 문제가 제기되었기 때문이었다.

원전 기술자립을 위한 기관별 담당임무

역할분담＼기관	한국에너지연구소	한전기술	한국중공업	KNF
종합설계		○		
원자로(노심포함)	○			
핵증기공급계통 계통		○		
핵증기공급계통 기기			○	
터빈/발전기			○	
보조기기			○	
핵연료(성형 가공)				○

1985년 봄까지 전력그룹협력회의는 원자로 계통설계 문제로 계속 논란이 지속되었다. 이 상황에서 연구소는 외국 원자력 설계회사들에게 자문을 받은 결과 원자로 계통설계와 원자로 본체 설계를 분리하는 것은 기술적으로 불가능하다는 사실을 확인했다. 선진국에서는 그런 전례가 없었으므로 결국 계통설계 문제는 다시 원점으로 돌아간 셈이다. 이때부터 상황이 달라지기 시작했다. 회의 때마다 기술 자립과 연구인력 문제가 주요 쟁점으로 떠오르게 되었으며 연구소가 단연 유리한 입장에 서게 되었다. 3백여 명의 고급 두뇌들이 중수로, 경수로 핵연료 국산화 사업을 하면서 원자로 계통설계와 유사한 기술들을 한창 연구 중이었기 때문이다. 회의가 거듭될수록 이 같은 연구소 장점들이 점점 더 부각됐다.

결국 전력그룹협력회의 회원사들 간에 원자로 계통설계 주관 문제는 기술인력과 경험이 많은 연구소가 담당하는 것으로 의견이 모아졌다. 기술이 돈과 권력으로 무장한 기존 체제를 이긴 것이다. 원자력은 '땅에서 캐내는 자원 에너지가 아니라 머리로써 창출해내는 기술에너지'임을 분명하게 입증한 쾌거였다. 우리는 이 기술에 굴복한 상대방의 멋진 인정에 존경을 표했다. 그것은 선진국으로 가는 요소 중 하나였다.

기술 자립 측면에서 볼 때 '기술전수 체제 단일화로 기술분산을 방지할 수 있고 또 도입기술의 체계적인 관리 및 활용이 용이하다'는 것이었다. 기술 자립 측면에서는 연구소는 오로지 원자로 계통 핵심기술(노심설계 및 안전해석) 업무에 종사해 왔으며 한전기술에 비해 전문 고급인력을 많이 확보하고 있고, 노심 및 핵연료 설계 기술 도입을 추진 중에 있어 일관성 있는 원자로 계통설계 기술전수 체제를 유지할 수 있었다. 그리고 연구소는 전수 받은 기술을 기반으로 연구개발 능력을 제고하여 신형로 개발, 개량 핵연료 개발, 원전 안전성 및 경제성 향상을 도모할 체제를 갖추고 있었다. 이러한 이유는 상당히 설득력 있고 타당하며 또 현실적인 것이었다.

1983년 4월 12일 전두환 대통령의 연구소 방문 이후 연구소는 정부 고위층과 한전 박정기 사장의 강력한 지원을 받고 있었고, 핵연료 국산화 성공을 보고 받은 전두환 대통령은 한국형 원전 개발의 성공을 확신했다고 한다.

더 나아가 관련 장관들은 물론 안기부장과 한수원 사장에게 연구소에서 한국형 원전 개발 사업을 주관하도록 적극 도와주라고 엄명을 내렸다고 전해진다.

당시 대통령의 지시는 대단한 위력을 가질 때였다. 그리고 연구소는 이미 교체노심 및 핵연료 설계를 KWU와 공동으로 추진하고 있었다. 또 원자노심 및 핵연료 설계와 원자로 계통설계는 연계 업무가 너무 많고 겹치는 일이 빈번하여, 두 가지 업무를 다른 기관에 분리하여 추진하도록 나누는 것은 거의 불가능하였다. 이런 이유로 한전기술에 비하여 많은 연구인력을 확보하고 있었던 연구소가 원자로 계통설계와 핵연료 설계를 주관하기로 결정된 것이다.

마침내 1985년 6월 25일, 제4차 전력그룹협력회의 본회의에서 연구소가 원자로 계통설계를 맡기로 공식적으로 결정되었다. 1985년 7월 29일 원자력위원회는 전력그룹협력회의 결정 사항을 최종 승인하며 원자로 계통설계 주관을 둘러싼 모든 논란에 종지부를 찍었다. 연구소가 원자로 계통설계와 핵연료 설계를 맡고, 종합설계는 한전기술, 핵연료 제조는 KNF, 주기기 설계·제작, 터빈발전기와 보조기기 공급은 한국중공업이 맡는 것으로 결정된 것이다.

원자로 계통설계야말로 원자력발전소 전체 체계를 어떻게 할 것인지 결정하는 설계로 가장 고도의 기술을 필요로 한다. 거대한 규모의 상용 원전 사업에서 가장 핵심이 되는 원자로 계통설계 책임을 연구소에 맡기는 것은 과감한 결단이었으며, 원자로 계통설계는 원전 기술의 핵심으로 외국공급사가 기술전수를 끝까지 기피해왔던 분야였다. 이것은 연구소가 종래 연구개발 진행 방식에서 벗어나 대형 사업 참여를 통하여 한국표준형 원전 기술 자립에 뛰어들게 되었다.

지금까지 상아탑 안에서 고상한 이론에 파묻힌 샌님 신세에서 벗어나 땀흘리며 손에 기름 묻히는 기술세계로 들어온 과감한 행동이 뒷받침되었기 때문이다.

이때 대부분의 연구소 인력은 중수로와 경수로 핵연료 국산화 사업에 투입되고 있었다. 이제 막 시작한 경수로 핵연료 국산화 사업에 필요한 150명 규모의 설계 인력도 확보하기가 어려운데, 여기에 원자로 계통설계까지 넘보는 것은 지나치리만큼 무모한 일이었다. '어떻게 원자로 계통설계까지 자립할 수 있겠는가'라는 회의적인 시각도 있었다. 항간에는 "연구소가 연구나 할 것이지 어쩌자고 장사꾼들이나 하는 사업에 뛰어 드느냐?"라는 비판의 소리도 있었다. 일개 정부 출연연구소에 이렇게 큰 규모의 상용 사업의 책임을 맡기는 것은 매우 과감한 결단이었다.

그러나 돌이켜보면 당시 모든 기관을 통틀어 인적자원이 가장 풍부한 기관이 연구소였으므로 원자로 계통설계 사업 참여가 한국의 원전 기술 자립을 앞당기는 결정적인 계기가 되었다. 연구소로서는 경험이 전혀 없는 상태에서 원전 기술 자립의 의지와 사명감을 가지고 출발하였다. 이 사업의 성패가 곧 연구소의 성패로 직결되므로 경영진과 연구진들은 밤을 새워가며 기술개발에 대한 의견을 모았다.

연구소는 바깥 참새들의 비판에도 일체의 흔들림이 없이 기술 자립에 매진하였다.

한국형 표준원전 개발을 향한 첫걸음

원전 관련기관의 분야별 기술 자립 현황을 살펴보면 원자로 계통(NSSS)의 원자로, 압력용기, 증기발생기 등은 한국중공업과 현대중공업이 외국 공급사와 공동으로 주기기 제작을 하였다(1985년).

조립공정(Assembling) 자립도는 상당한 수준에 이르러, 발전소 종합설계(A/E)는 한전기술이 고리원전 3·4호기부터 발전소 종합설계 분야에 참여하였으나 주계약자가 외국 공급사들이었기 때문에 국내 기술의 능력 제고에는 한계가 있었다.

우리나라는 1985년까지 9개의 원자력발전소를 건설했지만, 원자로 계통설계는 100% 외국회사에 의존하고 있었다.

원자로 계통설계는 원전 기술의 핵심으로 외국 공급사가 기술전수를 기피해 왔다. 그러다가 영광원전 3·4호기 건설사업에서는 지금까지의 사업진행과는 달리 발전소 공급계약과 별도의 기술도입계약을 체결하여 건설하는 동안 기술 자립을 이룩한다는 대원칙이 전제되어 있었다.

외국 원자로 공급사로부터 기술 전수를 받고, 기관별로 역할을 분담해 원전을 건설하기로 기획하였다. 즉, 분야별 주계약자를 국내 기업으로 하고, 외국 기업은 하도급자로 참여하도록 하여 국내 주도 계약 방식으로 전환한 것이다. 과거에는 외국회사들이 공급자 시장(seller's market)이라는 흐름을 타고 고자세를 취하며 원자로 핵심 분야의 기술이전을 기피해 왔다.

그러다가 1986년 체르노빌 원전사고를 계기로 국제 원자력 산업이 전반적인 침체로 불황을 맞게 되자 구매자(buyer's market) 시장이 형성되었고, 결과적으로 한국은 이것을 기술 자립의 최적기로 활용한 것이다.

1995년도까지의 원전 기술 자립 달성 목표

구 분		가중치	업무분담	목표 (1995년도)
종합사업관리		15	한전	98%
기자재 제작	핵증기공급계통 (NSSS)	24	(주)한국중공업	87%
	터빈/발전기	11	(주)한국중공업	98%
	소계	35		91%
	보조계통(BOP)	-	한전	82%
설계	플랜트종합 설계	21	(주)한전기술	95%
	원자로 계통설계	7	한국원자력연구소	95%
	핵연료 설계	2	한국원자력연구소	100%
	소계	30		95%
핵연료 제조		3	KNF	100%
시 공		17		100%
종 합		100		95%

영광원전 3·4호기 사업은 원전 건설과 병행하여 원전 건설 기술 자립을 달성한다는 대원칙을 전제로 추진되었다. 원자로 계통설계 기술 자립의 기본 전략은 영광원전 3·4호기를 참조로 하여, 기본설계가 동일한 기종인 원전을 국내 업체가 한정된 부분만을 자문 받아 독자설계하고, 동시에 건설 능력을 보유하자는 것이었다.

1985년 정부는 원자로 계통설계 기술 자립 목표를 '1995년 말까지 95% 기술 자립 달성'으로 설정하였다. 연구소는 영광원전 3·4호기 사업진행을 통해 기술 자립의 기반을 확고히 하고, 일부 부족한 분야는 설계사업과는 별도로 모의설계·설계검증·기술개발을 통해 보완하며 기술 자립을 실현한다는 전략을 내세웠다.

국내 주도로 기술 자립 기반을 구축하기 위한 국가의 강력한 의지가 반영되었다. '1995년 말까지 95% 기술 자립 달성'이라는 목표는 우리나라 원전 기술 자립의 중요한 이정표가 되었다.

원자로 계통설계 기술 도입선 결정과 제5공화국 비리

1985년 7월 연구소는 한전으로부터 원자로 계통설계 발주의향서를 접수하였다. 같은 해 10월 31일, 한전, 한국중공업, 에너지연구소가 공동명의로 6개 외국 유명 원자로 공급회사에 입찰 안내서를 발송했다. 미국의 WH, CE, 프랑스의 프라마톰, 캐나다의 AECL, 서독의 KWU 그리고 일본의 미스비씨 등 6개사에 입찰안내서를 발급되었으나 이중 KWU와 미스비씨를 제외한 4개사가 1986년 3월 31일 응찰서를 제출하였다. 연구소는 영광원전 3·4호기의 원자로 계통 공동설계, 초기 노심 공동설계와 원자로 계통설계 및 핵연료 설계 분야의 기술도입(Technology Transfer)의 응찰서를 접수하였고, 가격 관련 응찰서류는 한전에 직접 제출했다.

연구소 간부급 150명의 전문인력이 1986년 3월 31일부터 약 6

개월 간 4개사의 외국 기술제공 회사가 제출한 응찰서를 평가했다. 평가팀이 가장 중시한 대목은 기술의 우수성, 경제성, 기술 전수 조건의 세 가지였다. 평가단은 6개월 간 응찰서의 기술자료와 씨름하며 평가 작업에 몰두, 야근과 밤샘도 마다하지 않았다.

외국회사들의 로비를 완전히 차단하기 위해 연구소의 독신자 숙소에 진을 치고 식당 음식과 컵라면으로 버텼을 정도로 순수한 열정으로 임했다. 과거에 건설된 발전소는 모두 우리 측 기술적 요구사항인 입찰안내서 작성에서부터 외국 응찰사의 평가과정에 이르기까지 외국의 전문 용역업체가 하였고, 국내 기술진은 보조역할로 참여한 것이 전부였다.

당시에는 경제적으로 공사 기간 안에 원전을 건설하는 것이 주목적이었으므로, 기술전수에 대한 평가 항목이 없었다. 그러던 것이 연구소 기술진은 원자로 계통설계 모델의 안전성·신뢰성·경제성·기술 전수 조건·우리 기술진의 설계 참여 범위를 주요 사항으로 고려하여 제출된 응찰서에 대한 기술 평가를 하였다. '어떻게 하면 핵심기술을 습득하여 안전성 확보와 기술 자립을 조기에 달성할 것인가'에 평가의 주안점이 된 것이다.

1986년 9월 30일, 한전은 외국 응찰사 중에서 원자로 계통 및 초기 노심 설계는 CE, 플랜트 종합설계는 S&L(Sargent & Lundy), 터빈발전기 계통은 GE, 그리고 핵연료 제조는 CE를 각각 낙찰자로 결정하여 발표하였다. CE는 기술 수준이 우수했으며, 입찰에 응한 다른 기업보다 좋은 기술전수 조건을 제시했다. 이로써 1년 여에 걸쳐서 했던 국제 경쟁입찰은 모두 미국계 CE, S&L, GE로 선정되었고, 이어 이들과 국내 주계약사와 계약 협상에 들어갔다. 낙찰자 선정 발표 직후부터 6개월에 걸친 계약 협상 끝에 1987년 3월 연구소는 한국중공업과 '영광원전 3·4호기 발전로 계통설계' 계약을, CE와는 '영광원전 3·4호기 발전로 계통 공동설계' 계약과 '발전로계통 및 핵연료 설계 기술도입' 계약 등 3건의 계약을 체결하였다.

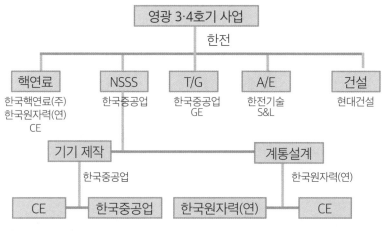

| 영광원전 3·4호기 계약체제 ©한국원자력연구원

1987년 5월과 6월, 기술도입 계약, 발전로 계통 공동설계 계약에 대하여 각각 정부승인을 받음으로써 영광원전 3·4호기 계약이 발효되었다.

기술도입 계약 기간은 1987년 5월~1997년 5월까지 10년 간으로, 계약 당시 CE가 보유한 기술뿐만 아니라 기술도입 계약 기간 중 개발한 원자로 계통설계 관련 기술도 연구소가 사용할 수 있도록 하여, 계약 기간 동안 CE가 개발한 기술자료, 전산코드, 특허 등을 수시로 입수해 기술을 익힐뿐만 아니라 필요한 분야에서는 공동연구를 하기로 하였다. 이를 통해 연구소는 CE의 원자로 설계 경험 자료와 기술자료 4,639종을 확보했고, CE 소유 전산코드 98종과 상용 전산코드 15종을 입수해 국내에 설치·검증했다.

훈련 이수 실적으로는 강의실 교육(CRT) 1,214시간(305명)과 실무 훈련(OJT) 195명을 수행했으며, 13명이 비상운전지침서(EPG, Emer-gency Procedure Guideline) 작성을 위한 훈련을 받아 System80+ 설계 및 인·허가 관련 업무에는 26명이 추가로 참여하였다.

연구소와 CE 간에 기술도입 계약협상이 마무리 되어갈 시점인 1987년 초, 국내에 건설될 영광원전 3·4호기 후속기와 국외 수출 시 CE에서 요청한 기술료 금액 요율이 쟁점이었다. 연구소는 CE와 협

원전 11·12호기 계약 서명 (1987. 3.) © 한국원자력연구원

상을 통하여 국내 추가 원전 건설 시에는 기술료를 면제하는 것으로 합의하였다. 그러나 제3국 수출 시 기술료는 수출 시점에 따라 점진적으로 기술료의 요율이 감소하는 안으로 합의, 이를 '발전로 계통 및 핵연료 설계 기술도입 계약'에 반영하였다.

제3국 수출이 영광원전 3·4호기 계약 후 10년 이내에는 기술료를 점진적으로 감소하여 지불하지만, 10년 이후가 되면 기술료를 전액 면제 합의하였다. 당시 우리의 원전이 제3국에 수출되는 상황을 상상하기 어려운 시절이었으나 만약 우리나라가 수출할 경우에 대비하여 기술도입 계약서에 이를 추가하였다.

CE와 기술료 면제조항(royalty-free)이 계약 체결 23년 후인 2009년 한전이 UAE 원전 국제 경쟁입찰 시 유용하게 적용되었다. 이것은 당시 연구소 측의 끈질긴 주장과 미래지향적 안목이 있었기에 가능했다.

2022년 10월 21일 폴란드 원전사업 수주를 놓고 한수원과 경쟁을 벌이고 있는 미국 WH가 한수원과 한전을 상대로 지식재산권 소송을 제기했다. WH는 한전과 한수원을 상대로 미국 수출입통제법에 따라 한국형 차세대 원전 APR1400 수출을 제한해달라는 소송을 미국 워싱턴DC 연방지방법원에 제기했다.

WH는 원전 기술의 수출 규제를 명시한 미국연방규정집에 의거해 APR1400에 포함된 기술이 자사 기술이 적용됐다며 이를 수출하려면 WH와 미국 에너지부의 허가가 필요하다고 주장하였다.

2000년 CE를 인수한 WH는 한수원의 APR1400이 CE 원자로인 System80$^+$을 기반으로 개발했다는 것을 이유로 들었다.

한국이 원전을 수출하려면 미국의 허가가 필요하다는 주장은 한국의 폴란드 원전 수출 견제가 목적이고, WH는 한수원이 폴란드 신규 원전 사업 입찰에서 우위를 점할 것으로 예측되자 소송을 통해 견제에 나선 것이다.

돌이켜보면 WH는 2009년 한수원이 UAE에 원전을 수출 때도 지식재산권을 문제 삼았다. 한수원은 당시 핵심기술 자립을 이루지 못한 상태라 WH에 기술자문료를 지급하는 방식으로 분쟁을 마무리 지었으나, 지금은 그때보다 훨씬 유리한 조건과 자체기술을 지니고 있어 앞으로 두고 볼 일이다.

그러나 1987년 연구소가 CE와 맺은 기술 전수 계약서에는 로열티를 지급하지 않고 기술을 사용할 수 있다는 것이 명문화돼 있다.

또 2009년 한수원이 UAE에 원전을 수출할 때와 달리 기술자문료 등을 WH에 지급할 필요가 없게 된 것은 우리가 100% 기술 자립에 성공했기 때문이다.

한수원은 현재 밸브, 계통, 제어봉, 냉각시스템 등 원전과 관련해 총 293건의 국제 특허를 보유하고 있는데 그중 105건은 미국에 제출된 특허로 알려졌다. 그리고 폴란드가 나토(NATO)가입국이고 미국과 원자력 핵협정을 맺은 국가라 WH의 주장과 달리 미국의 규정에 따라 원전 수출이 제한되지 않는 국가이므로 한국이 원전을 수출할 때 미국 에너지부의 허가를 받지 않아도 된다는 것이 우리 쪽의 입장이다.

CE와 에너지연구소 간의 공동설계 계약 협상이 마무리되면서 연구소는 한국중공업과 '영광원전 3·4호기 원자로 계통설계 계약'

을 체결한 바 있다. 원자로 계통설계 사업비는 참여 인력 규모와 엔지니어링 단가로 결정되는 것이 상례이나 국내에서 처음으로 하는 계통설계에 국내 선례가 전혀 없었기 때문에 처음부터 난관에 봉착하였다. 연구소의 참여 인원을 연인원 몇 명으로 인정하느냐, 즉 사업비의 규모가 쟁점이었는데, 그것은 연구소 측이 기술 자립을 위한 별도의 추가 인력을 주장했기 때문이었다. 이 문제는 결국 한전과 연구소의 최고 경영진 간에 극적인 타협으로 총 참여인원을 연 988명으로 합의하여 해결되었다. 이는 연구소 인력의 기술 자립을 위한 국가적 차원에서 재정 지원을 한전이 수용했던 결과로 원자로 계통설계 업무의 연구소 총 사업비는 기술도입비를 포함해 약 1,000억 원에 달하였다. 한전이 총괄했던 영광원전 3·4호기 총 공사비가 기술도입비를 포함하여 약 3조 3천억 원이었다. 한편 연구소의 원자로 계통설계비는 총공사비의 3%에 해당할 뿐이었다.

1970년대부터 한국의 원전시장을 독점해온 WH는 영광원전 3·4호기 원자로 계통설계 국외 파트너로 CE가 선정되자 크게 반발하였고 그것으로 말미암아 정치적인 후폭풍이 원자력계를 강타하였다. 당시 야당은 제5공화국 비리 척결 조사 대상에 영광원전 3·4호기 건설사업을 포함시켰다. 그러자 CE 선정이 국회에서 문제가 제기되면서 사회적으로도 큰 파문을 일으키더니 결국 검찰이 이 문제를 다루게 되었다. 영광원전 3·4호기 국외 기술도입선 결정에 관련된 한전과 연구소 간부 150여 명이 부정협의로 검찰에 소환되어 조사를 받는 곤욕을 치렀다. 1년 반 동안 굴욕적인 수사를 받은 평가에 참여한 연구원 모두 "외압이 전혀 없었다"라며 똑같은 일관된 입

장을 피력했다. 그때 검찰 수사팀을 지휘하던 정상철 부장검사는
후일 제17대 검찰총장으로 승진했다.

그의 독백이 세간에 오래도록 회자되었는데 그것은 "털면 먼지
라도 나오는 것이 상례인데 원자력계는 아무리 털어도 아무것도 안
나오는 동네다"였다.

원자력계의 장점 중 하나가 이것임을 우리는 자랑스럽게 생각하
고 있다. 국외 기술도입선 선정과 계약 체결의 모든 과정을 철저하
고 투명하게 그리고 공정하게 처리한 것으로 밝혀져 무혐의로 종결
되었다. 대형 비리 적발을 기대하고 시작된 수사가 무혐의로 결론
이 나자 당시 야당 국회의원들은 연구소가 원전 기술 자립을 명분
으로 영광원전 3·4호기의 건설비를 20% 부풀렸다고 주장해 연구원
들은 1988년부터 무려 3년간 국정감사와 제5공화국 비리 청문회에
불려 다니며 고달픈 나날을 보내야 했다.

1989년 10월, 개최된 과학기술처 국감에서 질의 사항의 90%는
원자력에 관한 것이었다. 국회의원들이 연구소 과학자들을 바라보
는 시선은 너무도 싸늘했다. 국회 경제과학위원회 소속 야당 국회
의원들은 비리현장 조사라는 명분으로 미국 윈저 사무소를 방문하
기도 했다. 연구소가 기술자의 명예를 걸고 수행했던 사업이 정치
권에서는 가장 부패한 전형적인 정치자금 조달 수단으로 인식되어
자괴감이 들었다.

그때 이창건 박사는 미국 윈저의 CE에 갔다가 거기에 들어 닥
친 우리 국회의원들과 신문기자들을 만났다. 야당 국회의원들은
비리가 있다고 큰 소리를 칠뿐 어느 누구도 구체적인 증거를 제시

하지 못했고 또 앞뒤가 맞지 않는 얘기여서 창피한 생각이 들 정도였다. 그런데 국회의원들 중 몇 명이 자기네를 대하는 태도가 되어 먹지 않았다고 호통치며 "왜 국회 분과위원장에게는 자동차를 혼자 타게 모시면서 우리를 무엇으로 알고 한 대에 두 사람씩 짐짝처럼 타게 하느냐"고 야단치는 것이었다. 자동차비를 우리측이 부담하는 것을 아는 이 박사는 세금이 저렇게 쓰여져야 되겠는가 또 납세자들이 얼마나 고달프냐를 생각하니 하늘을 우러러 부끄러울 뿐이었다.

必 핵증기공급 계통설계 기술 자립

막상 원자로 계통설계를 맡게 되자 연구소는 긴장감을 감출 수 없었다. 아무래도 처음 해보는 사업이라 아주 조심스러웠고 연구소로서는 부담스러운 일이었다. 8년 간 1천억 원이 소요될 예정이었으니 연구소 설립 이래 단일 사업으로는 최대 규모였기 때문이다. 무엇보다 이번 기회에 원자로 계통설계 기술을 완전히 우리 것으로 만들어야겠다는 생각으로 뭉쳤다.

일반적인 기술 자립 과정은, 처음에는 강의실에서 이론을 배우고 실제 제작이나 건설에 참여하는 폭을 점차 늘리는 방법으로 기술 자립을 추진해 나가는 것이 보통이다. 그러나 원자력발전소 한 호기 건설에는 보통 6~7년씩 걸리기 때문에 그런 점진적인 참여폭 증대 방법으로는 기술 자립이 사실상 불가능하다. 따라서 원자로 계통설계 역시 지난번 경수로 핵연료 설계 때와 마찬가지로 외국의 원자력 회사와 손잡고 '공동설계'를 하기로 하였다.

공동설계란 한마디로 설계기술을 배우면서 동시에 실제 설계를 해나가는 양수겸장(兩手兼將) 방식을 말한다. 이렇게 하면 훈련비를 일체 지불하지 않아도 되고 동시에 시간과 인력을 절약하는 효과가 있다. 공동설계 방식은 기술을 도입하는 입장에서 보면 기술의 이론과 실제를 한꺼번에 습득할 수 있는 훌륭한 전략이나, 반대로 기술을 전수하는 입장에서 보면 잘못하다가는 기술을 송두리째 넘겨주게 될지도 모르는 위험한 기술전수 방법이다. 즉 가진자가 빈털털이로 전락할 가능성이 있는 계약 방식일 수 있다.

연구소가 1987년 6월 3일 제43차 임시이사회에서 원자력발전 기술 자립 사업에 참여함에 따라 '원자력사업단'이란 사업 전담조직 설치를 의결했다. 이에 따라 선임연구부장 산하의 '원자력사업단'에 원자력사업본부(3부 19실), KNF로부터 인수한 방사성폐기물관리본부(6부 23실 2과), 사업관리와 방사성폐기물관리기금 관리 및 행정지원을 위한 사업관리부(3실 7과)를 설치했다. 1989년 12월 28일 '원자력사업단' 산하의 방사성폐기물관리본부를 핵연료주기관리본부로 변경해 소장 직속으로 바꾸고, '원자력사업단' 명칭을 '원전사업단'으로 변경했다. 계약체결 시까지 유지해 오던 발전로 계통사업부 조직은 사업의 효율적인 추진을 위해 기존 조직에 근거를 두고 1987년에 사업을 조직화하는 보강조치가 취해졌다. 즉 한전, 한국중공업 등 관련사와의 업무 흐름이 사업체제로 유지되도록 하고, 각 분야별 업무분장도 정립하였다.

또한 미국의 CE에 연구소 현지사무소를 개설하였고, 사업부 창구를 위한 서울 분실이 신설하였다.

1987년 4월 국내 주계약자 체제의 원전 공급계약과 기술도입선인 CE와 기술전수 계약에 일괄 서명·발효되면서 고대하던 사업을 시작하게 되었다. 1985년 7월, 33인으로 발족한 발전로 계통사업부는 국내외, 특히 국외에서 우수한 교육과 경험을 갖춘 고급 두뇌들을 유치한 결과 1990년 당시 150명의 전문인력이 풀타임으로 원자로 계통설계에만 전념하는 대조직으로 발전하게 되었다.

원자로 계통설계 역시 경수로 핵연료 설계와 마찬가지로 외국 기업과 공동 설계를 진행하였다. 국외훈련 파견 대상자들은 한수원 고리연수원본부 합숙훈련에 이어 연구소 연수원에서 교육·어학 교육 및 CE 전문가 초청 전문 강좌를 받았다.

1986년 12월 14일, 공동 설계팀 제1진을 CE에 파견 보내는 출정식을 가졌다. 이 자리에서 한필순 소장은 화석에너지 고갈, 에너지와 국가 안보, 원자력 기술 자립과 민족의 생존권 확보에 대해 설명하면서 다시 한번 기술 자립의 중요성을 강조했다. 그리고 다음과 같은 열정적인 당부를 파견자들에게 하였다. "에너지 없이 할 수 있는 일은 아무것도 없습니다. 원자력 기술 자립은 국가와 민족의 생존권이 걸린 문제입니다. 한국형 경수로 탄생은 전적으로 여러분의 손에 달려 있으니 실패하면 아예 돌아올 생각을 마십시오. 나라를 빼앗기면 식민지가 되듯이 우리가 원자력 기술 자립을 하지 못하면 밤낮 외국 기술에 의존하는 기술 식민지가 됩니다. 우리가 '기술 독립국'이 되기 위해서는 기필코 이번에 원자로 계통설계 기술을 우리 것으로 만들어야 합니다" 그리고 연설 말미에 원자로 계통설계 사업책임자인 김병구 박사를 일으켜 세운 뒤 그와 함께 '필 핵증기 공급계통 설계 기술 자립'이라고 쓴 액자를 들고 나와 연구원들에게 제안했다. "기술 독립을 하겠다는 정신으로 '만세 삼창'을 힘차게 외칩시다"라는 한 소장의 제안에 따라 참석자 전원은 힘차게 "필 핵증기 공급 계통설계 기술 자립!"을 만세 삼창하며 기술 자립 성공을 다짐하였다. 이때 가슴이 찡해 눈물을 훔치는 이들도 있었다. 필자도 그 현장에 있었는데 지금까지의 삶을 돌이켜보면 이때처럼 마음 찡한 감동의 순간은 없었다.

마침내 1986년 12월 14일, 연구소 설계팀 제1진 48명은 '필 핵증기 공급계통 설계 기술 자립'의 소명을 띠고 CE에 갔다. 초대 원저 사무소장은 이병령 박사, 원자로 계통설계의 전문 분야별 팀장으로는 핵 설계 팀장 하영준 박사, 유체 계통설계 팀장 한규성 실장, 기계 설계팀장 박성호 박사, 계측제어 설계팀장 한제복 실장, 안전해석 팀장 고병령 박사, 사업관리 팀장 양승영 실장이었다. 공동설계 착수 전에 현지 적응, 현장실무 훈련(OJT)을 통하여 설계기술 및 설계절차를 습득한 후 영광원전 3·4호기 원자로 계통설계 업무를 착수하였다. 파견된 설계팀은 CE 기술진과 공동으로 영광원전 3·4호기에 대한 핵 설계, 유체 계통설계, 기계 설계, 제어계통 설계, 안전해석, 설계 관리 등 다양한 업무를 수행했다.

미국 CE에 파견된 원자로 계통 공동 설계팀의 모습(1986. 12. 04.) ⓒ 한국원자력연구원

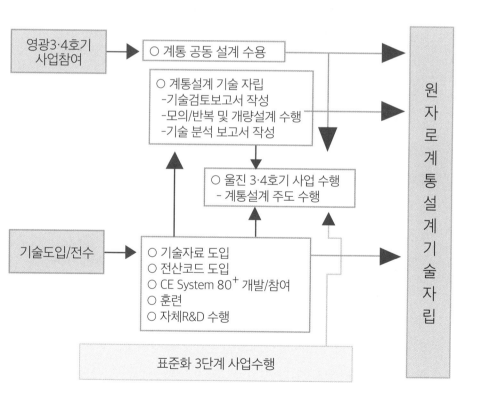

영광3·4호기 사업참여 → ○ 계통 공동 설계 수용

○ 계통설계 기술 자립
 -기술검토보고서 작성
 -모의/반복 및 개량설계 수행
 -기술 분석 보고서 작성

○ 울진 3·4호기 사업 수행
 - 계통설계 주도 수행

기술도입/전수 → ○ 기술자료 도입
○ 전산코드 도입
○ CE System 80$^+$ 개발/참여
○ 훈련
○ 자체R&D 수행

표준화 3단계 사업수행

원자로계통설계기술자립

우리 기술진은 밤낮없이 계통설계 기술을 익히는 데 몰두했다. 다들 기술 자립 열정이 대단했기에 밤에도 남아서 일하는 날이 대부분이었다.

1988년 윈저에 파견된 우리 과학기술진은 1백 명 가까이로 늘어났으며, 이것은 연구소 창설 이래 최대 규모의 인력이 외국에 파견된 것이었다. 이들의 밤낮없이 최선을 다한 노력으로 3년 만에 원자로 계통설계를 완성하여 드디어 한국형 경수로라는 옥동자를 탄생시키는 국가적 경사를 낳았다.

원자로 계통설계 기술 자립 기본 전략

연구소는 기술이전 효율의 극대화를 위해 발전로 계통설계 조직을 CE시스템 디자인팀과 동일한 조직으로 편성하여 윈저 파견팀과 국내 지원팀을 운영하였다. 이들은 전문 분야별로 원자로 설계, 유체계통 설계, 기계 설계, 계측 제어계통 설계, 안전해석 등 5개 분야로 나누어 CE 기술진과 우리 설계팀을 1:1 비율로 편성해 같은 사무실에서 공동설계 업무를 담당하도록 했다.

윈저에서 초기 공동설계 과정을 뒤돌아 보면 예상치 못했던 어려움에 봉착하기도 하였다. 당초 계약 조항에 따라 CE는 설계공정에 따른 납기 진도와 최종 성능보장에 대한 책임이 주어진 관계로 처음에는 설계능력이 입증되지 않았던 우리 기술진에게는 비교적 수월하고 단순한 허드렛일만 시키고 고난이도의 핵심기술 사항들은 우리 기술진 접근을 기피하는 형상이었다. 실제로 설계를 하는 양도 중요하지만 특히 핵심분야 설계는 각자가 스스로 맡아 직접 해야만 기술 자립이 되는 것이다. 그렇지 않으면 보고서 수준의 '형식적인 기술 자립'으로 끝나는 빛 좋은 개살구가 되어 국가에 이익이 되는 상업적 기술 자립에는 실패하는 것이다. 그것을 생각하면 다시는 이런 기회가 올 수 없는 것이 분명했다.

실무 경험부족과 언어장벽을 극복하는 데는 상당한 시간이 필요했고 한미 간 양측의 의식구조와 문화 차이에서 오는 오해를 푸는 노력이 필요했다. 그러던 중 시간 경과에 따라 연구소 설계팀의 기술습득도 가속화되고 원자로 계통설계 실무능력도 점차 인정받게 되자, 설계센터의 대덕 이전 시점에는 CE 멘토 측이 오히려 자진해서 핵심 업무를 연구소 기술진에 의뢰할 정도로 신뢰가 두터웠다.

연구소는 독자 원전설계 및 건설을 위하여 설계기술 뿐만 아니라 CE의 사업관리 기법도 배워야 했다. CE의 각 설계실장이 주재하고, 감독관들이 참석하는 회의에 우리측 각 설계팀도 참석하였다. 회의 전반에는 영광원전 3·4호기 설계와 관련된 기술사항 및 연계사항들에 대한 논의가 진행되었다. 회의 후반은 CE 자체의 정책이나 상업적 주제가 다루어졌으므로 연구소 팀장들은 전반부에만 참석하도록 하였다. 설계사업이 시작된 지 얼마 되지 않은 시기에는 CE의 설계실장이 "우리에게 제공, 열람되는 설계문서·자료들은 영광원전 3·4호기 설계에 관련된 것들과 참조 원전에 대한 것만 허용한다"고 하였다. 그러나 기술전수 계약에 의하면 설계문서와 기초정보자료, 노하우&노와이(background information, know-how & know-why)

까지 제공하도록 명시되어 있다. 이를 근거로 연구소 기술진들이 CE에 끈질기게 요구하여 자료제공 범위에 대한 논란이 더 이상 일어나지 않았다

원자로 계통설계 시에는 설계지침서 23건, 계통 설명서 47건, 계통설계 요건 48건, 연계 요건 80건, 설계 사양서 223건, 도면 190건, 시험 및 운전 절차서 225건, 기타 문서 103건 등 약 939건의 설계문서를 생산하였다.

기계제작을 위한 설계사양서, 각종 도면, A/E 연계자료 등 계통설계 결과물인 기술자료를 계약서의 인도 일정에 맞추어 제출하여야 한다. 이 인도 일정을 맞추기 위해 10,000여 개의 설계업무를 완벽한 계획에 따라 CE와 공동으로 효율적인 새로운 공정관리 기법을 사용하는 프로젝트-2 전산코드를 도입하여 계통설계의 모든 설계 업무를 사용 목적에 따라 관리하였다.

윈저에서 진행된 공동설계팀의 최우선 과제는 영광원전 3·4호기 전체 공정에 따른 설계업무를 레벨-I, 레벨-II, 레벨-III로 상세도의 정도에 따라 나누는 것이었다.

주기기, 보조기기 등의 상세설계 및 제작에 필요한 설계시방서(design specification)를 한국중공업에 제공하여 기기의 제작 과정 중에도 원자로 계통설계팀과 제작팀을 수시로 만나 소프트웨어·하드웨어 간에 발생하는 문제점들을 해결하였다. 영광원전 3·4호기 건설허가 획득을 위한 예비안전성분석보고서(Preliminary Safety Analysis Report 이하 PSAR) 중 원전의 안전성과 직결된 장들을 대부분 우리 설계팀이 작성하였다. 한전이 영광원전 3·4호기 '예비안정성분석

보고서(PSAR)'를 종합하여 1988년 5월 규제기관인 과기처에 제출하였고, 19개월 간의 안전심사 과정을 거쳐 1989년 12월 건설허가를 받았다.

원자로 계통, System 80 축소판 짜깁기?

영광원전 3·4호기 사업 착수시점에서 기술적으로 대두되었던 최대의 논쟁은 '축소판 짜깁기 원전(scaled-down hybrid reactor)'이었다. 이는 국내에 건설되는 원전의 출력이 참조 발전소인 미국 팔로버디 원전(Palo Verde, 열출력 3,817 MWt, 전기출력 1,300 MWe)보다 30% 축소된 열출력 2,825MWt과 전기출력 1,000MWe으로 설계되었다는데 기인하였다. 이 문제는 1986년 경쟁입찰에서 탈락한 WH가 낙찰자 발표 직후부터 제기했던 문제로 출력을 줄였으므로 원자로 계통설계가 축소판 짜깁기라는 것이다. 이 점은 입찰평가 과정에서 연구소, 한전 등 국내 기술진이 이미 검토한 과제였다. 사실 아칸소주에 운전 중인 CE의 100만kWe급 ANO-2 원전의 운전실적으로 미루어 보아 출력 축소로 오히려 안전성 제고를 인정하는 입장이었다.

1988년 '축소판 짜깁기' 원자로 계통설계가 국회 국정감사에서 쟁점으로 부각되자 일차적인 대처방안으로 영광원전 3·4호기 기본설계가 미국의 설계 승인 가능성 여부를 '미국원자력안전규제기관(USNRC)'으로부터 검토 의견을 듣도록 하였다. 그러나 'USNRC'의 입장은 자기들은 미국 내 원전의 인허가 관련 사항만 취급할 뿐 영광원전 3·4호기 같은 외국 원전에 대한 검토의견을 수행할 법적 근거가 없다고 하였다. 대신 미국 내 국립 연구소의 검토를 받아볼 것을 추천하였다. 이에 따라 '미국에너지부(USDOE)' 산하의 '아이다호 국립공학연구소(Idaho National Engineering Lab, INEL)'에 검토 용역을 의뢰했다. 1989년 8월 INEL이 발간한 보고서는 3,817MWt의 System 80 원자로 계통을 2,825 MWt로 축소 설계하였을 경우 제기되는 열수력 현상 전반과 특히 가상 사고 시 안전성을 심도있게 평가했다.

예상했던 대로 증기발생기와 가압기가 over-size 되는 경우는 원자로 계통의 안전성이 상대적으로 증가하였고 또한 운전 천이 사건에 대한 여유도 증가하는 것으로 판명되었다. 보고서 결론의 논리성과 객관성이 입증되어 국정감사의 쟁점도 해소되었다.

그런데 축소설계 문제가 열수력학적으로는 해소되었다고는 하나 기계설계 상 원자로 내부용기와 증기발생기 튜브에서 추가로 진동 문제가 발생할 소지는 여전히 남아있었다. KINS는 영광원전 3·4호기 안전심사 결과 건설허가의 조건사항 중 하나로 원자로 내부용기의 진동 실증시험을 요구하였다. 영광원전 3호기용 원자로 내부용기(reactor internals)를 제작 중인 미국 현지 CE 공장에서 완성된 내부용기의 고유 진동수와 진동 모드를 실물로 측정하였다. 그리고 영광 3호기 건설 현장에서 시운전 기간 중 원자로 내부용기에 진동 측정장치를 부착하고 '고온고압시험(hot functional test)' 기간 중에 진동 마모손상 여부를 실물로 검증하였다. 또 증기발생기 내부의 튜브 진동을 실물로 모의 시험하여 마모손상을 측정하였다. 이 실증시험들을 수행에는 5년이 소요되었고 '최종 안전성평가보고서

[Final Safety Analysis Report 이하 FSAR]' 심사 후 운영 허가가 나오기 전까지 모두 해결되었다. 이러한 과정은 우리를 기술적으로 한층 더 성숙하게 만들었다.

최단시일에 원자로 계통설계 기술 자립 달성

영광 건설현장 공정이 확정되고 현장 확인 작업이 점차 중요하게 되자 연구원들을 점진적으로 대덕연구소에 귀국시켜 설계 마지막 단계를 국내에서 마무리하기로 하였다. 연구소와 CE는 1988년 5월 설계센터 이전계획 합의서에 서명하고, 원자로 계통설계 공정을 바탕으로 기술 인력 이전, 설계에 필수적인 전산코드와 설계문서들은 인프라 지원의 이전 계획을 수립하였다.

영광 3·4호기 설계가 시작된 지 약 1년 반이 지나고 나서야 설계 위치가 미국에서 한국으로 옮겨지는 이전계획 협의가 시작되었다.

계통설계는 연구소와 한국중공업 간에 계통설계와 기기설계의 업무범위를 어떻게 구분하고 정의하느냐에 따라 관련 당사자의 이해득실이 좌우되므로 이것은 민감하게 다루어지고 논란이 많았던 주제로 떠올랐다. 우리는 기술 자립을 위하여 가능한 많은 업무를 계통설계에 포함시켜 연구소에 가져오려고 했으나 CE는 한국중공업과의 계약으로 상세설계 업무를 기기설계로 구분하고자 하였다.

한 예로 원자로 냉각재 계통 주기기 지지구조물 초기 사이징(sizing) 설계는 계통설계로 구분되어 연구소가 진행하였는데, 상세설계로 넘어가서는 사이징 계산서의 모든 내용이 기기설계 결과물인 설계보고서에 포함되어 한국중공업 업무가 되는 상황이었다. 그런데 국내의 수행된 후속 원전 업무에서 골치아픈 문제나 논란이 발생하면 서로 자기 일이 아니라고 발뺌하는 웃지 못할 상황이 발생하기도 하였다.

CE 주도로 미국에서 수행하던 공동설계 업무는 1989년 1월부터 대덕연구소로 이관되었고, 이후 대부분의 원자로 계통설계는 국내 기술진이 진행했다. 1986년부터 3년 간 원자로 계통설계센터가 미국 윈저에서 대덕 연구소로 이전되어 연인원 300명의 연구소 기술진이 각자 전문분야의 계통설계 임무를 완수하고 귀국하여, 영광원전 3·4호기 후반부 공동설계를 하였다.

설계지원 시스템의 대전으로 이전 작업이 마무리 될 무렵, 윈저에 남아 공동설계 중이던 연구소 인력도 1988년 말부터 핵 설계팀과 유체 계통설계 팀을 선두로 귀국하기 시작하여 1989년 말 공동설계 주력부대가 대부분 귀국하여 나머지 설계업무를 국내에서 계속하였다. 이에 맞추어 CE의 기술 인력도 고경력 설계책임자 급의 간부들 위주로 연인원 50명 이내에서 장기로 대전에 파견 근무하게 되었다. 1989년 4월 CE의 대덕 사무소가 연구소 설계센터 건물 내에 개설되어 한국 생활에 정착하는 미국 기술진들의 실무를 지원하고 본국과의 연락업무를 담당하였다. 1989년 말 이후 계통설계 업무는 윈저에서 귀국한 연구소 기술진이 주도하여 설계 결과물을 작성하면 CE에서 파견 나온 책임자급이 감독, 감수하는 형식으로 진행되었다. 우리 기술진은 영광 건설 현장과 연계해 '최종 안전성 분석 보고서', '각종 시운전 지침서 및 절차서'를 작성했다.

연구소는 공동설계에 의해 최초로 건설되는 1,000MWe급인 영광원전 3·4호기의 '예비안전성분석 보고서'를 1989년 5월 인허가 규제기관에 제출하여, 그 해 12월 건설허가를 받았다. 국내에서 진행한 공동설계는 연구소에 설치한 전산코드와 설계문서 등 설계자동화 시스템을 이용하였고, 설계에 필요한 기술자료도 연구소 내에 확보된 '문서관리 시스템(Design Document Control Center, DDCC)'자료를 사용하도록 체계화하였다.

원자로 계통설계 센터 이전 작업이 마무리되어 가고 있던 1989년 12월, 과기처에서 영광원전 3·4호기의 건설허가가 발급되고 3호기 첫 콘크리트 타설이 진행되었다. 이어서 창원 한국중공업 공장에서 제작한 원자로 용기가 현장에 설치됨에 따라 건설사업의 무게중심이 영광원전 건설현장으로 옮겨지고 있었다.

우리 원자로 계통설계팀이 작성하여 제출한 설계시방서에 따라 다수의 주기기, 보조기기 등이 국내와 미국에서 제작 생산되었다. 계통설계자와 부품설계 및 제작자, 현장 건설사(현대건설) 간에 무수히 많은 연계사항 처리 업무가 많아졌다. 1992년 4월 연구소는 영광 현장에 사무소를 개설하고 연구소 기술진을 현장에 직접 투입하여 시운전 참여 등 현장지원 업무를 본격화하였다.

원자로 계통설계 설계센터가 대덕으로 이전된 후 진행된 약 1,100건의 공동설계 업무는 대부분 연구소 기술진이 주관하여 작성하였고, 필요시 CE 설계 책임자의 감독과 검증을 받아 완성하였다. 이 무렵 '최종안전성분석보고서'가 완성되어 건설 기간 중에 도출된 각종 인허가 쟁점들을 상대로 인허가 기관과 집중적인 토론과 회의 과정을 거치게 되었다.

1990년 2월 원자력 규제전문기관인 KINS가 영광원전 3·4호기 '최종안전성분석보고서' 규제심사 업무를 시작하여 약 18개월 간의 심사와 1994년 9월 운영허가가 발급되어 영광원전 3호기는 핵연료 장전에 들어갔다. CE 책임의 성능보장은 증기발생기 출구에서 열출력 2,825MWt 보장, 상업운전 공기 보장 등이었는데, 초기 임계 도달 후 각종 시운전 시험 결과 원자로 계통설계의 최종 결과치인 2,825MWt 열출력 보장을 만족하였다.

영광원전 3호기는 1995년 3월, 4호기는 1996년 1월에 각각 상업 운전에 들어갔다. 이로써 '원자로 계통설계 기술 자립률 95% 이상 달성'이라는 목표가 실현되었다. 영광원전 3·4호기는 상업 운전 이후 기대 이상의 운영실적을 거뒀다. 우리는 국제적인 호평과 함께 명실상부한 독자적 원전 설계기술 역량을 갖춘 나라로 부상하였다.

한국형 표준원자로 계통설계, 100% 기술 자립 달성

1986년부터 영광원전 3·4호기 원자로 계통 공동설계에 참여할 설계 인력이 국내외 훈련을 통해 설계 능력이 증진되었다. 1985년 9월부터 1987년 8월까지 표준화 2단계 사업을 통해 14개 분야에 대한 설계 개선사항을 도출하여 원자로 계통설계의 기술 능력을 축적하였으며, 1987년부터 CE와 공동으로 수행함으로써 기술 자립을 이룩하였다.

연구소는 영광원전 3·4호기 사업수행 기간 중 3차에 걸친 자체평가와 외부평가를 거쳐 1995년에 원자로 계통설계 기술의 실질적인 수준을 파악하여 당초에 계획한 목표 달성 여부와 함께 사업관리 및 품질보증 이행 능력을 평가하였다. 평가 결과 복제설계 개념의 기술 자립 목표는 달성하였으나, 대내외 연계관리 업무 및 시운전 지원업무와 관련된 사업관리 능력은 미흡함이 밝혀졌다.

약 10년 간 각고의 노력으로 1995년까지 영광원전 3·4호기와 동일한 원전의 복제설계 능력은 원자로 계통설계 기술의 경우 95%, 초기 노심 핵연료 설계기술은 100% 확보한 것으로 평가되었다. 핵연료 설계팀은 이미 독일 KWU와 재장전 노심의 공동설계 경험을 가진 터라 초기노심도 기술 자립을 달성하였으나, 원자로 계통설계를 95%까지 자립할 수 있었던 것은 기대 이상의 결과였다.

1995년 말, 한전은 원전기술 전반에 대한 기술 자립 총괄업무를 진행하면서 연구소의 초기노심 핵연료와 원자로 계통설계를 비롯 한국중공업의 NSSS·터빈발전기·BOP 분야 기자재 제작, KOPEC의 플랜트 종합설계, KNF의 핵연료 제조에 대한 기술 자립도를 평가하였다. 1995년 말 기준으로 원전 건설 기술 자립도와 선행 호기별 국산화율을 취합하였다.

1995년 말 시점, 원자로 계통설계 기술 자립도는 95%이었으며, 이는 영광원전 3·4호기와 동일한 설계를 복제할 능력이 95%에 달했다는 뜻이다. 여기서 미달된 나머지 5%는 국내 여건상 경제성 규모의 미달로 기술 자립 대상에서 의도적으로 제외했던 것이고 그것은 세 가지 항목에 해당된다. 첫 번째, 미자립 항목은 미국 정부 소유인 DIT/ROCS 같은 핵설계 코드와 CE SEC, CE FLASH 등 '안전해석 코드'였다. 이들은 소유권이 미국 정부 측에 있기 때문에 국내 원전 건설사업 시 사용할 권리는 확보하였으나 제3국 진출 시에는 미국 정부의 사전 허가를 요하는 사항이었다. 두 번째, '원자로 냉각펌프(Reactor Coolant Pump, RCP)'이다. RCP는 원전 장비 중에 최고의 안전성과 성능보장을 요하는 품목으로 각 호기 당 4개의 펌프만 필요하여 국산화 대상에서 처음부터 제외시켰다. 세 번째, 원전 주제어실의 제어판 등 '인간공학적 장비(Man-Machine Interface System, MMIS)'도 국내 계장기술 수준의 미달로 처음부터 국산화 대상 품목에서 제외되었다. 상기 세 가지 품목들의 가격은 총 공사비의 5% 정도로 산정되어 있어, 90년대 중반 기술 자립도를 95%로 평가하였다. 이들은 차세대 원전이 개발되어 제 3세대 원전이 국내에서 실용화되는 시점에 국산화하는 것을 목표로 장기 전략으로 추진하였다.

원자력발전소의 핵심기술인 '원전 설계 코드', '원자로 냉각재 펌프', '원전제어 계측장치 설계·공급' 등은 2007년까지 미자립 기술로 남았다. 우리는 2007년 이 세 가지 미자립 핵심기술에 대한 기술개발에 착수하여 2012년 개발을 완료하였으며, 개발된 핵심기술들은 2012년 착공한 신울진 1·2호기에 시범적으로 적용되었다. 이로써 한국표준형 원전의 설계, 기기공급, 시운전 및 운영까지 모든 분야의 기술 자립을 완성하였다.

현재 우리나라는 원자력발전소 플랜트 설계 및 원자로 계통설계를 수행하는 한전기술, 핵증기 공급계통 기기 공급을 담당하는 두산중공업, 핵연료 설계·제조를 담당하는 KEPCO NF, KNF, 규제를 담당하는 KINS, 시운전 및 운영을 담당하는 한수원 등 원자력발전소 설계에서부터 기기공급, 건설, 시운전과 운영까지의 모든 원자력발전 관련 인프라를 구축하고 있다.

연구소는 영광원전 3·4호기에 이어 3년의 시차를 두고 울진원전 3·4호기 원자로 계통설계를 총괄적인 보장책임(warranty)을 지고 착수하였다. 원전의 부지가 서해안의 영광에서 동해안의 울진으로 바뀐 것을 제외하면 동일한 원전의 복제 건설사업이었다. 그러나 중요한 차이는 영광원전 3·4호기는 CE가 성능 보장책임을 지고 건설한 유일한 원전이었음에 반하여, 울진원전 3·4호기는 사상 처음으로 국내 관련사들이 총체적인 보장책임을 맡게 되었다. 한전이 주계약자에게 요구하는 원전의 보장책임(성능보증 포함)은 증기발생기 출구에서 열출력 및 발전기 전기출력 보장, 공정납기 보장, 규제기관의 인허가 보장과 핵연료 주기비용 보장을 포함한다.

특히 열출력·전기출력 성능보증 조항은 상업 운전을 개시할 때까지 설계치에 도달하지 못하면 미달 출력에 날짜를 곱하여 막대한 벌금을 부과하는 성능보증 조항으로 계통 설계자가 책임지는 사항이다.

영광원전 3·4호기의 원자로 계통은 연구소와 CE 기술진의 합동 작업으로 개발된 새로운 원자로 모델이다. 그러나 거기에 우리나라 산업 현장이 제대로 반영되지 못하였다는 아쉬움이 남았다.

이에 따라 한국인의 체형 및 관행에 맞는 인간공학적 개념을 적용한 최신 제어설비를 도입해 운전원 실수에 의한 사고 발생률을 최대한 줄였고 국내 해양 및 지질 특성과 산업 실정에 맞도록 설계된 '한국표준형 원전'이 새롭게 개발되었다. 최초의 한국표준형 원전 기술은 울진원전 3호기에 적용되었다. 울진원전 3·4호기 원자로 계통설계의 주요 업무는 최종 설계 결과물의 완성과 영광원전 3·4호기 시운전 경험 반영, 건설허가 조건 및 보완사항, 주요 인허가 사항 추진, 현장 시공기술 지원업무 등이었다.

한국표준형 원전 첫 호기인 울진원전 3·4호기는 설계수명을 40년으로 설계하였으며 핵연료의 열적 여유도를 5% 이상으로 확보하고 한국인의 체형 및 관행에 맞는 인간공학적 개념을 적용한 최신의 제어설비를 채택해서 운전원 실수에 의한 사고 발생률을 극소화하였다.

울진원전 3·4호기는 100% 국내 기술자들에 의해 설계되었다. 우리나라 기술진이 모든 책임보증을 담당하며 완벽하게 수행되었다. 1996년 주요 업무인 현장 시운전 업무를 위한 지침서, 시험요건서를 준비하고 운영허가를 위한 '최종안전성분석 보고서'를 작성했다. 한국표준형 원전은 영광원전 3·4호기 설계를 기본으로 첨단 전자계측장비를 동원해 운전의 편의성을 증대시키고 동시에 안전성, 신뢰성 및 경제성을 향상시켰다. 울진 3호기는 1998년, 4호기는 1999년에 준공되었다. 이후 2016년 신고리 3호기가 준공되기 전까지 국내에 건설된 모든 원자력발전소는 한국표준형 원전으로 운영되었다. 원전 기술 자립은 약 36.2조 원의 생산유발 효과와 연인원 9.2만 명의 고용 창출을 발생하는 경제적 효과를 가져왔다.

북한 경수로, 한국형 표준원전으로 건설 추진

1954년 7월 김일성이 소련의 5MW급의 첫 원자로 오브닌스크 (Obninsk) 건설 준공식에 참석한 이래 북한은 원자력에 많은 관심을 가지게 되었다. 1955년 김일성은 핵물리연구소를 북한 과학원에 설립했으며 원자력 인력양성을 위해 1956년 소련 드브나(Dubna) 연구소에 기술자들을 파견하였다. 우리보다 원자력 유학생을 파견한 것은 1년 정도 앞섰다.

1959년 9월 소련과 원자력협정을 체결하고, 1962년 1월 열출력 2,000kW IRT-2000 연구로를 연변 원자력 단지에 건설을 시작했다. 우리나라는 1959년 제1호 연구로 건설을, 북한은 1962년 IRT-2000 연구로 건설을 시작하였다. 남북한은 약 3년 간격으로 원자력 기술 도입에 도전하였는데, 북한은 1985년부터 50,000kW급의 연구용 원자로를 자력으로 건설·가동한 이래 이 연구로의 사용후 핵연료를 재처리하여 핵폭탄의 연료로 사용하고 있는 것으로 알려져 있다.

이후 북한은 불행하게도 지난 반세기가 넘게 오로지 군사 목적의 핵무기 개발에만 전념하여 전 세계의 지탄을 받고 있으며 완전 고립을 자초한 반면, 우리는 한국형 표준원전과 APR1400을 개발함으로써 세계 속에 원자력 기술 강국이 되었다.

원자력 이용 정책의 차이가 한반도에서 무기용과 원전용 '핵의 양면성'을 적나라하게 보이는 양극화 현상으로 나타나게 되었다. 야간에 찍은 한반도의 위성사진에서 보면 남북한의 경제 상황이 극명한 대조를 이루고 있음을 보여 주고 있다. 북한 전역은 칠흑같이 깜깜하게 보이는 반면 우리나라는 원자력 전기 생산으로 대낮같이 밝게 보인다. 또한 이것은 두 지역에서 국민의 자유도를 나타내는 척도이기도 하다.

1990년대 초기부터 발발한 북한의 핵확산 위기 해결 방안으로 체결된 1994년 10월 미·북간 '제네바 합의'에 따라 북한에 200만 kWe 용량의 경수로를 제공하기로 합의하였다. 이를 위해 1995년 3월 '한반도에너지개발기구(KEDO)'가 설립되었다. 같은 해 6월 말 레이시아 쿠알라룸푸르에서 열린 미·북 협상에서는 KEDO가 경수로 노형과 주계약자를 선정하기로 합의되었다. 한국형 표준원전을 북한 경수로 사업의 참조 발전소로 채택해, 1995년 12월 경수로 사업의 근간이 되는 공급협정을 북한과 체결하였다. 1999년 12월, KEDO와 한전은 본 공사 착수를 위한 주기기 일괄공급계약을 체결하였다.

1차로 거론된 노형은 러시아의 VVER 경수로였다. VVER 경수로는 북한 측이 이미 함경도 금호지역 부지에 건설할 노형으로 검토하고 있었기 때문이다. 그러나 연구소는 KEDO 이사국인 미국, 러시아, 일본, EU 등과 KEDO에 공급할 경수로의 노형 선정에 결정적인 역할을 했다. 한, 미, 러 3국의 국제 외교관들 사이에서 밀고 당기는 협상 끝에 한국형 표준원자로인 울진원전 3·4호기를 참조 발전소로 최종 선택하였다. 이 당시는 연구소 사업단이 영광원전 3·4호기 사업을 성공리에 마치고 울진원전 3·4호기 사업을 본격화하던 시점이었다. KEDO의 전체 사업비의 70%를 한국 정부가 부담하여 통일 후 한반도의 전력 공급과 원전 상황을 사전에 대비하려는 필연적 선택이었다.

또한 체르노빌 사고 후 유일하게 원전을 과감하게 추진 중인 한국에서 현재 건설 중인 최신형 울진원전 3·4호기를 참조발전소로 한다는 점이 설득력을 더하였다. 당시의 국제상황은 한국형 표준원전의 존재가 제대로 알려지기 전이어서 연구소 간부들이 원자력 전문가의 입장에서 KEDO 이사국 대표들을 설득하는 데 결정적인 역할을 하였다.

북한 경수로 사업(KEDO 1·2호기)의 주계약자로 한전이 내정됨에 따라 한전과 KEDO 간의 주계약 체결 준비와 함께 각 사별 실무 준비업무를 시작하였다. KEDO 1·2호기 원자로 계통설계와 관련해 연구소가 이에 적용할 최적의 기술기준 선정을 위한 분석을 진행하였다. 울진원전 3·4호기(당시 건설 중)및 영광원전 3·4호기(당시 운전 중)의 설계를 기본으로 하되 여기에 설계개선 사항을 추가하고 필수 설계 변경사항 등을 반영해 KEDO 원전 1·2호기 원자로 계통설계 계약에 반영하였다. 울진원전 3·4호기의 국내 주계약자인 한국중공업, 한전기술, KNF 등도 국내 사업과 같은 공급범위로 KEDO 사업에 참여하였다.

1995년 8월부터 수행한 KEDO 원전 1·2호기의 예정 부지 조사가 완료함에 따라 계통설계의 기본이 되는 부지 특성 자료를 분석하였다. 연구소는 KEDO 원전 1·2호기 원자로 계통설계를 위해 한국중공업과 원자로 계통설계 공급계약을 체결하고 설계를 시작했다.

인허가 업무도 국내 기준에 따라 영문본 '예비안전성분석보고서'

를 작성하여 남북한 규제기관의 심사를 받고 2002년 8월 건설허가를 받아 1호기 원자로 건물의 첫 콘크리트 타설이 이루어졌다. 그러나 2002년 10월 북한 우라늄 농축 공정의 탄로로 제2의 북핵 위기가 발생하면서, 2003년 1월 이후 한국형 표준원전을 참조로 건설하던 북한 경수로 건설사업은 총 공정의 34%까지 마친 상태에서 완전히 중단되었고, 2006년 KEDO 조직도 결국 해체되고 말았다.

세계 최고 수준의 원자로 계통설계 기술 확보

1986년 12월, CE와 공동설계 착수로 시작된 원자로 계통설계 기술확보 사업은 영광원전 3·4호기가 당초 계획한 기간 안에 준공됨으로써 마무리되었다. 원전기술 자립 95% 목표도 달성하였다. 영광원전 3·4호기 건설과 병행하여 원자로 계통설계의 핵심기술을 자립하고 한국형 표준원전(OPR1000)을 개발하였다. 최초의 한국형 표준원전은 1998년 완공된 울진원전 3호기이다. 영광원전 3·4호기를 참조발전소로 하여 건설된 울진원전 3·4호기가 1998년 8월과 1999년 12월에 각각 상업 운전을 개시함으로써 마침내 우리나라는 한국형 표준원전이라는 고유의 원전 브랜드를 가지게 되었다. 한국형 표준원전 원자로 계통설계는 우리 기술자들이 100% 설계하였다. 또 모든 책임과 보증을 다 떠맡아 완벽한 한국표준형 원전으로 건설되었다. 연구소의 국가 에너지 자립과 원전 기술 독립에 대한 열망은 원자력발전소의 핵심기술인 원자로 계통설계 기술 자립을 단기간에 실현되도록 만들었다. 나아가 우리나라를 원전 수출국으로 도약시키는 산파 역할을 수행하며 국가 에너지 자립의 꿈을 앞당겼다.

2005년 한국형 표준원전은 국외 수출을 위해 범 '국제시장'용 브랜드가 필요하다는 인식 아래 '최적의 경수로'라는 의미를 담은 OPR1000으로 명칭을 변경하였다. 울진원전 3·4호기 건설 후 새롭게 건설된 원전에 OPR1000이 적용될 때에는 선행 호기의 문제점에 대한 지속적인 개선이 이루어졌다. 그 덕분에 OPR1000은 최적의 경제성과 안전성을 갖추게 되었다. IAEA의 원전 전문가들은 OPR1000을 '세계에서 건설 중인 1,000MWe급 원전 중에서 가장 안전한 원전'이라고 평가했다. OPR1000을 통해 우리나라는 독자적인 원전 모델을 구축한 원전 강국으로 도약했다. 1000MWe급의 OPR1000 기술은 후일 1,400MWe급의 APR1400 노형으로 발전해 국내 신고리원전 3·4호기와 아랍에미리트에 수출한 바라카 원전에 적용되었다.

연구소는 신규 원전 건설사업 참여를 통해 새로운 한국표준형 원자로를 개발·표준화하여 원자로 계통설계 기술의 know-how와 know-why를 충분히 습득하였다. 한국표준형 원전의 안전성과 경제성을 높이면서 첨단 IT, 신소재 등 신기술과의 접목도 이루어져 2000년대에 들어와서는 제3세대 경수로인 APR1400 원전으로 진화 발전시키게 되었다. 이것은 원자로 계통설계 기술의 국산화가 선도적 역할을 함으로써 가능한 일이었다.

국내의 표준 인·허가를 거친 이 신형로는 첫 신규 원전으로 신고리원전 3·4호기에 건설되어 이미 운영 중이다. 이를 참조발전소로 하여 UAE에 사상 초유의 원전 수출도 이루어졌다. 아라비아해 연안에 바라카 원전(BNPP)이 한전 콘소시움의 주도로 건설·준공되어 BNPP 원전 1·2·3호기가 이미 상용 운전 중이다. 그리고 현재 건설 중인 BNPP 원전 4호기는 2024년에 상업운전 예정이다.

원자로 계통설계 기술의 자립은 일체형 중소형로인 스마트 개발, 요르단 연구로 수출과 기장의 연구용 원자로 신규 건설사업에도 크게 기여하였다. 그리고 현재 국내에서 개발 중인 스마트, 혁신형 소형모듈원자로(SMR), 고속증식로, 가스냉각로 등 미래형 원자로 개발에도 크게 기여하고 있다.

OPR1000 계통설계 기술이 국내에 정착되면서 우리나라도 비로소 NSSS 공급 국가로 인정을 받게 되어, 한국형 고유 원전의 꿈을 이룰 수 있게 되었다. 원자로 계통설계 기술을 보유함으로써 이를 바탕으로 새로운 노형, 새로운 용량, 새로운 개념의 원자로 설계가 가능해졌다. 원자력 분야에서는 우리나라가 최단기간 내에 수입국에서 수출국으로 탈바꿈한 아주 독특한 모델이 되었다. 2009년 UAE에 4기의 원자력발전소를 수출하게 된 것은 원전 사업을 통하여 자립에 성공하고 기술에 의한 것이라는 것은 누구나 인정한다.

원전 기술 자립 사업의 대표적인 성과이며 이를 통하여 우리나라 원자력 기술 수준이 세계적 수준임을 보여 주었다. 원전 기술 자립을 통하여 이룩한 기술을 토대로 새로운 기술을 개발하여 세계에 수출함으로써 원자력 분야뿐 만이 아니라 우리 민족의 대국민 원자력 인식을 바꾸어 놓았다. 원전과 관련된 두 가지 민감한 기술분야인 핵연료와 원자로 계통 분야의 우수성도 입증하는 계기가 되기 바란다.

원자로 계통설계 및 핵연료 설계기술 자립 기념비 (1996. 3. 25)
ⓒ 한국원자력연구원

원자로 계통설계 기술의 파급효과는 1980년대 초, 300여 명의 연구원이 대덕공학센터에서 1990년대 말에는 2,000명이 넘는 대덕연구단지 제1의 국가 출연연구소로 발전하는 요인이 되었다.

원자로 계통설계사업과 핵연료 설계사업, 방사성폐기물사업이 어우러진 원전 사업단의 성장이 연구소의 기본 틀을 세계적인 연구소로 키웠고, 가장 중요한 원전 상용화 기술 자립을 연구소가 이루어 내어 세계 원자력 사상 초유의 기적적 성공을 이루어 낸 것이다.

원자력은 지난 반세기 동안 상용화된 발전 방식 중 가장 경제적인 에너지원으로 우리나라 산업발전의 원동력이 되었다. 1982년 이후 지금까지 소비자 물가는 273% 상승하였으나, 전기요금은 불과 49%만 올랐다. 이것은 경제적인 원전 설비의 지속적 건설이 있기에 가능한 것이었으며, 원자력발전이 국가경제 발전의 견인차 역할을 하였다.

원자력 기술 자립의 여정

chapter 9

한국, 에너지 도입국에서 수출국으로 도약

우리는 기술 자립의 일환으로 한국표준형 원전을 개발했다. 그러나 엄밀하게 보면 이것은 미국 CE의 경수로 설계기술을 이전받은 개량형 원전이므로, 완전한 독자모델 원전이라 할 수 없다. 이에 따라 1992년 6월 17일 '정부종합과학기술심의회'에서 우리 고유의 '한국형 차세대 원전(Korea Next Generation Reactor, KNGR)'의 독자 기술개발을 위해 10년 간 혼신의 노력을 기울인 끝에 국가선도 '기술개발사업(G7 프로젝트)'으로 결정되었다. 1992년부터 2년은 기본 설계 개념을 설정하고, 1995년 3월부터 4년 간 기본설계를 마무리 해, 1999년부터 2년동안 최적화와 표준설계 인가 취득을 위해 애썼다.

한국형 차세대 원전은 전기출력 140만 킬로와트급으로 그 동안의 국내 원전 설계와 건설 경험을 토대로 최신 기술을 반영하여 안전성, 기술성 및 경제성을 획기적으로 개선한 것이다. 1999년 한국형 차세대 원전을 '한국 신형원전(APR1400, Advanced Power Reactor

1400)'으로 명명했으며, 2002년 5월 7일 정부로부터 '표준설계 인가'를 받았다.

이 프로젝트에는 한수원, KOPEC, KAERI, KNF, 두산중공업 등 산·학·연이 참여하여 OPR1000이 가진 안전성·기술성·경제성을 획기적으로 개선해 나갔다. 우리 주력 원전모델인 OPR1000을 개량 발전시켜 발전용량을 1,400MW로 증강하고, 설계수명을 40년에서 60년으로 늘렸다. 성능이 크게 향상된 APR1400을 개발해냄으로써 드디어 우리는 세계적으로 최신 원전 보유국 반열에 올라섰다.

APR1400은 2007년 11월 28일 착공한 신고리원전 3·4호기에 처음 적용되었고, 2009년에는 세계 열강을 물리치고 네 기를 아랍에미리트에 수출하였다.

한국 신형원전 APR1400 개발 과정

차세대 원자로 개발은 한국표준형 원전 개발의 연장선에서 1989년 진행한 '2000년대 원자력 전망 및 대처방안 수립에 관한 연구'를 통해 논의되기 시작하였다. 1991년 연구소는 '국내에서의 신형 원자로 개발에 대한 타당성 조사' 연구를 통해 설계개념 정립에 들어갔다. '신형 안전로 개발' 연구를 통해 부족한 기술 개발 계획을 수립하는 등 차세대 원자로 개발을 준비하였다.

1992년 6월 17일 정부의 종합과학기술심의회에서 '한국형 차세대 원전' 기술개발을 국가 G-7 사업으로 선정·의결했다. 이 사업은 산업자원부가 사업을 총괄하고, 과학기술부가 기술개발과 인허가 업무 지원을 담당하며, 산업자원부 전력심의관을 위원장으로 하는 '차세대원자로기술개발추진위원회'가 기술 개발의 기획·심의·평가·조정 업무를 담당하였다. 사업주관은 한전, 실무 총괄은 전력연구원 차세대원자로 기술개발사업단, 기술개발 업무는 연구소와 KINS, 한전기술, 한전 연구원 신형로센터, 한국중공업 및 KNF가 참여하여 기관별 업무분장(業務分掌)에 따라 4단계 사업으로 진행되었다.

1992년 12월, 한국 신형원전 개발을 착수한 이후 3년에 걸쳐 개념 설계가 수행되었다. 우리 연구진은 외국에서 개발한 신형 원자로(CE System 80⁺, WH AP600 등)의 설계요건 및 설계자료를 검토·분석·참조하여 우리의 원자로형과 설계개념을 확정하였다. 주요 설계요건은 노심 출력 4,000MWt급, 설계수명 60년, 노심 손상 빈도 10^{-5}/년 이하, 격납건물 건전성 상실 빈도 10^{-6}/년 이하, 가동률 90% 이상, 건설 공기 48개월 등이다. 나아가 안전성과 경제성 향상을 위해 설계 단순화, 충분한 설계 여유도 확보, 인간공학 기술 적용, 입증기술 사용 등을 설정했다.

1995년 3월부터 추진한 기본설계는 한국 표준형 원전을 기준 노형으로 삼아 CE의 개량형 가압경수로 System80⁺의 설계개선 사항 중 10개 피동 안전 개념을 선별적으로 선정·적용하였다. 그리고 대형 냉각재 상실 사고 발생 시 원자로 직접 주입 성능실험 및 성능평가, 격납용기 내 재급수 저장조의 증기 분사기 방출 유체 거동 성능 실험 및 분석, 제어봉 구동장치 성능시험 및 분석평가, 안전주입 탱크 내의 유량조절 기구 실증실험과 평가, 인간기계 연계체계 설계평가 및 디지털 계측제어 정량분석 방법론 개발, 중대사고 쟁점 현상 등에 대한 연구를 하였다. 또 DVI(Direct Vessel Injection) 주입 관 파단 사고 시의 고유한 유동 특성을 이해하기 위한 가시화 실험 을 물-공기 이상 유동 실험 장치를 이용했다. 유량조절 기구의 제 작·설치 과정에서 예상되는 가공 오차 등의 영향 평가 등 성능 검 증 실험을 수행하여 신고리원전 3·4호기에 사용할 유량조절 기구 를 확정하여, 2006년 9월 과학기술부로부터 '원자력 안전마크'를 수 여받았다.

세계 최고의 원자로 기술 확보

APR1400 원전은 내진 성능 향상, 사고 대처능력, 사고 영향 최소 화 기법 등이 적용되어 기존 원전에 비해 안전성을 크게 개선한 노 형이다. 기존 경수로는 리히터 규모 6.5의 지진을 견딜 수 있도록 내진설계가 되어 있다. APR1400의 안전 정지 내진설계 값은 0.3g 으로, 리히터 규모 8.0의 지진에도 문제가 없도록 설계되었으므로 내진성 측면에서는 세계 최고 수준이다. APR1400에서는 원자로 냉각 유로의 배관이 파손되어 연료를 냉각하는 냉각재가 모두 유출 되는 최악의 상황에서 발생할 경우, 비상노심냉각계통 수가 원자 로 용기에 직접 주입되는 방식을 채택하였다. 원전의 두뇌와 같은 역할을 하는 APR1400의 주제어실은 인간공학 설계를 적용하여 발전소에서 올라오는 수많은 정보를 가공·처리해 운전원에게 필요한 정보를 수시로 제공함으로써 실수를 원천적으로 배제토록 개발했다. 이러한 설계 특성으로 안전성이 획기적으로 향상되었으며, 제3세대 원전 중 APR1400이 가장 안전한 원전으로 평가받게 되었다.

또한, 원전의 설계수명을 40년에서 60년으로 늘리고, 건물 및 설비를 최적화하며 건설 물량을 감소하여 경제성을 크게 향상시켰다. 아울러 우리나라 고유의 수출형 노형으로 운전·정비 편의성, 시공성, 경제성과 안전성에 대한 가치를 인정받고 있다. 그중 안전성은 세계 최고 수준이다.

APR1400 개발 프로젝트에는 한수원, 한전기술, 한국원자력연구소, 두산중공업 등 우리나라 산·학·연 분야에서 연인원 2,300여 명이 참가하였고 약 2,350억 원의 개발비가 투입되었다. 1999년에는 한국 신형원전 APR1400의 기본설계가 완료되고, 2002년 5월, 차세대 원자로 개발사업의 종합적인 결과로 KINS로부터 APR1400 로형에 대한 표준설계 승인을 확보하는 개가를 올렸다. 2007년 9월 건설에 착수해 신고리원전 3호기가 2016년 12월 20일, 4호기가 2019년 8월 29일에 각각 준공되었다.

우리나라는 1978년 고리원전 1호기 가동 이래 원전을 지속적으로 건설한 세계 유일의 국가로 건설 공기를 꾸준히 줄여 왔다. 특히 APR1400 모델인 신고리원전 3·4호기의 경우 원자로 격납건물 철판 공사 등을 한 번에 동시 시공 설치할 수 있도록 모듈화해 건설 기간을 2~3개월 앞당겨 총 건설 기간을 52개월 이내로 단축시켰다. 건설 기간을 줄이는 것은 원전의 경제성 산정에 가장 중요한 요소이다. APR1400은 가동률 90%, 실계수명 60년, 건실단가 kW당 2,300달러 수준으로 3세대 원전 중 가장 경제적인 원전이며, OPR1000 건설 경험과 운영 기술을 기반으로 10년에 걸쳐 개발한 우리 고유의 신형 원자로 모델이다. 한국표준형 원전의 뒤를 이은 신형 가압경수로로 2006년 8월 신고리원전 3·4호기 원전에 처음으로 적용되었다. 이후 APR1400은 신한울원전 1·2호기, 신고리원전 5·6호기, 신한울원전 3·4호기 등에도 잇따라 적용되었다가 드디어 2009년에는 한국 원전의 최초 수출 모델로 UAE 바라카원전 1~4호기에도 적용된 것이다.

우리는 OPR1000과 APR1400에 이어 수출시장 활성화와 다변화

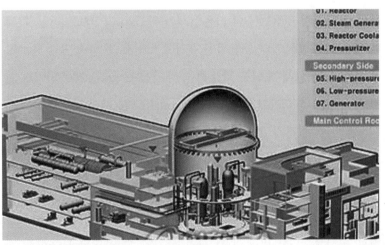

| APR1400 원전 계통 배치도 ⓒ 한국원자력연구원

를 위해 세 번째 한국형원전 모델인 150만kW급 차세대 신형원전 APR+(Advanced Power Reactor Plus)를 2007년 8월 산업통상자원부의 '원자력융합원천기술개발사업'의 일환으로 개발에 착수하여 2014년 8월 정부로부터 표준설계인가를 취득함으로서 기술개발을 완료했다. APR+는 APR1400을 기반으로 개선한 모델로 연구소와 KNF가 순수 국내기술로 독자 개발한 고성능 고유연료(HIPER)의 적용을 비롯하여 100% 우리 고유의 설계기술로 개발한 Made-in Korea 원전이다.

원자력 연구개발 재원의 제도적 확보

　1991년, 우리나라는 지속적인 경제개발 추진으로 에너지 소비가 계속 증가하고 있었다. 그러나 에너지 부존자원이 빈약하여 에너지의 국외 의존도가 급격하게 증가하여 에너지 수급문제가 중요한 현안이 되고 있었다. 이 문제를 해결하기 위해서는 안정적인 에너지 수급과 대외 에너지 의존도 감소 그리고 기술집약형인 원자력에 계속 의존하는 것이 불가피했다. 정부는 우리 과학기술을 선진 7개국 수준으로 진입시키기 위하여 2001년까지 선도 전략기술개발사업 G7 프로젝트를 범국가적으로 추진하려고 계획하고 있었다.

　이 시점에서 원자력계의 큰 현안은 원자력기술 자립에서 문제가 되고 있는 원자력 행정체제와 기술개발을 위한 재원 확보였다. 원자력 기술 자립 추진을 위한 원자력 행정 업무의 원활한 기능을 유지하기 위한 조정 방안을 검토하여 국가과학기술자문회의^{(원자력분}야 위원 이은철 서울대 교수)에 보고토록 요청하였다.

이에 따라 1991년 7월 국가과학기술자문회의^{(서울대 강창순 교수, 한}국기계연구원 연구위원)을 위촉하였다. 그후 전문위원들과 원자력계 전문가들은 원자력 업무조정 방안에 관한 토론회를 4차례 개최하였다. 한전 심창생 처장, 전재풍 처장, KOPEC 신재인 전무, 한국중공업 김재학 부사장, 청와대 김경석, 연구소 남장수 부장, 김시환 부장, KINS 김성년 부장, 동력자원부 김세종 국장, 과학기술처 임재춘 국장이 토론회에 참여하였다.

2000년대까지 우리 원자력 기술을 선진 7개국 수준으로 올려놓기 위한 행정체제 확립과 연구개발 재원 확보는 국가의 중장기 대책으로 매우 중요한 의의를 갖는다. 원자력 정책을 원활하게 추진하는 것은 국가 경제사회 발전에 크게 이바지하기 때문이다.

1991년 11월 1일 국가과학기술자문회의^{(위원: 이은철 교수, 김성진 박}사)는 원자력계 전문가들의 토론 결과를 요약하여 노태우 대통령께 '원자력 행정의 효율적인 업무조정 방안'을 보고하였다. 국가 에너지 자립의 핵심적인 원자력산업을 성공적으로 추진하기 위하여 관련기관의 역할과 책임을 재정립하고 기술 자립을 위한 재원을 제도적으로 확립하기 위하여 원자력 행정체제의 개선과 원자력 개발 재원의 제도적 확보를 건의한 것이다. 또 원자력 기술은 장기적 투자, 국민의 신뢰, 국제사회의 지지, 전문인력의 효율적인 관리 등을 필요로 하는 특성 때문에 일관성 있는 원자력 행정체제 유지가 중요함을 언급했다. 이를 위하여 중기적으로는, 과학기술처가 원자력 안전규제 업무와 연구개발 업무를 관장하고, 동력자원부는 원자력 발전사업을 관장하되 장기적으로는 원자력 행정의 일원화가 바람직하다고 추천했다. 원자력 안전성과 국민의 신뢰확보를 위하여 민간 안전전문가들을 주축으로 한 '원자력안전위원회' 설치 및 운영도 건의했다.

원자력 개발재원의 제도적 확보방안으로 향후 10년 간은 원자력 기술 자립을 위한 절호의 기회로 판단되어, 기술 자립에 소용되는 연구개발 비용은 약 2조 원으로 추정하였다. 각 분야별로 차세대 원자로 개발에 8천억 원, 핵연료 주기 기술에 4천억 원, 방사성폐기물 기술에 3천억 원, 기타 기반 기술개발에 5천억 원을 산정했다. 이를 위해서는 정부 재정에 의한 연구개발 자원을 강화하도록 제시하였다. 한편, 기술개발을 위한 산업체의 충당금으로 '원자력 각 산업체 매출액의 3% 이상을 염출하여 계상'할 수 있도록 제도화를 건의하였다. 정부 출연금 4천억 원, 산업체 충당금 1조 3천억 원, 방사성폐기물 기금 3천억 원의 총 연구개발비 2조 원을 확보하는 방안도 제시하였다.

원자력 연구개발 중장기사업의 탄생 비화

1991년 11월 '국가과학기술자문회의'가 노태우 대통령께 '안정적인 원자력 개발 재원 확보를 건의한 후 연구소와 과학기술처는 '21세기 원자력 선진국 도약을 위한 원자력 장기발전 종합계획 수립'

에 착수하여 1991년 말 연구소는 '원자력 기술 개발 중장기 계획'을 과기부에 보고하였다. 이 보고서에는 '우리나라는 에너지 자원 빈국으로 원자력 발전의 확대가 불가피하여 다수의 원전 건설 운영에 소요되는 투자비가 막대하므로 국민경제에 미치는 파급효과가 매우 크다'는 점을 강조했다. 또 원자력은 자원 소비형이 아닌 기술 에너지이며 두뇌 집중적 에너지로 기술 자립의 효과가 지대하다. 이에 따라 체계적이고 장기적인 원자력 기술개발이 필수적이라고 하였다.

우리나라의 중장기 기술 개발 목표는 2001년까지 선진국 수준의 원자력 기술을 확보하는 것이다. 중장기적으로 기술 개발 내용으로 차세대 원자로 기술, 핵연료 기술, 방사성폐기물 관리 기술, 원전 운전 및 안전연구와 원자력 기반기술을 제시하였다. 차세대 원자로 분야에는 개량형 가압경수로, 개량형 가압중수로, 차세대 경수로, 고속증식로와 지역난방로 개발을 계획했다. 핵연료 분야에는 경수로 개량 핵연료, 중수로 개량 핵연료, 경·중수로 연계 핵연료 주기 기술 개발과 고속증식로 핵연료 개발을 제안하였다. 연구소의 장기 원자력 기술 개발 계획은 산·학·연 전문가들의 많은 토의를 거쳐 수정 보완이 되었다.

1992년 6월 26일, 제230차 원자력위원회에서는 8개 분야 20개 정부 주도 과제와 14개의 산업체 주도 과제 추진을 위한 '원자력 연구개발 중장기 계획'을 심의하고 의결하였다.

1992년부터 2001년 10년간 연구비 1조 9,655억 원을 책정하였다. 이에 따라 제1차 원자력 연구개발 중장기 사업이 1992년 착수되어 5년 간 23개 과제를 선정하여 4,429억 원을 투자하였다. 제2차 원자력 연구개발 중장기 사업이 1997년부터 5년간 총 2조 165억 원을 투입하여 한국형 표준 원전, 차세대 원자로, 한국형 경수로 핵연료 등의 개발을 수행하였다. 2017년부터 5년 간에는 제5차 원자력 연구개발 중장기 사업을 추진하였다. 1996년 6월 제245차 원자력위원회에서 '원자력 연구개발 기금' 설치에 대하여 의결·확정하였다. 이 기금은 전년도의 원자력 발전량에 kWh당 1.2원의 '원자력 연구개발 기금'을 조성하기로 하여 안정적인 연구개발비를 확보하게 되었다.

1992년 하반기부터 1차년도 원자력 연구개발 중장기사업이 본격적으로 추진되었고, 1차년도의 연구개발비는 약 350억 원이나 되었다. 당시 연구소의 연구개발비가 연 35억 원(인건비 제외)이었던 것을 고려하면 연구비가 엄청나게 증가하였다. 이로써 안정적으로 원자력 연구개발비를 확보하게 되었다. 이처럼 원자력 연구계가 많은 연구비를 안정적으로 확보할 수 있게 된 것은 국가과학기술자문회의 위원으로 정부와 산업계로부터 온갖 비난에도 무릅쓰고 헌신적으로 '원자력 연구개발 중장기 계획'을 적극적으로 추진한 서울대 이은철 교수의 덕분이라고 생각한다. 그리고 연구소의 정연호 박사와 김시환 박사는 한전의 심창생 처장, 최송석 부장, 이종호 과장과 수 많은 토의·논쟁을 하며 제230차 원자력위원회의 '원자력 연구개발 중장기 계획'의 23개 과제를 선정토록 했다. 특히 양 기관의 입장이 서로 달라 정부 주도 과제와 산업체 주도 과제의 분류를 하는 일은 매우 힘들었다. 양측은 "왜 23개의 과제를 수행해야 하는가? 과제별로 어느 정도의 예산을 투입할 것인가? 또 과제별로 어떤 결과물과 기대효과를 생산할 것인지"에 대하여 한치의 양보도 없이 수많은 기술적인 논쟁을 하였다. 이런 낯 뜨거운 과정을 거쳐 연구소와 한전은 원자력 연구개발 중장기 사업의 연구개발과 23개에 대한 연구내용을 확정하였다. 이 지면을 통하여 서울대 이은철 교수, 연구소의 정연호 박사, 한전의 심창생 처장, 최송석 부장과 이종호 과장에게 국가 원자력 연구개발 중장기 계획의 기반이 되는 연구개발 과제를 도출한 노고에 대하여 진심으로 감사 드린다. 그리고 각 과제별로 100~150페이지의 과제 계획서를 작성하여 준 연구원에게 그들의 노고에 대하여 심심한 사의를 표한다. 또 1996년 6월, 제245차 원자력위원회에서의 '원자력 연구개발 기금' 설치를 위하여 대정부 설득 업무에 크게 기여한 노병철 부장에게 감사의 박수를 보낸다.

돌이켜 보면 한전과 연구소 간부들은 원자력 사업 추진 방법을 놓고 각기 소속기관의 이익을 위해 격렬한 논쟁을 벌렸으나 거시적으로 보면 그것은 국가의 전략승리를 위한 진통이고 방편이었을 뿐이다. 이를 통해 우리는 원자력 에너지 기술자립을 통해 국가의 번영과 안녕으로 가는 고속도로 건설작업에 참여했다는 자부심을 갖게 되었다. 우리 세대가 남루한 옷을 입고 굶주리던 선배로부터 원자력 기초기술을 전수받아 후배들이 세계 정상의 자리에 오를 수 있도록 사다리 구실을 한 것으로 평가된다면 영광스러운 일이 될 것이다.

연구소, 사업이관과 기능 재정립

　1991년 국가과학기술자문회의 이은철 교수, 국가과학위원회 전문위원 강창순 교수, 이해 박사와 각 기관별 원자력 전문가들은 '연구소 기능 재정립 방안'에 대해 토의하였다. 그 토론회에서 지난날의 연구개발 환경을 살펴보았다.

　원자력 연구개발에는 장기간 막대한 투자가 요구되지만, 그동안 국가 정책의지, 재정여건 등 현실적인 제약으로 성과가 부진했다고 진단하였다. 원전 도입 급증으로 기술 자립의 필요성이 대두되었다. 그러나 정책추진 과정에서 부처 간, 기관 간의 이견차로 실패했다. 연구소의 사업 참여에 대해서 국내 유일의 원자력 전문 고급 두뇌 집단이므로 원자력 발전사업에 참여한 경험을 바탕으로 연구개발을 앞당길 수 있다고 판단하였다.

　사업비를 연구개발에 투입하면 연구 활성화를 기대하게 되고 사업 참여를 통하여 목표지향, 실용화 연구가 가능하여 연구풍토가 쇄신될 것으로 기대했다. 연구소는 그 동안 양성 또는 초빙한 우수 인재를 동원하여 핵심기술인 핵연료 기술과 원자로 계통설계 기술을 확보함으로써 차세대 발전로, 혁신형 중소형 원자로, 신형 연구로 등을 개발할 능력을 갖추게 되었다.

　그러나 사업 참여에 따른 역기능도 나타났다. 사업추진의 시한에 쫓겨 본연의 연구업무가 위축되고, 내실있는 발전보다 외형적 겉치레 위주로 성장한 것이다. 이로 인해 유관 기관과 영역 다툼이 일어났다. 한편 연구소는 기본 연구시설 확보로 본격적인 연구수행 환경이 성숙되었고 재원만 주어진다면 새로운 기술개발 가능성은 충분하였다. 연구소의 사업기능의 점진적 축소와 연구개발 기능을 활성화하는 기능 재정립 방안이 다음과 같이 제시되었다.

그동안 연구소에 축적된 기술과 경험을 바탕으로 미래 신기술 분야에 적극적으로 도전하도록 한다. 특히 사업성 또는 개발 부담을 이유로 민간이 기피하는 중장기 과제 등에 고급인력을 투입한다. 연구소가 수행 중인 원자력 사업이 어느 정도 궤도에 오르면 관련 산업체에 이관해 주고 본연의 연구개발에 충실하도록 한다. 사업 이양 시 연구소가 보유하고 있는 고급인력을 가급적이면 분산되지 않도록 추진한다. 연구개발 재원확보로 이미 구축된 연구소 인력이 안정된 분위기 속에서 연구에 정진할 수 있도록 한다.

연구소는 1987년부터 영광원전 3·4호기 원자로 계통 설계를 시작으로 기술 자립을 구축해 한국표준형 원전의 원자로 계통설계를 자력으로 진행하였다.

동력자원부와 산업계 일각에서 국내 원자력산업 육성을 위해 연구소가 기술 자립한 원자력발전 사업을 한전 등 관련 산업체에 이관하라는 주장이 있었다. 이에 연구소, 과학기술처, 동력자원부가 이관에 대해 협의했으나 이관 시기 및 조건 등 이해가 엇갈려 이관 작업은 진척되지 못했다. 이 와중에 1996년 1월 11일 김영삼 대통령이 '방사성폐기물관리사업을 사업 경험이 풍부한 한전이 하고, 국가차원의 원자력 추진체제를 마련해 보고하라'고 지시했다. 이후 1996년 2월 27일 제244차 원자력위원회에 보고된 주요 내용은 한전은 방사성폐기물처분 사업을 주관하고, 연구소는 사용후핵연료에 관한 연구개발을 주관하되 방사성폐기물관리기금을 폐지하고 대신 원자력 연구개발 기금을 신설하는 것이었다.

1996년 6월 25일 제245차 원자력위원회는 연구소가 하고 있던 원전사업 업무의 조정을 의결하였다. 원자로 계통설계, 핵연료 설계 및 중수로 핵연료 제조 업무를 1996년 12월 말까지 한전기술 및 KNF에 각각 이관할 것을 주요 내용으로 하는 '원자력 사업 추진체제 조정방안'을 의결했다. 1996년 9월 23일 '사업 이관 관련 기관 회의'에서 사업이관 추진계획에 합의해 10월부터 이관 작업이 급진전되었다. 1996년 11월 22일 연구소 연구업무 심의회에서 확정한 사업별 이적 인력 규모는 원자로 계통설계 사업 339명, 경수로 핵연료 설계 사업 65명, 중수로 핵연료 제조 사업 60명, 방사성폐기물 관리 사업 150명 등 총 614명이었다. 그러나 최종 이적 대상자는 610명이었다. 연구소는 원전 관련 사업과 인력을 산업체에 이관 후 원자력 핵심·미래 기술을 연구하는 종합 연구개발 기관으로 재정립하게 됐다.

1980년대부터 연구소가 주도했던 원자로 계통설계 기술의 뿌리는 1990년대 후반 사업 이관의 과정을 거친 후에도 후속 신형원자로 개발 사업에 지대한 영향을 미치게 된다. 1996년 8월 26일 제9차 차세대 원자로 기술 개발 추진 위원회에서 사업에 참여하는 기관들의 업무분장과 계약 추진 체계를 조정함에 따라 연구소가 하던 차세대 원전의 원자로 계통설계 업무는 한전기술, 원자로 노심 및 핵연료 설계 업무는 KNF로 인력과 함께 이관했다. 15년에 걸쳐 연구소에서 추진해 오던 차세대 원자로 개발 사업 중 연구소의 연구 내용을 이관하였다. 원자로 계통설계 업무는 한전기술로 이관하고, 연구소 본연의 업무에 해당하는 대형 실증 시험과 전산 코드 개발로 신형로 개발의 핵심기술 개발에 매진하게 되었다.

돌이켜 보면 80년대 초의 고온 유체 시험에서 시작된 시험 기술이 국제적 규모의 대형 실증시험 기술로 승화하여 원자로 설계기술 know-why 확보에 결정적으로 기여하였다. 원자로 계통설계의 기술과 경험을 쌓은 핵심 연구원들과 설계자료들이 연구소로 승계되면서 스마트 원자로, 고속로, 가스로 등 신형로 개발에 투입되었다.

기술 자립과 함께 기술 수출국으로 도약

1970년대 초, 고리 1호기가 도입되면서 연구소는 점차 원전 사업에 참여하게 된다. 원자력발전소 계통연구, 중수로 국산화 연구에서 핵연료 국산화 사업으로 진화하여 1980년대 영광원전 3·4호기 원자로 계통설계 사업의 주계약자로 전격 참여하여 전력그룹사의 일원으로 12년 간 원전사업에 기여하였다.

1997년 사업이관으로 사업관련 업무와 인력을 민간 산업체에 이관하기까지 연구소 책임하에 총 12기의 원전(영광원전 3·4호기, 울진원전 3·4호기, 영광원전 5·6호기, 울진원전 5·6호기, KEDO원전 1·2호기, 월성원전 3·4호기)의 원자로 계통설계를 진행하였다. 이 과정에서 CE로부터 기술 전수 받은 노하우에서부터 매 호기마다 꾸준히 적용한 설계개선 노력으로 know-why 경지를 터득하게 된다. 이로써 우리나라도 원자력발전소 공급국(nuclear vendor)으로 부상하게 되었다.

1978년 고리원전 1호기가 상업 운전 후 우리나라는 기술 자립의 일환으로 한국형 표준원전을 개발하여 국내에 건설하였다. 우리나라는 원전 호기 당 불시 정지 건수 연 0.4건, 원전 이용률 90.7%로 대표되는 세계적 수준의 운영능력을 보유하고 있다. 원전 건설 능력에 있어서도 세계적인 경쟁력을 갖추고 있다. 이러한 기술력을 바탕으로 한국형 신형원자로를 개발하여 표준설계인가를 획득한 후 국내에 건설함과 동시에 국외 수출을 도모하였다.

2009년 12월 27일 한전 컨소시엄은 프랑스 아레바와 미국·일본의 GE·히타치를 제치고 UAE와 1,400MW급 APR1400 네 기 원전 수출 계약을 체결하였다. UAE 원전 사업은 1,400MW급 한국 신형 원전 네 기를 건설하는 200억 달러 규모의 사업이며, 2017년 5월 1일 1호기 준공을 시작으로 2020년까지 네 기의 원전을 연차적으로 건설하는 사업이다. 세계 6번째로 상업용 원자력발전소 수출국으로 부상했다.

원자력 개발 역사의 전환점이 된 바라카 원전은 우리나라가 UAE에 수출한 원전의 현지 이름으로, 아랍어로 '신의 축복'을 의미한다. 바라카 원전 사업은 한국형 원전 APR1400 네 기를 UAE 수도 아부다비에서 서쪽으로 270km 떨어진 바라카 지역에 건설하는 프로젝트다. 2009년 12월 건설 프로젝트를 수주한 한전은 2012년 7월 착공했다. UAE 원전 1호기는 2020년 3월 핵연료 장전과 7월 최초 임계 도달 이후 출력상승 시험 및 성능보증 시험 후 상업운전을 개시했다. 1호기 준공을 기점으로 바라카 원전 2호기는 2022

년 3월, 3호기는 2022년 6월에 운영허가를 받아 2023년 1월 상업운전에 들어갔다. 바라카 원전 네기 발전량은 UAE 총발전 용량의 약 25%를 차지하며, 연간 2,100만t의 탄소 배출량 저감효과가 있을 것으로 예측된다.

한전이 주계약자로 추진한 UAE 원전 사업은 우리나라 경제발전에도 크게 기여하고 있다. 현재 현장 기술인력 2,340여 명, 숙련 기능인력 560여 명 등 총 2,900여 명의 한국 기능·기술·관리 인력이 투입돼 중동 사막의 기적을 만들고 UAE 원전 건설에 참여하고 있는 국내 시공 하도급 기업 40여 개, 기기 제작 업체들 110여 개뿐만 아니라, 설계, 기술 개발, 금융 등 원자력 관련 전후방 연관 산업에 종사하고 있는 인력을 고려하면 경제적 파급 효과는 말할 수 없이 크다. 원전 수주는 플랜트 수출로만 끝나지 않는다. 완공 후에도 몇십년 간 핵연료, 원전 부품 수출이 이어져 지속적인 수익을 창출할 수 있다. 세계 원전 시장을 '황금알을 낳는 노다지'에 비유하고 있는 것은 바로 이 때문이다.

UAE 원전사업 수출 협정식 ⓒ 한국원자력연구원

원자력 기술 자립의 여정

원전, 국가 차세대 성장 동력으로 육성

1978년 우리나라는 고리원전 1호기로 상업 운전을 시작한 이래 지금까지 40여 년간 스물 네 기 운영, 두 기 영구정지, 네 기 건설하여 경험을 축적하여 왔다. 우리의 원전 건설 능력은 이미 바라카에서 검증된 바 있으며, 이로 인해 우리 원전의 경제성은 미국·프랑스보다 매우 높다. 세계원자력협회에 따르면, APR1400의 kW당 건설 단가는 약 3,571달러로 프랑스 7,931달러, 미국 5,833달러의 45~60% 수준이다. 이제 우리나라는 원자력 기술 자립을 거의 완벽하게 이루어 독자적인 원자력 기술을 보유하게 되었다. 전 세계에서 경쟁력 있는 원자력발전소를 설계·제조·수출할 수 있는 나라는 미국, 프랑스, 러시아, 일본, 한국밖에 없다. 우리나라의 원자력 기술 수준은 상당히 높은 단계까지 올라와 있다. 특히 UAE 원전 수출은 전 세계 원전 산업을 선도하고 있는 프랑스의 아레바, 미국의 GE, 일본의 히다치 컨소시엄과 경합 끝에 얻은 성과이다. 이를 통해 APR1400의 우수성이 세계적으로 인정받게 되어 의미가 더욱 크다.

UAE 수출 성공을 계기로 우리나라는 APR1400의 국제적 위상과 경쟁력 강화에 나섰다. 2017년 11월 유럽사업자협회로부터 APR1400의 유럽 수출형 원전인 EU-APR 표준설계의 유럽사업자 요건 인증을 받았다. 2019년 8월에는 미국원자력규제위원회로부터 APR1400 설계인증을 취득하였다. 설계인증이란 특정 노형의 표준설계에 대해 규제기관으로부터 사전에 안전성을 인증받는 제도이다. EU-APR의 유럽 사업자 요건 인증 및 APR1400의 미국 설계인증을 통해 북미, 유럽 및 아프리카 시장에서 원전 수출도 가능할 것으로 기대된다.

원자력 분야에서 잇따른 한국의 쾌거는 한국 원자력의 미래를 더욱 밝게 해주고 있다. 원자력은 친환경적이며 경제적인 녹색성장의 핵심 에너지원으로, IAEA는 이산화탄소 배출 감축 움직임, 재생에너지 개발 지연 등에 따라오는 2030년까지 전 세계적으로 약 300여 기의 원전이 추가로 건설될 것으로 보고 있다.

현재 가동 중인 전체 원전(435기)에 버금가는 신시장이 열리는 셈이다. 세계원자력협회는 이렇게 됐을 때 연간 500억 ~ 600억 달러 규모의 원전 건설 시장이 형성될 것으로 내다보고 있다. 우리의 원자력 기술이 UAE 바라카 원전 건설사업의 성공적 완성으로 한국의 기술이 신뢰와 안전성, 경제성으로 실증되는 날 UAE를 거점으로 제2, 제3의 원자력 수출을 기대할 수 있다.

원자력이 살아야 나라가 산다

우리나라는 원자력 기술 도입 반세기 만에 원전 플랜트를 UAE에 일괄수주계약 방식으로 수출하는 데 성공했다. 당시 기준으로 중형 자동차 300만 대 수출과 맞먹는 엄청난 성과였다. 2009년 12월 27일, 한국은 UAE에 원전 수출을 성공적으로 이끌었을 뿐 아니라 그동안의 기술력이 집약된 연구용 원자로를 요르단에 수출하며 원자력 르네상스를 이뤄냈다. 국내 원자력 기술이 전 세계를 놀라게 한 것이다. 이를 기념하기 위해 매년 12월 27일은 '원자력의 날'로 지정하여 국가적인 행사로 치르고 있다. 우리가 원자력 선진국에 비해 비교적 짧은 시간에 원전 수입국에서 수출국으로 급격히 발전한 것은 체르노빌 사고, 후쿠시마 사고 등에도 불구하고 지속적인 원전의 건설과 안정적 운영을 추진해왔기 때문이다.

오늘날 결실이 있게 된 데에는 묵묵히 뚝심 있는 연구개발을 추진해온 과학기술인들의 노력과 열정 그리고 정부와 민간의 많은 노력이 있었기에 가능했다. 정부는 장기적 비전을 가지고 일관된 정책으로 원자로, 핵연료 등 원천기술의 국산화를 차근차근 추진하였다.

원자력은 지난 반세기 동안 상용화된 발전 방식 중 가장 경제적인 에너지원으로 국가 경제발전의 원동력이 되어왔다. 경제적인 원전 설비의 지속적 건설이 있었기에 가능했고, 이제 더 이상 원전 건설은 선택이 아니다. 우리나라의 국가 에너지 안보와 경제적 발전 측면에서 보면 필수이다.

에너지 안보는 나라의 존속과 관련된 사항이고 경제발전은 우리 후손의 생계가 걸려있는 중차대한 문제다. 성숙한 결정은 원전을 건설하지 않는 것이 아니라 원전을 더 안전하게 짓고 더욱 효율적으로 운영하는 것이다.

chapter 10
세계 최고 수준의 다목적 연구용 원자로, 자력 설계 성공

연구소는 1962년과 1972년에 연구용 원자로 '트리가 마크-Ⅱ, -Ⅲ'를 각각 도입·운영했다. 이 두 원자로는 원자력 이용기술을 개발하던 초기에 기초기술 습득과 교육 훈련용으로 적합했다. 1980년대에 들어서며 우리나라는 원자력 발전을 적극적으로 추진하기 시작했다. 이에 따라 핵연료와 원자로 재료 성능을 확인하는 데 필요한 더 높은 중성자 속의 연구로가 필요하게 되었다. 동시에 의료 및 산업용 동위원소 수요가 급증함에 따라 비원자력 발전 분야에서도 중성자 이용 수요가 늘어났다. 이러한 산업발전과 대북 관련 여건 등이 맞물리며 다목적 연구용 원자로의 설계·건조 사업 추진을 위한 여건들이 조성되었다.

당시 연구소 김덕승 기획부장과 최창웅 연구로 사업 관리실장을 선봉으로 연구소는 오랜 숙원사업인 다목적 연구로 사업을 정부 투자계획에 반영시키기 위해 많은 노력을 기울였다. 그 결과 1985년

6월, 6년 간 500억 원을 투자하는 '다목적 연구용 원자로 설계·건설 사업'에 대한 정부의 승인을 받게 되었다. 해당 사업은 1989년 3월에 기공식을 하고 본격적으로 착수되었다. 하지만 사업 진행 과정에서 기술적·재정적 문제, 사업 기간도 당초의 6년에서 10년으로 연장되는 우여곡절을 겪으며 많은 어려움과 시련을 겪었다. 연구진들은 이 모든 역경을 이겨내고 1995년 2월 2일 다목적 연구용 원자로에 핵연료를 장전했고, 같은 해 2월 8일, 역사적인 첫 임계에 도달했다. 연구소가 어떤 시련과 역경을 넘어 자력으로 다목적 연구용 원자로인 현재의 '하나로' 설계·건조에 성공할 수 있었는지, 그 뒷 얘기를 해 보고자 한다.

새로운 연구로 건설, 도전과 좌절 그리고 기회

1973년 연구소가 민영화되어 정부출연 연구소로 발족하였다. 이에 연구소의 중점 연구개발 사업이 핵연료주기 기술 개발로 설정되어 핵연료 가공 시험시설, 화학처리 시험시설, 혼합 핵연료 가공 시험시설 등의 도입이 추진되었다. 이런 핵연료주기 사업과 연계한 연구로의 도입도 추진되었다. 핵연료 및 재료시험을 위해서는 $10^{14}n/cm^2\text{-}sec$ 이상의 중성자 속을 가지는 재료시험로 도입이 필요했다. 1973년 새로 도입하려는 연구로를 '한국 재료시험로'라고 불렀다. 이 연구로를 재료시험뿐만 아니라 중성자를 이용하는 실험, 방사성동위원소 생산 등에 활용할 계획이었다. 이에 따라 캐나다의 NRX형 연구로(최대 열출력 40MW) 도입을 추진하게 되었다. 새 연구로는 다목적용 시험, 응용실험, 고유성 및 다양성 등을 강조하여 연구로 명칭을 이들의 머리글자를 따고, 코리아를 붙여 'TAEGU(태극)'으로 부르기도 했다.

1973년 7월, 연구소는 연구용 원자로로 캐나다의 NRX형 재료시험로를 도입하기로 결정했다. 가칭 한국재료시험로(KMTR)로 명명된 이 연구로는 열출력 40MW, 천연우라늄 핵연료, 중수 감속재, 경수 냉각재로 구성되었다. 또 핵연료 조사시험, 원자로 재료 개발, 냉각계통 연구 등 공학적 시험을 할 수 있도록 설계됐다. 하지만 1974년 5월 인도가 캐나다 NRX형 연구로 '시러스(CIRUS)'에서 생산된 플루토늄을 이용해 핵실험을 단행했다. 이에 대해 캐나다 정부는 캐나다-인도 간의 원자력 협력에 '시러스'를 오로지 평화적으로만 이용할 것이라고 명기했는데, 핵실험은 분명히 협정위배라고 강력히 항의했다. 그러자 인도는 '원자력을 오로지 평화적으로 이용하기 위한 방안을 연구하기 위해 핵실험을 했노라'고 답변했다. 그런 상황에서 캐나다가 우리나라에 NRX형 연구로 수출을 금지하게 되자 연구소가 그간 추진하던 KMTR 사업 또한 무산되고 말았다.

KMTR 개발사업이 중단된 1976년 연구소는 우리기술로 연구로를 설계·건조할 사업으로 수정했다. 1977년 4월 과학기술처는 연구소 주관으로 국산 연구로를 개발토록 하였는데, 노형은 탱크형으로 천연우라늄 금속 핵연료를 사용하고 감속재는 중수를, 냉각재로는 경수를, 그리고 최대 열출력은 40MW로 기본적으로 NRX형과 유사하며 이것을 'TFTF(Thermal Flux Test Facility)'라고 명명하였다.

'TFTF 사업'은 1976년 개념설계를 시작으로 1978년까지 기본설계 완료, 1980년까지 상세설계 완료, 1983년까지 임계장치 건설 및 핵 특성실험 수행, 1984년 건설 착공을 목표로 했다. 이에 따라 1978년 사업추진 전담조직도 '원자로 개발실'에서 '장치개발부(부장 김동훈 박사)'로 확대·개편하고 본격적으로 추진하게 되었다. 'TFTF 설계로'는 핵 및 열설계, 구조설계, 핵연료집합체, 원자로 구조체, 제어 및 안전봉 구동장치, 감속재 계통 관련 부품 및 장치의 설계, 시제품 제작, 성능시험 등이 포함되었다.

그러나 1978년 IAEA 주관 아래 진행된 '국제핵연료주기평가회의'에서 고농축 핵연료를 사용한 연구용 원자로는 물론 천연우라늄을 사용한 연구용 원자로도 핵확산의 우려가 있다는 결론이 내려졌다.

그 여파로 NRX형 연구로 개발은 핵비확산 측면에서 국제적인 감시 대상이 되면서 연구소가 추진하던 'TFTF'에 대한 감시가 한층 강화되었다. 급기야 1981년 새로 출범한 정부의 방침에 따라 상세 설계를 마친 상태에서 'TFTF' 설계사업이 중단되어 많은 아쉬움을 남겼다.

사업 책임자인 김동훈 박사를 위시한 연구원들은 5년 동안의 열의와 노력이 수포가 되어 크나큰 실의에 빠졌다. 그러나 이 사업을 통하여 양성된 인력, 축적된 경험, 개발된 기술 능력과 전산 코드는 훗날 다목적 연구로(KMRR)의 기반이 되었다.

세계 톱클래스 연구로 개발

한편 1982년부터 북한의 원자력 개발 소식이 언론을 통해 알려지기 시작하였다. 열출력 30MW인 영변의 북한 원자력 시설의 규모가 핵개발과 밀접한 관련 있는 시설이라는 것이 확인되자 연구소는 1983년 새로운 연구로 건설 타당성조사 연구를 통하여 핵연료 성능시험, 노재료 개발, 방사성동위원소 및 규소 반도체 생산 등 연구로 이용 분야를 본격적으로 연구하였다. 그리고 트리가 마크-II, III의 폐로에 대비하기 위해서 대형 다목적 연구로 건설 필요성을 정부에 제시했다.

1984년 2월 과학기술처는 다목적 연구로는 국가 차원에서 필요성이 인정된다는 결과를 보내왔다. 연구소는 1984년 9월 경제기획원으로부터 1985년도 정부 예산에 다목적 연구로 건조사업에서 제안된 추진계획을 일부 수정·반영하였다는 통보를 받았다. 그리고 그해 12월 1985년도 사업 예산으로 32억 7천5백만 원이 확정되었다. 당시 김덕승 기획부장과 윤구복 기획과장의 헌신적인 노력으로 연구소의 오랜 숙원사업인 다목적 연구로의 건조사업을 정부 투자계획에 반영시켰다. 연구소는 1985년 1월부터 1990년 12월까지 사업 기간을 6년, 전체 사업 규모를 500억 원으로 하는 '다목적 연구로 설계·건설 사업계획서'를 작성, 1985년 4월 경제기획원에 제출하였다. 그해 7월 경제기획원에서는 정책조정국의 심사를 거쳐 '다목적 연구로 설계·건조 사업'을 승인하였다. 그러나 1988년 올림픽 경기 유치로 내자 동원의 어려움 때문에 주요 부품의 외자 구입을 공공차관으로 도입하라는 조건이었다.

당시 연구소의 설계 능력은 원자로 건물 구조, 수처리 및 폐기물 처리계통이나, 부지평가에서는 약 70% 가능하였다. 그러나 계통제어 및 계측설계의 자립도는 25%에 불과해 "연구로 기본설계는 외국 기술자문 또는 공동설계로 추진하는 것이 바람직하다"고 판단했다. 때마침 캐나다 초크리버 연구소에서 운전되고 있는 NRX 연구로를 해체하고 그 자리에 연구로 메이플-X(MAPLE-X) 건설을 추진하고 있었다. 또 메이플-X는 방사성동위원소 테크네튬 99(Tc-99m) 생산 전용으로 개방수조(open pool)형, 열출력이 20MW이었다. 메이플-X에서 사용 예정인 실리사이드(silicide, 규소화합물) 우라늄 핵연료는 국제 핵연료주기 평가(INFCE)가 제한한 농축도 20% 이하인 연구로용으로 개발되고 있었다. 또 메이플-X는 우리 다목적 연구로보다 1년 앞선 1989년 완공을 목표로 추진하고 있었으며 예상 활용 분야에서도 연구소가 다목적 연구로와 공통점이 많았다. 메이플-X의 설계자료는 다목적 연구로 설계에 좋은 참고가 될 수 있다고 판단했다. 연구소는 AECL과 한·캐나다 공동연구를 통해 경수로 및 중수로 기술을 결합한 혼합형 연구로 설계기술 확립을 추진하기로 했다.

연구소는 사업 착수 1년 전인 1984년 당시 최신 연구로였던 프랑스의 오르페(ORPHEE), 일본의 JRR-3M, 인도네시아의 야누스-30, 캐나다의 메이플-X에 대한 기술평가를 한 결과, 캐나다의 메이플-X를 우리의 새로운 연구로의 원자로 노형으로 선정하였다.

1985년 연구소는 AECL과 공동으로 KMRR 설계를 시작했다. 핵연료 및 노재료 개발에 이용하기 위해 원자로 내 열중성자 속을 발전로보다 수배에서 10배 정도가 되도록 KMRR 설계요건을 설정함과 동시에 여러 가지 실험을 하는 경우에도 노심 반응도 온도계수가 음의 값을 갖도록 했으며, 계통 구성도 가능한 한, 피동적 시스템 개념을 적용하고 고유안전성 개념을 살려 어떠한 사고에도 안전하도록 했다. 특히 노심 구조, 중성자 분포, 핵연료 주기, 노심 및 주위의 조사공 등을 자세히 분석해 새 연구로의 설계개념을 정립했다.

KMRR은 어떠한 경우에도 노심 냉각 기능을 확보할 수 있도록 원자로 본체를 대형 수조 속에 설치하는 개방수조형 개념을 채택했다. 핵연료는 20% 농축우라늄 핵연료로 결정했으며, 냉각재는 경수를 사용하고 주위에 중수반사체 탱크를 설치하도록 했다.

KMRR 설계는 개념설계, 기본설계, 상세설계로 나누었다. 개념설계 단계는 원자로 개발 경험이 많은 캐나다 AECL과 1984년 9월 20일 맺은 1단계 공동연구 협약에 따라 진행되었다. 1985년 1월부터 한 달간 AECL에 파견된 김성년, 오세기, 이지복, 류건중, 장효진 등 5명의 연구진은 AECL의 화이트쉘 연구원들과 공동연구팀을 구성하여 원자로의 기본 골격을 확립했다.

1985년 선정한 설계 개념은 개방수조형, 열출력 30MW, 농축도 19.85%의 우라늄 실리사이드 핵연료이다. 감속재·냉각재는 경수, 반사체는 중수이며, 제어봉·정지봉은 하프늄$^{(Hf)}$이다. 열중성자속은 노심 영역에서 최대 $5.0 \times 10^{14} n/cm^2/sec$, 반사체 영역에서는 $1.0 \sim 2.0 \times 10^{14} n/cm^2/sec$이다. 열출력을 단순 비교하면 KMRR은 원자력발전소의 약 100분의 1에 해당할 뿐이다. 하나로의 설계 열출력 30MW는 노심출력 27.5MW와 중수 반사체가 흡수하는 중성자 및 감마에너지 2.5MW를 합한 것이다. 그러나 냉각계통의 열제거 용량은 냉각펌프에서 발생하는 열량, 원자로 수조에 임시 저장되는 사용후핵연료의 열량을 고려하여 28MW로 하였다.

1986년 1월 AECL과 2단계 공동연구 합의서가 체결되었다. 1986년 1월부터 1987년 2월까지 엔지니어링 수행에 필요한 기본설계 자료생산 지원 및 설계 검토에 대한 공동연구를 하였다. 그래서 21명의 연구소 설계팀과 11명의 한전 요원, 1명의 현대엔지니어링 요원을 캐나다에 파견하여 공동연구에 참여토록 하였다. AECL 산하 화이트쉘에는 오세기 실장을 팀장으로 하여 115MM(Man-Month)의 인력을 투입하여 기본 설계 데이터의 생산, 설계 코드의 개발과 검증을 하였다.

AECL에 파견되었던 하나로 설계팀원들은 열과 성을 다하여 업무를 하였다. 특히 우리나라에서 처음으로 직접 하나로의 기본설계를 수행한다는 자부심과 긍지가 대단했다. AECL 화이트쉘에서는 오후 4시면 퇴근하게 되는데, 우리 연구원들은 밤늦게까지 설계업무에 매진하였다. 따라서 이들은 1년이 채 안 되는 기간에 주요 노심특성 자료를 생산하고, 원자로 설계업무를 하였으며, '안전성 분석 보고서'의 중요 항목인 사고 해석을 완료하였다.

한편, AECL-COM(Montreal)에서는 이지복 실장, 최창웅 실장 등 103MM의 인력으로 엔지니어링 데이터를 개발하였다. 이와 같은 업무수행으로 화이트쉘에서는 164편의 기술보고서, 몬트리올에서는 73편의 설계 요건서, 59편의 계통설계 설명서, 109매의 설계도면, 그리고 56개의 주요 부품에 대한 시방서 등의 엔지니어링 문서를 생산하였다.

다목적 연구용 원자로, 역사적인 첫 임계 달성

1986년 2월부터 수행한 하나로 기본설계를 바탕으로 환경영향평가보고서(ER) 및 안전성분석보고서(SAR)를 작성하였다. 원자로의 인허가는 발전로와는 달리 법규상 건설 및 운영 허가를 동시에 신청하도록 되어 있다. 연구소는 1987년 7월 환경영향보고서 및 안전성 분석 보고서를 포함한 KMRR의 건설·운영 허가 신청서를 정부에 제출하였다. 원안위는 1987년 초부터 두 보고서에 대한 안전 심사에 착수하였다. 1987년 12월 22일 제219차 원안위의 심의를 거쳐 12월 23일 과학기술처로부터 'KMRR 건설 및 운영' 허가를 받았다. 1989년 3월 25일 이상희 과학기술처 장관 참석하에 KMRR 기공식이 개최되었다.

1989년 11월 원자로 기초 콘크리트 타설을 시작으로 본격적인 건설공사가 시작되었으나 정부 출연금 예산이 매년 정부의 예산 상황에 따라 결정되었고 당해 연도 예산범위 안에서 계약을 체결해야 했기 때문에 분할 발주가 불가피하였다. 그 밖에도 상세설계 지연, 외주 부품 공급 지연과 건설공사 자체 지연 등으로 하나로 건설은 계획한 대로 진행할 수가 없었다. 전 공정을 4차로 나누어 발주 건설공사는 현대건설이 1차 공사 도급 낙찰률(83.7%)을 후속 공사에

원자력 기술 자립의 여정

도 적용하여 4차 공사까지 수의계약으로 공사를 수행하였다. 1차 건설공사는 굴착공사 및 골조공사를 1988년 10월 31일부터 1992년 3월 8일까지, 2차 건설공사는 1990년 4월 9일부터 1993년 12월 3일까지 건축공사, 전기 및 설비공사 일부 HVAC stack(Heating, Ventilating, and Air Conditioning) 구조물 공사를 진행하였다. 3차 건설공사는 2차 공사 중 예산 부족으로 발주하지 못한 건축공사 일부와 기계 배관공사, 원자로 HVAC설비 공사를 1991년 5월 8일부터 1993년 12월 31일까지 하였다. 4차 건설공사는 1993년 5월 29일부터 1994년 11월 30일까지 예산 부족과 상세설계 미확정으로 발주하지 못했던 원자로 Beamport, 고밀도 콘크리트 공사, 기계, 전기기기 설치공사(원자로 제어실 I&C 설치공사 포함)를 하였다.

원자로 본체 제작은 1993년 4월까지 완료하였고, 그 설치공사는 같은 해 12월에 완성되었다. 반응도 제어장치 설치공사는 1994년 5월 성능시험까지 완료했다. 연구원들은 정상운전에 들어가기 전 원자로와 각 계통이 설계 성능을 제대로 발휘하는지 확인했다.

마지막 단계인 원자로 성능시험은 모든 계통에 대한 점검과 기능시험이 종료된 후 핵연료 장전부터 정상운전에 들어갈 때까지 진행되었다.

KINS는 1994년 12월 '원자력안전심의위원회'를 개최하여 하나로의 안전심사를 종결하였다. 과학기술처는 KINS의 심사 결과를 토대로 1995년 1월 27일부로 영출력 운전을 조건부로 허가하였다. 영출력(zero power) 운전허가 조건 중 가장 중요한 사항은 하나로의 최고 운전출력을 설계 최고 출력인 30MW의 80%로 제한한다는 것이었다. 핵연료 다발의 연소시험 결과 등 건전성을 확인할 수 있을 때까지 '선출력 밀도 제한치의 80% 범위 안에서 운전할 것'과 '출력 상승 시험 이전까지 핵연료의 내진 안전성 분석 결과를 제출할 것'을 운영허가의 조건으로 요구하였다. AECL에서 수행된 하나로 핵연료의 노내 조사시험에서 연소 시 건전성이 입증된 최고 선출력은 112.8kW이었다. 그러나 정상운전 시의 최고 선출력 제한치는 108kW이다. 이로 인하여 선출력에 대한 안전 여유도가 적다는 이유로 20%의 power penalty를 부과하였다.

마침내 1995년 1월 시운전 계측계통 구성, 중성자원 설치, 핵연료 장전 연습 등 원자로 성능시험을 시행할 수 있는 모든 준비를 끝내고 원자로 기동 전 점검과 핵연료 장전 전, 점검을 마쳐 1995년 2월 2일부터 핵연료 장전이 시작되었다. 약 1주일 후인 2월 8일 오후 4시 9분, KMRR은 역사적인 첫 임계에 도달하였다. 이후 핵연료를 추가 장전하여 1995년 5월 말 1주기 운전노심을 구성하고 영출력 시험을 시작했다. 1995년 9월에는 내진해석 보고서를 과학기술부에 제출하여 검토를 받은 후 타당성이 입증되었다. 그러나 80% 범위의 Power Penalty는 오랫동안 30MW 전출력 운전을 가로막고 있었다. 이를 위해 2개의 무계장 연소시험용 핵연료 다발과 1개의 계장 다발을 노내에 장전하여 연소시험을 마치고 조사후 시험 등 핵연료 성능평가를 거쳐 건전성을 확인하였다. 이를 근거로 2001년 조건 사항 해제를 과기부에 신청하고 2003년 10월 27일, 승인받음으로써 전력손실(power penalty)를 완전하게 해결되었다.

▌하나로 첫 임계 ⓒ 한국원자력연구원

KMRR에서 하나로가 되기까지

    최초 임계 노심에는 4개의 18봉 핵연료 다발과 13개의 36봉 핵연료 다발(총 17개)이 장전되었다. 핵연료 다발을 한 개씩 추가 장전할 때마다 각 노심에 대하여 제어봉과 정지봉의 반응도 값을 측정하였다. 1995년 5월 28일부터는 영출력 노심 특성 시험을 통해 핵연료 다발 하나가 추가될 때마다 변화하는 각 핵연료의 반응도 값, 초과 반응도, 정지 여유도 등을 산출했다.

    KMRR의 명칭은 공모를 통해 '하나로'로 선정되었는데 그것은 우리말 뜻 이외에 영문의 '고밀도 중성자속 선진 중성자 응용 원자로(High-flux Advanced Neutron Application Reactor)'의 머리글자를 따서 지은 것이다.

1995년 3월 25일 김영삼 대통령이 하나로를 방문했으며, '하나로 휘호석' 제막식도 있었다. 이어 1995년 4월 7일 정근모 과학기술처 장관, 한스 블릭스 IAEA 사무총장을 비롯 국내외 귀빈들이 참석한 가운데 역사적인 하나로 준공식을 거행했다. 행사에는 유공자에 대한 훈·포장 시상이 함께 진행되었고, 하나로 준공 기념우표도 발행되었다.

| 하나로 준공을 기념하기 위해 설치된 휘호석 ⓒ 한국원자력연구원

2019년 하나로는 IAEA가 공인하는 '국제연구로용원자로센터 (International Center for Research Reactor, ICERR)'로 선정되었다. 그동안 하나로는 연구용 원자로의 활용 확대를 위한 교육, 훈련, 연구개발 등의 능력을 인정받아 아시아·태평양지역의 유일한 국제센터로 인정받게 된 것이다.

하나로 설계·건조사업은 당초 500억 원의 예산으로 착수하였으나 기본설계와 상세설계 완료 시기를 기점으로 실질 소요 예산을 재산정하였다. 두 번에 걸친 예산조정을 거쳐 당초 예산의 약 2배인 총 934억 원으로 사업을 완료하게 되었다. 예산 증액분의 약 60%는 10년에 걸친 물가상승이며, 35%는 당초 예상했던 물량대비 설계 단계보다 증가 및 원자력 안전 등급 요건의 충족을 위한 기자재 및 건설공사비의 증가 때문이고 나머지 5%는 인허가 및 시운전 비용 증가에 기인한다. 하나로 설계·건조사업을 국가사업으로 추진하면서 정부 관련 부처의 사업에 대한 올바른 인식과 사업의 중요성을 제대로 인식하고 적극적인 예산 지원을 하였기에 사업을 성공적으로 완성할 수 있었다. 당시 운영실장이었던 최창웅의 사업 증액에 얽힌 회고담을 소개한다.

1989년은 노태우 대통령이 취임하고 선거공약을 선별적으로 약속하는 해였기 때문에 경제기획원에서 모든 예산을 1988년 대비 0% 증액 방침이었다. 특히 정부출연 연구소의 예산은 예외 없이 10~20% 삭감하겠다는 방침을 세워놓고 있었다. 이런 상황에서 연구소는 KMRR 사업비에서 255억 원을 더 증액 요청하자 경제기획원에서는 연구소 실무자들을 시대감각도 모르는 정신이상자 취급을 하였다. 그때나 지금이나 매년 4월쯤부터는 예산실 담당자들이 상공 예산담당관실에 서류를 제출하고 선착순으로 줄지어 서서 복도에서 쭈그리고 앉아 차례를 기다리는 것이 관례가 되어 있었다.

당시 KMRR 사업은 받아들일 수 없는 골치 아픈 요구를 한다고 해서 천덕꾸러기 신세였다. 선착순 '0'순위로 접수시켜 놓았다해도 담당 사무관이 그것을 맨 밑바닥으로 깔아 뭉기면 연구소 실무진이 사업에 대하여 설명할 차례는 오지 않아 새벽부터 밤 11시까지 참고 기다려야만 했다. 이와 같은 일을 15일 동안 당하게 되자 신앙심 없이는 견딜 수 없어 아침부터 밤늦게까지 경제기획원 복도에서 성경을 읽었다. 뭐라고 욕하는 것 같고 옆에서 조롱하는 것 같았지만 마음은 늘 편안하였다. 이러기를 17일쯤 지나자 담당 사무관도 너무했다고 생각했는지 제출한 서류를 검토하더니 자신의 사정을 설명하기를 "지금까지 모든 연구소의 예산을 삭감해서 겨우 300억 원 정도 되는데, 이것을 전부 KMRR 사업에 쏟아부을 수도 없고 그렇다고 달리 전용할 뾰쪽한 대안도 없어 고민이라며, 이 액수의 처리방안은 자기에 대한 평가와 승진에도 영향을 미칠 수 있는 심각한 문제"라는 것이다. 그래서 나는 내 직위를 걸고 KMRR 사업을 중도에서 그만두면 안 된다는 신념을 가지고 설득하였고, 결국 경제기획원의 이도호 사무관의 철저한 검토와 협조를 얻게 되어 총사업비 증가분 198억을 인정받게 되었다. 후일 이 사무관과 함께 식사하며 어려운 결정에 대해 진심으로 감사드렸다. 이 사무관이 말하기를 "많은 연구소의 예산을 다루면서 여러 담당자를 만났지만 최 형 같이 집념에 찬 사람은 처음이라며 인간적인 두려움마저 느꼈다"고 고백하더라는 것이다. 당시 KMRR 사람들은 다 자기 일에 미쳐 있었고 어떤 수모나 고통도 그것이 KMRR 사업을 위한 것이라면 달게 받아들였다.

정읍방사선과학연구소, 방사선 산업의 확대·발전

정부는 2001년 7월 제251차 원자력위원회에서 '첨단방사선 이용 연구센터' 설립을 의결하였다. 이 센터의 설립 목적은 의료, 농업, 생명공학, 공업, 환경 분야 연구에 방사선 및 방사성동위원소(RI) 이용을 확대해 산업발전과 국민복지 증진에 기여하는 것이었다.

2003년 6월, 전북 정읍시 신정동에서 방사선연구원 기공식이 있었고, 2005년 1월 제124차 연구소 이사회에서 '정읍분소 방사선연구원'이 의결되어, 2005년 3월부터 업무를 시작했다. 방사선연구원은 2007년 3월 '정읍방사선과학연구소'로 명칭을 변경했으며, 농업, 식품, 의료, 공업, 환경 분야에서 방사선 이용 기술 핵심 기반 시설을 갖추고, 연구를 했다. 2011년 12월 한국원자력연구원(Advanced Radiation Technology Institute, ART)로 명칭을 변경하였다.

1단계 연구소 건설 사업을 마치고, 2단계 사업인 대전류 사이클로트론 시설, RFT실용화(방사선융합기술)센터, IAEA 지정 국제 RT 협력연구센터, RI 바이오믹스센터, 홍보관 건립 사업 등을 추진했다.

방사선 융합 기술을 이용해 고부가 가치 신산업 및 의공학 산업에 사용되는 첨단 기능성 신소재 개발과 응용 연구를 하는데, 고준위 감마선 조사장치, 양성자 빔을 발생시키는 사이클로트론, 방사선 육종 기술 및 신품종 개발 실용화를 연구하는 방사선 육종 연구동, 방사성동위원소를 이용하는 생명체학 연구시설을 구축하였다. 그리고 방사선 계측기, 방사선 의료장치, 보안검색 장치 등 시장 수요가 많은 방사선 기기 개발을 위한 방사선기기팹 연구동, 산업체의 실증연구를 지원하는 전자선실증 연구동, RFT실용화 연구동을 확보하였다. 이러한 설비를 활용하여 방사선 이용 첨단 유무기 복합재료 제조 기술개발, 방사선이용 차세대 전자소자용 소재 제조 기술개발, 방사선 이용 수처리 소재 및 에너지 저장·변환 소재 제조 기술개발, 방사선 융합 차세대 약물전달 핵심 소재 개발, 방사선 이용 ICT 융합 기반 바이오헬스 의료소재 제조 기술개발, 전자선실증 연구동을 활용한 실증 연구개발을 수행하고 있다. '정읍방사선과학연구소'는 방사선 및 방사성동위원소 이용 기술개발을 통하여 국가 방사선 산업의 확대·발전 및 국민 삶의 질 향상에 크게 기여하고 있다.

기술 자립을 넘어선 새로운 도전

출력 100kW인 트리가마크-II를 도입해 서울 노원구 공릉동에서 가동을 시작한 것이 1962년인데 불과 30년 동안 우리 기술진은 하나로 설계·건설을 완성하며 기술 자립을 달성했다. 우리는 하나로 건설사업을 통해 설계·건설 능력을 확인하고, 설계의 정확성 검증하고, 연구로 설계·건조 기술을 국산화하였다. 연구로의 성능을 결정하는 중성자 속의 강도는 미국, 독일, 캐나다가 개발 중인 차세대 연구용 원자로와 함께 세계 최고 수준이었다. 나아가 2019년 8월, 아시아 최초이고 세계 5번째로 IAEA의 '국제연구용원자로센터'로 지정되었다. 국제연구용원자로센터 지정을 통해 외국 이용자들도 하나로를 이용할 경우 중성자빔 이용시설, 동위원소 생산시설, 중성자 방사화분석 설비와 조사시험설비 등 활용이 가능하다.

하나로는 중성자 공급능력과 이용시설 관점에서 세계 10위의 성능을 자랑하는 열출력 30MW급 다목적 연구용 원자로서, 세계 10위권의 중성자 발생 설비이다. 하나로는 43개의 원자로 내 조사공, 19개의 열중성자 및 냉중성자 연구시설을 보유하고 있는 국가 핵심 연구시설이다. 하나로 설비는 수소자동차 개발에 필요한 중성자 영상분석, 전력반도체 생산에 필요한 중성자 도핑기술, 컨테이너선 극후강판의 잔류응력 측정에 대표적으로 활용되고 있다.

또 비파괴 검사용 이리듐 등 산업용 방사성동위원소 생산, 희귀성 암 진단, 치료를 위한 방사성 의약품 원료를 공급하고 있다. 또한 핵연료 및 재료시험, 의약품 개발, 초정밀 물질분석 등을 통해 국가 산업 및 과학기술 발전과 국민복지 증진에 크게 기여하고 있다.

하나로 설계건설을 통해 축적된 기술은, 네덜란드의 연구로 개조사업을 맡았고, 요르단엔 연구로(JRTR)를 수출에 활용되었다. 그리고 한국원자력연구원은 지난 2003년부터 하나로 설계·건조·운영 경험을 토대로 하여 수출전용 연구용 원자로 모델 개발을 추진했다. 이를 기반으로 우리나라는 세계적으로 연구용 원자로 신규 건설 및 성능 개선 사업에도 진출하게 되었다.

chapter 11
원자력 기술도입 50년만에 '원자력 수출국' 대열에 진입

　　한국원자력연구원^(이하 연구원)은 하나로의 성공적인 건설·운영 실적을 바탕으로 2009년 12월 요르단 연구 및 '교육용 원자로^(Jordan Research and Training Reactor, JRTR)' 건설 사업을 수주하였다.

　　요르단 연구 및 교육용 원자로 건설사업은 요르단 수도 암만 북쪽 70㎞ 이르비드^(Irbid)에 있는 요르단과학기술대학교^(JUST)에 2014년까지 열출력 5MW급 개방수조형 다목적 원자로와 동위원소 생산시설 등을 건설하는 사업이다. 이는 우리나라가 1959년 원자력 연구개발을 시작한 지 50년 만에 이룩한 '첫 원자력 플랜트 수출' 쾌거로, 대한민국 원자력 기술의 우수성을 국제 사회로부터 인정받은 결과이다. 우리가 선진국도 탐낼 만한 기술력을 확보하게 된 것은 30MW급 연구용 원자로 하나로를 우리 힘으로 설계·건설·운영하며 확보한 기술력과 노하우 때문이다. 1995년 2월 연구소가 자력으로 다목적 연구용 원자로 '하나로' 성공 후 많은 좌절과 난관을 극복하고 어떻게 연구로를 수출할 수 있었는지, 그 성공담을 얘기해보고자 한다.

하나로 이용 활성화

'하나로' 이용시설에는 열중성자 빔 연구시설, 중성자 조사시험 설비, 동위원소 생산시설, 냉중성자 빔 연구시설 등이 있다. 하나로는 운영 초기부터 중성자 에너지가 0.625eV 이하인 열중성자 빔을 이용하여 중성자 탄성 산란실험, 비탄성 산란실험, 비파괴 검사, 중성자 영상 촬영 등을 위해 열중성자 빔 연구시설을 설치·운영해 오고 있다. 하나로의 중성자 조사시험 설비를 이용하여 중성자속이 높은 노심영역과 중성자속이 상대적으로 낮은 반사체 영역에 수직공을 설치하여 재료 조사시험, 핵연료 조사시험, 중성자 방사화 분석, 방사성동위원소 생산, 중성자 도핑 등 기술을 개발하고 있다.

또 하나로에서는 핫셀(Hot Cell)들과 부대설비를 갖추어 산업용과 의료용 방사성동위원소를 생산하고 있다.

하나로는 중성자 이용 기초과학 연구, 의료용 및 산업용 방사성동위원소 개발, 핵연료 및 원자로 재료 개발, 극미량 재료 성분 분석, 반도체 생산 등 과학기술의 여러 분야에 활용되고 있다.

특히 중성자빔 분야의 하나로 이용자 수는 연간 평균 85개 기관, 약 700명에 달하며, 비파괴검사용 이리듐-192(Ir-192), 의료용 요오드-131(I-131) 제조를 통해 국내 동위원소 수요의 70%를 생산하고 있다. 중성자 도핑을 이용한 고성능 반도체는 세계 생산량의 20%를 담당하고 있으며 연간 2,000건의 미량원소 시료를 분석하고 있다. 이중냉각 핵연료, 신형 경수로 핵연료, 우라늄 몰리브덴 합금(U-Mo) 연구로용 핵연료 등에 대한 조사시험도 하고 있다.

중성자산란 이용은 연구로에서 물질의 미시적 구조와 운동을 연구하기 위한 효과적인 방법이지만, 이를 사용하기 위해서는 높은 중성자속이 관건이다. 중성자속 기준으로 세계 10위권의 고 중성자속 연구로인 하나로를 보유한 원자력연구원은 중성자빔 이용과 중성자산란 연구에 큰 전기를 맞았다.

중성자 산란장치를 국내 산·학·연 이용자들에게 개방해 원자력, 물리, 화학, 재료 연구뿐만 아니라 나노기술(NT), 생명공학기술(BT), 환경, 에너지기술(ET) 등의 새로운 첨단 연구 분야의 강력한 연구 수단으로 기여하고 있다.

원자력연구원은 하나로 이용 활성화를 위해 1999년 말 운영위원회, 이용자협의회, 등 6개 분야의 전문연구회를 구성하여 운영 중이다. 또한 이용자를 발굴·육성하기 위한 학생 실습 및 전문 교육과 심포지엄 역시 매년 개최하고 있다. 이에 더해 제반 업무를 보다 체계적이고 효과적으로 추진하기 위한 자체 사업으로 하나로 이용 활성화 사업을 수행하고 있다.

냉중성자 연구시설, 나노영역의 물질구조 연구

냉중성자 연구시설은 중성자를 영하 250℃ 액체수소를 통과시켜 감속시킨 저속의 냉중성자(Cold Neutron)을 이용하여 생명공학, 재료공학, 물리학 분야의 나노미터 크기의 물질 구조와 저에너지 동력학을 연구하는 시설이다. 하나로의 냉중성자 연구기반 시설은 냉중성자원과 이로부터 발생하는 냉중성자를 활용하는 중성자산란 장치들로 구성되어 있다. 이는 나노 물질의 구조 및 저에너지 동역학, 기초과학 연구, 전자부품, 컴퓨터 칩, 나노 소재 원천기술 개발, 난치병 치료용 약물전달 물질 개발, 나노 바이오 구조 분석을 위한 첨단 분석기술 개발 등 다양한 분야에 활용되고 있다. 이를 통해 원자력연구원은 장파장 중성자를 이용한 나노 영역의 물질 구조 및 동역학 연구를 위한 국가 핵심 R&D 기반 시설을 갖추며 독보적인 능력을 보유하게 되었다.

냉중성자 연구시설 구축사업은 2003년 7월에 착수해, 2004년 1월 설계에 들어간 이 사업은 2006년 건설공사를 시작해 2008년 5월에 완공했다. 본격적인 시설 운영은 2010년부터 시작되었다.

원자력연구원은 실험 목적에 따라 냉중성자 실험동의 중성자 유도관 중간 및 끝 단부에 7기의 중성자 산란 장치들을 설치하고 성능시험을 수행했다.

운영 안정화와 주요시설 구축을 마친 2011년부터는 냉중성자 산란장치들을 순차적으로 가동을 시작해 2012년 이용자들에게 개방했다. 이러한 중성자 산란 장치는 원자력 분야는 물론 물리·화학과 같은 기초과학, 재료·나노·바이오, 산업용에 이르기까지 국가 연구개발 기반 시설로서 다양한 분야의 발전에 크게 공헌하게 되었다.

열중성자 실험시설 ⓒ 한국원자력연구원

핵연료 종합 검증 시험 시설 구축

핵연료 노내 조사시험 설비는 하나로 안에서 원자력발전소 노심의 온도·압력·유량·수질 조건을 구현해 새로 개발한 핵연료의 종합적인 성능을 검증하는 시설이다. 핵연료종합 검증시험(FTL) 구축 사업은 2001년 12월 말 개념설계를 시작으로 2004년 상세설계를 완료하여, 2006년 7월 과학기술부로부터 FTL 설치허가를 받았다.

따라서 공사는 2006년 7월 시작해서 2007년 3월 완료, 2007년 4월 시운전을 시작으로 2009년 10월 완공했다.

아울러 FTL을 핵연료 조사시험에 활용해 핵연료와 피복관의 노내 성능검증을 할 수 있도록 핵연료 종합 성능 검증 조사 시험 기술도 개발했다. FTL은 노내 시험부(IPS: In-Pile test Section)와 노외 시험부(OPS: In-Pile test Section)로 구성되며, 핵연료봉을 최대 3개까지 조사(照射)할 수 있다.

새로 개발한 핵연료를 원전에 장착하기 위해서는 연구로에서 연소 시험을 통해 그 성능을 실증적으로 입증하는 과정을 반드시 거쳐야 한다. 그러나 과거엔 국내에는 그런 설비가 없어 국외 시설에 의존해야 했다. FTL 완공으로 마침내 국내에서도 핵연료의 종합 성능 검증 시험과 함께 차세대 핵연료의 조사시험 역시 국내에서 할 수 있게 되었다. 이에 따라 하나로는 원자력발전소의 경제성을 크게 향상시킬 신형 핵연료 개발과 핵연료의 안전성 확보에 중요한 역할을 담당하게 되었다. 차세대 핵연료의 조사 시험을 외국 시설에 의뢰할 경우는 자료 확보도 제한적이고 기술의 외국 유출이 불가피하게 된다. FTL 개발 덕분에 신형 핵연료의 조사시험 자료를 독자적으로 확보할 수 있게 되었을 뿐만 아니라 조사시험 비용까지 절감할 수 있게 되었다.

연구용 원자로 기술 수출의 도전과 기회

원자력연구원은 하나로 건설·운영 경험을 바탕으로 1990년 중반부터 연구용 원자로 수출을 추진해왔다. 당시에는 아르헨티나 인밥(INVAP)과 1950년대에 우리에게 연구로를 처음으로 공급한 미국 제네럴 아토믹스가 국제 연구로 시장을 선점하고 있었다. 우리는 1995년에 캐나다 AECL과 공동으로 태국 옹카락(Ongkarak) 연구로, 2000년에는 호주의 RRRP 연구로 건설사업 입찰에 참여했으나, 당시 독자적으로 수출할 능력이 없어 두 사업 모두 실패했다.

그때 원자력연구원의 능력은 설계와 시운전 일부 분야에서 AECL과 협력하는 수준이었다. 그러나 원자력연구원은 연구로 수출이라는 비전을 가지고 부족한 역량을 보완하기 위해 많은 노력을 기울였다. 2003년부터 수출형 연구로 모델 및 요소 기술 연구에 착수하여, 2009년까지 '연구로 공학 기술 연구' 과제를 하면서 연구로 주요 계통에 대한 설계 능력을 쌓아갔다. 한편 외부적으로 각종 국제협력과 연구로 관련 기술 수출 등을 통해 국제 사회에서 인지도를 높여 나갔다.

2007년 12월 원자력연구원과 한전기술, 두산중공업, 대우건설 컨소시엄이 네덜란드 팔라스(PALLAS) 연구용 원자로 신규 건설 국제 입찰에 3배수 입찰 대상자로 사전자격심사를 통과했지만 수주에는 실패했다(2017년 팔라스 2차 입찰에도 참여하였으나, 발주자 측의 무리한 재정적 요구로 최종 입찰 참여를 포기하였다).

마침내 2009년 1월 원자력연구원과 한전기술은 일차냉각계통 교체를 위한 노심설계와 안전해석을 포함한 그리스 연구로 GRR-1의 시설개선 용역 수주에 성공했다. 2009년 8월부터 연구원은 일차냉각계통 교체를 위한 노심설계와 안전해석 업무를 맡게 되었으나 그리스의 경제난으로 사업이 중단되고 말았다.

원자력연구원은 2010년 태국 연구용 원자로 TRR-1의 계측제어계통 개선 사업(2010. 6~2016. 2)에 참여하였다. 또 말레이시아 연구로 RTP 계측제어계통 개선사업(2012. 6~2014. 3)을 했고, 2014년 8월에는 네덜란드 연구용 원자로 HOR에 냉중성자 연구시설을 설치하는 사업(OTSTER)도 수주했다. 네덜란드 델프트공과대학교가 운영 중인 연구로에 냉중성자 시설 설치를 위해 노심을 개조하고 설비를 추가로 구축하는 사업으로 계약금액만 1,900만 유로(약 260억 원)이다.

이후 테크네튬-99(Tc-99m) 용매추출 장치 등 방사성동위원소 생산 장치, 증류탑 자동 검사장치 같은 동위원소 추적자 관련 장비 등을 세계 10여개 나라에 수출했다. 또 핵 확산 금지를 위해 20%이상의 고농축 우라늄 사용을 억제하려는 미국 주도의 '연구로 고농축 우라늄 프로그램(RERTER, Reduced Enrichment for Research and Training Reactor)'에서는 원자력연구원의 독보적 기술인 원심분무 핵연료분말 기술이 국제사회에서 높이 평가받게 된 것은 자랑스럽다.

원자력 기술도입 50년만에 연구용 원자로 수출

요르단은 서아시아에 위치한 입헌 군주국이다. 수도는 암만이며, 이라크, 팔레스타인, 이스라엘, 사우디아라비아, 이라크와 국경을 접하고 있다. 요르단은 원전 확보의 첫 단추로 연구용 원자로 건설을 야심차게 추진하여 왔다. 2009년 1월 요르단원자력위원회(JAEC: Jordan Atomic Energy Commission)는 입찰제안서를 통해 각 공급자들에게 자국의 연구로 건설사업에 응찰해 줄 것을 요청했다. 그러나 한국은 연구로 공급국으로 인식되지 않았기 때문에 입찰제안서를 뒤늦게 받았다. 연구원은 당시 네덜란드 팔라스 사업 입찰을 준비하며 축적한 경험을 바탕으로 대우건설과 함께 컨소시엄을 구성, '요르단 연구로(JRTR: Jordan Research and Training Reactor)' 건설사업에 응찰했다. 요르단원자력위원회가 발주한 이 사업은 요르단 연구 및 교육용 원자로 건설이며 중성자 과학기술 핵심시설 구축, 동위원소 생산 및 중성자 조사서비스 제공 및 원자력 전문인력 양성이 목적이다. 이것은 1960년대 우리가 TRIGA Mark-II를 도입할 때와 똑같은 목표라는 점에서 제대로 된 계획이었다.

연구원과 대우건설 컨소시엄은 국제경쟁 입찰을 통해 요르단 연구로 건설사업을 2009년 12월 수주했는데 계약금액은 미화 1억 6100만 달러였고, 이중엔 EDCF 융자금 8,280만 달러가 포함되어 있다.

우리는 원자력 기술 습득 50년 만에 사상 첫 원자력 시스템 일괄 수출의 신기원을 이룩했다. 이는 연구로 1호기와 2호기 및 '하나로'

┃ 요르단 연구로 수출 협정 체결 ⓒ 한국원자력연구원

건설·운영을 통해 축적된 기술력을 토대로 이룩한 성과이다. 한국 컨소시엄은 그간 국제사회에서 이 분야의 선두주자로 앞서가던 아르헨티나 인밥, 중국핵공업집단공사(CNNC), 러시아 아톰 스트로이 엑스포트(ASE JSC) 등 3개국 연구로 공급자들과 마지막까지 경합을 벌이다가 월계관을 쓰게 된 것이다.

요르단은 원자력발전 도입을 앞두고 인프라 구축을 위해 요르단 과학기술대학교에 최초의 연구 및 교육용 원자로 요르단연구로를 건설하고자 했다. 이 요르단 연구로는 열출력 5MW급(10MW로 성능 향상 가능), 개방 수조형 다목적 원자로와 동위원소 생산시설 등을 포함한다. 연구원은 원자로 공급과 함께 계통설계, 운영요원 교육 및 훈련 등을 담당하였다. 대우건설이 종합설계, 기자재 공급, 건설 및 인허가, 사업관리 등 설계·조달·시공(EPC)을 총괄했다.

요르단 연구로 건설사업은 2010년 3월 30일 정식 계약을 체결 후 2010년 8월 1일 공식적으로 착수됐다. 2013년 8월 건설허가, 2016년 4월 핵연료 장전허가를 획득, 2016년 4월 25일 최초 임계에 도달, 2016년 12월 7일 준공됐다.

2017년 6월 15일 이 시설을 요르단원자력위원회에 성공적으로 인도했다. 요르단은 이 연구로에서 동위원소(I-125)를 생산해 자국 내 병원에 공급할 계획이다. 원자력연구원은 지금까지 요르단 연구로의 운영을 지원하고 있으며, 향후 실험장치의 설계와 설치작업에 협력할 예정이다. 이 사업을 통해 형성된 양국 간의 신뢰관계는 요르단이 우리의 발전용원자로 도입을 검토하는 계기를 제공했다. 이에 따라 한국, 사우디아라비아, 요르단 3국은 연구소가 개발한 중

┃준공 이후 요르단 연구용 원자로 시설(2016. 12. 7) ⓒ 한국원자력연구원

소형원자로 스마트 2기 도입 타당성 조사를 공동으로 행한 바 있다.

　일반적으로 연구용 연구로는 참조 원자로 모델도 없이 발주자의 모든 요구조건을 만족하도록 설계해야 하므로 원전 설계보다 더 어렵다. 요르단 연구로의 경우, 의료용·산업용 동위원소 생산 기능뿐만 아니라 중성자를 이용하는 제반 과학연구 기능과 교육 및 훈련 기능을 가지는 다목적 연구로여서, 모든 것을 만족시키는 설계여야 했기에 더욱 어려웠다. 연구원은 요르단의 요구에 따라 원자로의 용량, 특성, 기능과 이용 설비에 대한 개념설계부터 시작해야 했다. 이처럼 참조 모델이 없는 연구로를 우리 기술진이 독자적으로 설계·건설한 것은 정말 경이로운 일이 아닐 수 없다.

　이는 우리 원자로 설계기술 능력이 세계 최고 수준에 도달했기 때문에 가능한 일이었다. 특히 원자력연구원의 윤주현 박사와 대우건설의 전병진 기술고문의 열정과 집념, 헌신이 없었다면 요르단 연구로 건설은 불가능했을 것이다.

수출용 기장연구로 건설사업 추진

연구용 연구로는 기초연구뿐만 아니라 방사성동위원소 생산 및 재료개발 등 신기술 개발에 폭넓게 활용된다. 2012년 4월 연구원은 부산시 기장군의 동남권 방사선 의·과학 산업단지 안에 15MWt 수출용 신형연구로 건설(2027년 가동 예정)을 시작했다. 지역 이름을 따서 기장연구로(KJRR)로 명명된 사업은 연구로와 동위원소 생산시설의 활용시설을 건설하는 일이다. 연구로 건설의 주목적은 급증할 것이 확실시 되는 세계 연구로 수요에 대비한 신기술 개발·검증을 통해 연구로 수출 경쟁력 강화를 구비하기 위함이다. 기장연구로는 의료와 산업용 방사성동위원소의 국내 공급과 함께 수출 및 원자력 관련 연구개발 증진과 신산업 창출에 활용될 것이다. 이 사업은 총사업 예산 2,900억 원(국비 2500억 원, 지방비 400억 원)을 투자해 5년에 걸쳐 연구로 설계, 기자재 공급·설치, 건설·시운전 과정을 거쳐 상업 운전에 들어가는 일정으로 시작되었다.

2011년 2월 한국개발연구원(KDI)은 기장연구로 사업 예비타당성 조사 보고서를 기획재정부에 제출했으며, 2012년 2월에는 이 연구로 이용에 관한 교육과학기술부, 부산시, 기장군, 연구소 간의 사업 협약을 체결했다. 사업 1차 연도에는 사업관리체계 구축, 원자로와 주요 계통의 개념설계, 환경방사선 측정시스템 설치를 완료했다.

2차 연도에는 원자로 및 주요 계통 기본설계를 통해 노심출력을 확정하고, 2013년 4월 연구로 및 부대시설 종합설계용역을 발주했으며, U-Mo 판형 핵연료 검증을 위한 실증시험도 시작했다. 3차 연도에는 사업부지 조성공사를 했고, 원안위에 연구로 건설허가를 신청했다(2014. 11.). 하나로에서 축소 핵연료판 1차 조사시험을 끝내고 조사 후 시험을 했으며, 미국 아이다호 국립연구소(INL) 연구로인 ATR에서의 조사시험을 위해 시험용 핵연료집합체를 보냈다.

4차 연도에는 핵심설비인 원자로 본체와 원자로 제어계통의 제작 용역계약을 각각 체결했으며, 사업부지 정지와 진입로 공사를 완료했다. KINS는 2015년 10월 기장연구로 건설허가 신청에 대한 서류 적합성 검토를 완료하고 본 심사를 시작했다. 2016년 12월 원자력연구원은 지방비 공사인 154kV 전력인입(電力引入) 선로 건설공사 토목 2구간 공사계약을 체결한 다음 공사를 시작했다.

수출용 신형연구로에서 처음 사용할 U-Mo 핵연료 검증을 위한 시험용 핵연료집합체 조사시험을 INL과 국제공동연구(CRADA)로 추진했다. 제1단계로 핵연료조사시험을 위한 예비분석 및 개념설계를, 제2단계에는 2015년 10월 27일 시험용 핵연료집합체를 INL의 ATR에 장전해 2017년 2월 24일 손상 징후 없이 조사시험을 성공적으로 완료했다. INL은 조사된 핵연료집합체를 11개월간 냉각시킨 후 2018년 2월부터 조사 후 시험을 시작했고, 연구원은 그 시험 결과를 인허가에 반영했다. 고밀도 특성을 갖는 우라늄-몰리브덴(U-Mo) 핵연료를 사용할 수 있다면, 전 세계 연구용 원자로에서 사용하는 고농축우라늄 핵연료를 저농축우라늄 핵연료로 전환할 수 있다. 그렇기에 핵비확산 측면에서 고밀도 우라늄-몰리브덴 핵연료의 검증은 국제적인 관심 사항이다. 기장연구로 건설사업에서 우라늄-몰리브덴 판형 핵연료, 하부설치 제어봉 구동장치, 핵분열 몰리브덴 생산기술의 개발·검증을 하고 있으므로 기술 경쟁력은 더욱 높아질 것이다. 이것은 우라늄의 농축도를 올리는 대신 밀도를 높여 같은 부피안에 들어가는 우라늄 원자 수를 많게 함으로써 농축과 같은 효과를 내게 하는 기술이니 칭찬받을만 하다. 이 기술을 적용하면 국제적 걱정인 핵확산 우려를 불식시키고 핵연료 생산 장비도 낮추니 원자력에 대한 국민의 수용성도 높이게 되어 그야말로 꿩 먹고 알먹고 털까지 뽑아 먹게 될 것이라고 말할 수 있지 않겠나?

국회 미래창조과학 방송통신위원회(현 과학기술정보 방송통신위원회)의 2016년 예산 검토보고서에서 '후쿠시마 원전 사고 이후 원자력 시설 및 부품의 단가상승 등 외부환경에 변화가 있으므로 사업의 원활한 추진을 위해 사업비와 사업 기간의 재검토가 필요하다'하여 연구원은 사업의 재기획을 추진했다.

연구로 및 부대시설 상세설계 결과 예비 타당성조사 결과에 비해 시설 규모가 커지고 원자로 본체, 원자로 주제어 설비의 제작비가 실행예산 대비 크게 증가하여 총사업비가 66.8% 증가할 것으로 나타났다. 이에 따라 2016년 10월 미래창조과학부는 기획재정부에 적정성 재검토를 신청했으며, 10개월 간의 사업설명과 질의 답변, 두 차례에 걸친 점검 회의를 거쳐 2017년 9월 기획재정부 타당성 심사과는 적정성 재검토 결과를 관련 부처와 기관에 통보했다. 재검토 결과, 증액 신청분의 89%를 확보했으며, 사업 기간도 2년 연장됐다. 기장연구로 사업은 2021년 정부의 사업 재검토 결과 사업비가 7,500억 원으로 증액되었고 건설기간은 5년에서 15년으로 늘어났다. 기장 연구로 사업이 이렇게 지연되고 사업비가 대폭 늘어난 것은 2016년 9월 12일에 발생한 경주지진 때문이었다.

원자력연구원은 경주지진 유발단층에 대해 현재까지 정확한 정보를 바탕으로 최대 잠재지진을 재산정하고, 부지의 최대 지진동을 재평가해 2017년 9월 원안위에 제출하였으나, 2017년 11월 15일 발생한 규모 5.4의 포항지진에 따른 추가적인 부지 영향평가로 인해 건설허가는 당초 계획보다 더욱 지연되었다. 결과적으로 경주지진은 기장연구로 건설사업의 공기와 사업비에 큰 영향을 미쳤다.

┃ 수출용신형연구로 및 동위원소활용연구센터 착공식

2016년부터 기장연구로 건설 사업의 사무국장이던 이두정 박사의 경주 지진에 대한 소회를 소개한다.

그때 그는 원자로 계통설계, 플랜트종합 설계 및 기기 설계와 함께 원안위, KINS, 원자력통제기술원과의 인허가 업무도 총괄했다.

이 박사가 2016년 9월 12일 오후 서울 광화문에 있는 원안위 사무실에서 회의를 마치고 나오려고 하는데, 경주에서 규모 5.8 지진이 발생했다는 뉴스가 나오자 '큰일 났구나'하는 생각이 뇌리를 스치고 지나갔는데 지금도 가끔 그 순간이 떠오를 때가 있다고 한다.

2016년 9월 12일 발생한 경주지진은 규모 5.8로 지금까지 우리나라에서 계기로 지진을 관측하기 시작한 이래 규모가 가장 큰 지진이었다. 이에 따라 규제기관에서는 경주지진이 진원으로부터 50km 떨어진 기장연구로와 0.2g 지진기준으로 설계한 20km 거리의 월성원전에 미치는 영향에 대한 평가를 요구하였다.

이런 이유로 기장연구로 인허가는 월성원전 지진문제가 해결이 될 때까지 기다리는 수밖에 없었다. 한수원이 월성원전에 대한 경주지진 영향평가를 한 후, 같은 방법으로 기장연구로에 대한 영향평가를 하였기 때문에 두 기관은 문제를 해결하기 위해 긴밀하게 협력하였다. 이후 KINS의 기술심사 통과와 원안위의 전문위원 및 안전위원들의 심의 통과를 거쳐 2년 반이 지난 2019년 5월 10일 기장연구로 건설허가를 취득했다.

제2의 요르단 연구로 수출을 기대하며

'요르단 연구로 수주'는 같은 시점에 수출한 UAE 원전과 함께 우리나라 최초의 원자력기술 수출이다. 이것은 우리 기술 수준을 국제 사회로부터 명실상부하게 인정받은 성과이므로 원자력계의 숙원인 수출 산업화에 주춧돌을 놓는 계기가 되었다.

1959년에 출범한 원자력연구원은 중수로와 경수로 핵연료 국산화, 한국표준형 원전의 계통설계 등 원자력 기술 자립을 앞장서서 이끌었다. 이어 연구원 설립 50주년을 맞은 2009년 요르단 연구로 수주는 우리가 1959년 미국 지원으로 국내 최초의 연구용 원자로 트리가 마크-II를 도입한 지 50년 만에 연구용 원자로 수출을 이룬 것이기에 더욱 의미가 깊다. 국제 경쟁 입찰에서 기술력을 인정받아 요르단 연구로 사업 수주에 성공함으로써 우리나라 원자력 브랜드의 신뢰도가 획기적으로 제고됐다.

IAEA의 자료에 따르면, 현재 세계 50여 개국에서 240여 기의 연구로가 운전되고 있는데 그중 80%는 20년 이상, 65%는 30년 이상된 노후 원자로이므로 연구로에 대한 점진적인 대체 수요와 신규 수요는 꾸준하게 발생할 것으로 예상된다. 10~20MW급 연구로 건설비는 1기당 5천~8천억 원이 소요되기 때문에 향후 연구용 원자로 세계 시장 규모는 15조 원 정도로 추산된다.

앞으로 추가적인 연구로 수출이 이어지기 위해서는 기술 경쟁력과 충분한 사업비 경쟁력을 갖춰야만 한다. 우리는 방글라데시, 태국, 케냐 등 연구로 신규 수요국과 연구로 사업 타당성 연구 등 국제 협력을 꾸준히 추진하고 있다.

새로운 틈새시장으로 떠오르고 있는 세계 연구로 시장에서 제2, 제3의 연구로 수출이 이어지기 위해서는 기술 경쟁력과 사업비 경쟁력을 충분히 갖춰야만 한다. 요르단 연구로 사업의 성공적 완수를 통해 우리의 연구로 설계·건설 기술은 검증됐으나 자금력이 큰 관건이다. 사업비 경쟁력은 중국이나 아르헨티나보다 열세인 것이 확실하나, 사업비 경쟁력 없이 연구로 수출 명분만으로는 여러 기업이나 기관들을 결속하기는 어려울 것이다.

연구로 기기가 소량, 다품목이어서 중소기업의 기기제작 능력을 강화와 같은 사업비 절감 노력이 필요하다.

chapter 12
토종 스마트 원자로 개발의 숨겨진 이야기

스마트는 연구원이 100% 순수 국내 기술로 개발한 우리 고유의 소형 원자로(SMR)이다. 1993년 일체형 원자로 개발사업을 기획하고, 온갖 역경 속에서 열정을 다 바쳐 스마트를 개발하여 기술 수출을 하기까지 약 30년이 걸렸다.

스마트 개발 환경은 매우 열악했고, 개발책임자도 여러 번 바뀌었으며 사업이 중단될 뻔한 위기도 여러차례 있었다. 그중 가장 큰 문제는 장기적이고 안정적인 연구개발 재원 확보였다. 열악한 연구환경 속에서도 주어진 현실에 안주하는 자세에서 탈피하여 새로운 원자로 개발에 대한 연구원들의 도전 정신과 열정이 우리 고유의 스마트 개발과 기술 수출의 원동력이 되었다. 오늘의 이 같은 결실은 묵묵히 뚝심으로 스마트 개발을 추진해 온 연구원 후배들의 노력과 열정이 있었기에 가능했다고 생각된다.

스마트 개발에 참여한 연구원들이 갖은 역경을 넘어 세계 최고의 소형 원자로 스마트를 개발하게 된 숨겨진 이야기를 해보려 한다.

소형 모듈원전 시장 급부상

1960년대 이후 상용 원자로 시장은 경수로를 위주로 성장하였으며, '규모의 경제'에 따른 경제성 향상을 위하여 대형화를 추구해 왔다. 하지만 후쿠시마 사고 이후, 안전규제 강화, 초기 투자비 부담으로 대형 원전 시장이 정체되어 있다. 이런 이유로 소형모듈원자로(Small Modular Reactor, SMR)는 대형 원전 건설 리스크를 현저히 낮추고 대형 원전 위주의 현행 원자력 시장의 확장 한계성을 극복할 수 있는 방안으로 급부상하고 있다.

요즈음 세계 원자력 시장은 SMR 중심으로 재편되면서 2050년까지 약 350조 원 규모로 성장할 것으로 예상된다. IAEA의 2022년 보고서에 의하면 현재 세계적으로 80여 종의 가압경수로형(PWR) 또는 비가압경수로형(Non-PWR) 300MWe 이하의 SMR이 개발되고 있다.

특히 주요국인 미국이 20종, 중국이 10종, 러시아가 17종의 SMR 개발을 적극 추진 중이며, 이 밖에 캐나다, 한국, 영국도 활발하게 개발하고 있다. 러시아와 중국은 이미 SMR을 가동 중이고, 미국, 영국도 SMR 건설을 추진하고 있다.

혁신 설계개념을 적용하는 SMR의 특징은 원자로의 일체형 배치를 통해 소형화와 모듈화를 도모할 뿐만 아니라 혁신적인 안전개념을 도입하고 있다는 점이다. 혁신적인 안전개념으로는 노심의 잔열 제거나 격납용기의 열제거 계통에 자연순환 냉각의 피동형 개념 도입이며, 펌프, 배관, 보조기기의 사용을 최대한 배제하고 원자로 내의 일체형 배치를 통해 대형 냉각재 상실 사고의 가능성을 현저히 감소 또는 원천적으로 배제하고 있다.

일반적으로 SMR은 안전성 향상, 핵 비확산, 폐기물 관리, 부지 선정 및 핵연료 주기 선택에도 다양한 유연성을 제공하는 특성을 가지고 있다.

SMR은 모듈화 설계로 기기 생산 공정과 조립을 단일화하고 건설 공기를 단축하여 경제성을 제고할 수 있고 또한 탄소중립과 에너지 안보에도 매우 중요하다.

SMR은 출력용량이 300MWe 이하의 모듈형 원자로로 설계·제작·운반하여 현장에서 조립하는 방식으로 건설하며 다목적 활용이 가능하다. 공장 제작 비중이 높아 건설 공기가 짧고 초기 투자비가 적게 들기 때문에 재무 리스크가 현저히 줄어 재원 조달이 상대적으로 용이하다. 소형이고 계통 단순화 및 피동계통 활용을 통한 안전성 강화가 대형 원전보다 효과적이다 보니, 대중 수용성 측면에서도 유리하다.

여러 개의 SMR을 모듈식으로 조합하여 출력을 전력 수요, 열 수요에 따라 유연하게 공급할 수 있기에 유연한 출력조정 기능을 갖추어 간헐성과 변동성이 극심한 태양광, 풍력 등 재생에너지 시스템과 조화를 이룰 수 있다. 유연한 출력조정 능력은 재생에너지 확대에 따른 에너지 저장장치 용량을 크게 줄임으로써 재생에너지 확대에도 기여한다. 간헐성 재생에너지의 출력제약을 비용 효과적으로 저감시킬 수 있는 재생에너지와의 하이브리드 시스템 구축도 용이하다. 노후 화력발전소를 대체하거나 원격지의 소규모 분산 전원, 난방열, 공정열, 해수 담수화 열에너지 공급원으로 이용도 가능하다. 또 핵연료 교체 없이 장기간 운전이 가능하여 선박이나 우주선 추진동력 등 다양한 목적을 위해 개발되고 있다. SMR은 전력공급 측면에서 고립된 섬인 우리나라에 탄소중립과 에너지 안보와 산업경쟁력을 동시에 제공할 수 있을 것이다.

차세대 원자로 개발, 개량형 원자로 혹은 혁신형 원자로?

1990년 3월 12일 필자는 당시 연구소 사업본부장인 정문규 박사와 함께 WH를 방문하여 핵연료개발사업 협력을 협의하고 AP600 개발현황을 파악하였다. 그리고 4월 12일 WH 전문가들을 원자력연구원에 초청하여 APWR1000과 AP600 개발현황에 대한 세미나를 가졌다. 당시 연구원에서는 김병구 박사를 중심으로 CE로부터 기술을 전수받아 영광원전 3·4호기 원자로를 설계하면서 원자로 계통(Nuclear Steam Supply System, NSSS) 기술 자립을 추진하고 있었다. 따라서 그 당시 원자력연구원이 WH와 신형 원자로 개발에 대한 협력을 추진하면 CE의 비협조로 CE와 공동설계와 기술전수에 문제가 발생할 수 있다고 생각하여 신형원자로 개발에는 별로 관심을 보이지 않았다.

1991년 9월 필자는 연구소 신형원자로·핵연료개발 본부장으로 부임 즉시 개량형 원자로(Evolutionary PWR)개발에서 혁신형 원자로(Revolutionary PWR)개발로 방향을 전환하고, 이를 추진하기 위하여 신형안전로개발부(부장 문갑석 박사)를 설립하고 신형안전로개발 사업에 박차를 가하였다.

1991년 9월부터 과학기술처 연구개발과(과장 홍승빈)로부터 '한국형 신형안전로개발 과제(1991. 9~1992. 4)'를 수주(5억 원)받아 개발에 착수하였다. 이 과제를 통해 당시에 미국에서 개발 중이었던 AP600, System80⁺, 등 선진국들의 신형원자로 개발동향과 설계개념에 대한 연구를 할 수 있었다. 우리가 한국표준형 원전 기술 자립을 이루고 난 후 우리 기술로 개발할 차세대 원자로형으로 CE의 System80⁺와 같은 개량형 경수로를 개발할 것인지 아니면 WH에서 개발 중인 AP600 같은 혁신개념의 원자로를 개발할 것인지를 평가하게 되었다.

한편, 국내에서는 1980년대 후반부터 주력해왔던 한국형 표준원전 기술 자립이 본격화되면서, 이제는 우리 기술로 개발할 차세대 노형을 선정하는 것이 중요해졌다. 당시 CE의 '시스템80⁺' 같은 개량형 원자로 또는 WH에서 개발 중인 'AP600' 같은 혁신형 원자로 중 개발 노형을 결정해야만 했다. 정부와 산·학·연 전문가들이 모여 여러 차례 토론하였다. 서울대 강창순 교수와 이은철 교수, 한전 심창생 처장, 한전기술 신재인 전무, 원자력연구원 김시환 본부장, KINS 김성년 부장, 동력자원부 김세종 국장, 과학기술처 임재춘 국장이 토론회에 참여하였다. 한전이 제안하는 개량형 원자로를 개발할 것인지 아니면 연구원이 제안하는 혁신형 원자로를 개발할 것인지에 대한 열띤 토론을 벌인 끝에 '차세대 상용 원자로형으로 개량형 경수로를 개발하자'는 방향으로 의견이 모아졌다.

1992년 6월, 정부는 차세대 원자로(Korea Next Generation Reactor

KNGR) G7 과제로 추진하기로 결정했다. 이때 차세대 노형으로 개량형 PWR(이후 APR1400으로 명명)을 선정하며 한전이 사업주관 기관이 되었다. 정부는 대형 차세대 경수로 개발에 많은 예산을 투입해, 1992년 원자력연구개발 중장기 계획을 원자력위원회에서 의결되어 많은 연구개발을 하기로 하면서, 경수로 개발과제는 하나도 포함시키지 않았다. 이로써 원자력연구원의 주력사업인 가압경수형 원자로 개발과제가 없어지게 되자 필자는 새로운 도전에 직면하여 고민에 고민을 거듭하게 되었다.

물 부족 문제 해결을 위한 일체형 원자로 개발 착수

물 부족은 세계적인 문제다. 지구 표면은 70%가 물로 덮여 있으며 그중 바닷물은 약 97.5%, 담수는 고작해야 약 2.5%뿐이다. 담수는 다시 빙하와 만년설 68.9%, 지하수 29.9%, 토양 및 대기 중의 수분 0.9%, 하천, 호수와 저수지 물 0.3%로 구성되어 있다. 우리가 사용할 수 있는 물은 지구 전체의 0.0075%뿐이다. 유엔 환경보고서에 따르면, 세계 인구의 3분의 1 가량이 심각한 물 부족에 처해 있다.

IAEA는 1989년부터 중동, 북아프리카 등 물 부족 국가들의 요청에 따라 원자력 해수담수화 국제공동연구를 추진해왔다. 1990년대 IAEA 원자력발전국장이었던 전풍일 박사는 원자력에너지를 다변화하고, 회원국 지원 확대를 위해 원자력 해수담수 국제협력프로젝트를 적극 추진하였다.

　필자는 전풍일 국장의 도움으로 1991년부터 IAEA의 원자력 해수담수화 국제공동연구 자문위원으로 활약하였다. IAEA는 회원국들의 해수담수화사업을 지원하기 위하여 1997년 9월 IAEA 사무총장 자문기구인 '국제원자력해수담수자문위원회(International Nuclear Desalination Advisory Group, INDAG)'를 설치했다. INDAG은 IAEA가 추진하고 있는 해수담수화사업 기획과 추진 실적에 대한 평가를 하는 사무총장의 자문위원회이며, 한국, 미국, 프랑스, 일본, 중국, 캐나다, 인도, 이스라엘, 이집트, 알제리, 리비아, 아르헨티나, 사우디아라비아, 모로코, 튀니지 등 15개국 전문가들로 구성되어 있다.

　1997년 9월 필자는 우리 정부와 IAEA 전풍일 국장의 추천으로 INDAG의 초대 위원장으로 취임하여 3년간(1997. 9~2000. 9) 해수담수용 중소형 원자로 개발을 적극 추진하였다.

　INDAG은 지역간 프로젝트(Inter-Regional Project)를 통해 개도국들이 IAEA의 기술협력비를 활용하여 타 회원국들의 원자력 해수담수화 사업에 참여할 수 있도록 하였다. 특히 우리나라의 스마트 개발에 이집트, 인도네시아, 파키스탄, 튀니지 등이 전문가 파견을 희망하였다. 또 '원자력 담수화 통합시스템에 관한 지역간 프로젝트(Interregional Project on Integrated Nuclear Desalination System)'에 대한 제1차 회의를 1999년 5월 원자력연구소에서 개최하였다. 그리고 각 회원국들의 해수담수플랜트(Demonstration Project) 추진 현황에 대한 정보를 공유하였다. 우리는 그때 인구 10만 명 도시에 전기 90MW와 식수 일산 4만 톤을 공급 가능한 원자력 해수 담수플랜트(스마트)개발

현황을 소개하였다. 러시아의 쇄빙선(얼어붙은 바다나 강의 얼음을 깨뜨려 부수고 뱃길을 내는, 특수한 장비를 갖춘 배)에 이용하고 있는 KLT-40C, 중국의 NHR-100과 NHR-300, 아르헨티나의 CAREM Prototype 원자로 등의 소형원자로 개발 현황이 소개되었다. 우리나라 최초의 고유모델인 스마트는 기술적으로 뛰어나고 안전성도 높아 IAEA로부터 일체형 원자로 분야에서 가장 앞서 있다는 평가를 받았다.

INDAG은 각국에서 개발 추진 중인 소형원자로들에 대한 많은 토의를 거쳐 스마트를 IAEA 원자력 해수담수화 프로젝트의 기본 모델로 선정하였다. 당시 스마트 기술은 국내에서 크게 주목받지 못하고 정당한 평가도 받지 못하고 있었고 특히 산업부와 한전을 위시한 산업계에서는 개량형 PWR(APR1400) 개발에 걸림돌이 된다는 생각에서인지 비협조적이었다. 그러나 세계 원자력계의 평가는 달랐다. 스마트는 기술성과 안전성 측면에서 세계에서 가장 우수한 소형 일체형 원자로로 평가를 받고 있었다. 지난 30년간 스마트 개발에 그렇게 반대하던 국내 산업계가 요즈음 혁신형 소형모듈원자로 개발에 열을 올리고 있는 현실을 보면 참으로 아이러니하다.

1998년 INDAG이 주도하는 원자력해수담수화에 관한 공동연구 과제인 '원자로와 탈염의 결합 최적화(Optimization of the Coupling of Nuclear Reactor and Desalination)에 5년간 9개국이 참여하였다.

INDAG은 2000년에 「원자력 담수화 도입Introduction to Nuclear Desalination」을 발간하였고, 「해수담수화 플랜트에 대한 안전성 분석보고서」, 「해수담수화용 중소형 원자로에 대한 사용자 요건서」도 발간하였다. 또 경제성 분석 코드인 DEEP2.0을 개발하여 회원국들에 배포하여 경제성 평가에 활용토록 하였다. 그리고 AAEA, MEDRC, EU, WHO 등 타 국제기구와 원자력 해수담수화 사업에 관한 협력도 추진하였다.

┃ 해수·담수화 설비 ⓒ 두산중공업

당시 한국중공업은 물이 부족한 중동 지역에 화력에너지를 이용한 세계 최대 용량의 해수담수플랜트를 수출하여 운영 중이었다.

1993년에 필자는 혁신형 소형 원자로 개발의 재원을 확보하기 위하여 두산중공업이 중동국가(UAE, 쿠웨이트, 사우디아라비아)에 수출한 3개의 화력 담수플랜트 사진을 갖고 경제기획원 과학기술 예산

담당 국장을 찾아가 원자력에너지를 이용한 해수담수화용 소형원
자로의 개발 필요성을 역설하며 예산지원을 요청하였다. 이후 연
구소 신재인 소장도 경제기획원 복도에서 2시간 이상 기다리며 담
당국장을 설득하여, 해수담수화용 소형 원자로의 개념개발에 필요
한 재원을 확보할 수 있었다. 따라서 연구개발의 과제기간(과제책임
자 문갑석 박사)이 1년이라 한시적이고 예산도 적었으나, 국내 해수담
수플랜트의 화력에너지를 원자력에너지로 대체할 수 있는 소형 원
자로의 개발은 그렇게 시작되었다.

애드벤쳐스팀, 토종 스마트 설계개념 개발 시작

　　1992년 10월 필자(당시 신형원자로·핵연료개발 본부장) 사무실에 뜻밖
의 손님이 찾아 와 "연구소가 해양원자로를 개발할 수 있는가?"를
타진하였다. 당시 연구소는 정부 지원으로 신형안전로 개발과제도
진행하며 이미 해양원전에 대해 많은 기술정보를 확보하고 있었
다. 그리고 필자는 러시아에서 개발 중인 해양원전의 혁신개념인
소형 일체형 원자로도 상당한 관심을 갖고 있던 터였다. 이후 우리
는 원자력 해양 이용에 의기투합하여, 해양원자로 설계개념에 대한
공동연구를 시작하였다.
　　이어 1993년 초 소형 일체형원자로의 개념개발을 하기 위하여
연구소 각 분야의 출중한 전문가들로 '애드벤쳐스팀'을 구성하여
전문가 6명(원자로 계통설계의 이두정 박사, 원자로심 설계의 김긍구 박사, 핵연

료 구조설계의 김종인 박사, 유체 계통설계의 윤주현 박사, 기계설계의 김용완·김지호 박사)을 참여 시켰다. 후일 이들은 소형 원자로 스마트 개발, 해양 원자로 개발, 요르단연구로 건설사업과 기장연구로 개발의 주역으로 크게 기여하였다.

애드벤처스팀은 원자력 선진국의 혁신형 원자로 설계개념을 분석하고 국내 일체형 원자로의 요소기술개발과 개념연구를 진행하였다. 1994년 8월 일체형 원자로(원자로 압력용기, 냉각재 펌프, 증기발생기, 가압기 등 주요 기기들을 한 개의 원자로 용기 속에 배치하여 안전성을 획기적으로 향상시키는 설계 개념)를 해수담수화용 원자로형으로 결정하였다.

이는 소용량의 기기를 여러 개 결합하여 한 개의 대용량 기기로 모듈화함으로써 건설기간을 대폭 단축시킬 수 있는 개념이다. 이러한 설계 특성 덕분에 기존의 대형 원자로에 비해 사고확률이 100분의 1에 불과할 정도로 안전성이 뛰어난 점을 고려했다.

해수담수화용 일체형 원자로(스마트)의 개발목적은 인구 10만 명인 도시에 전기와 식수를 충분히 공급하는 것이다. 이를 위해 원자로의 열출력을 330MWt로 결정하고 열출력의 90%를 전기 생산용으로 사용하여 전기 9만kWe를 생산하고, 나머지 10%를 해수담수화에 활용하여 하루 4만 톤의 담수를 생산할 수 있도록 설계 목표를 설정하였다. 이 원자로의 용량과 활용 분야의 결정에는 IAEA 전 풍일 국장의 자문이 큰 도움이 되었다. 당시에 개발한 소형 일체형 원자로의 설계개념이 현재 스마트 원자로 개발의 기반이 되어, 중소형 일체형 원자로는 대형 원전과 보완관계에서 개발된 상품으로 지리적으로나 재정적으로 대형 원전 건설이 부적절한 국가, 인구

분산에 따른 송배전 전송망 구축 비용이 과다한 국가, 물 부족 국가 등을 대상으로 수출하기 위해 개발을 시작하였다. 1994년 정부 출연사업으로 시작한 해수담수화용 중소형 원자로 개발은 1년간 한시적인 사업으로 종결되었다.

윤영석 대우중공업 회장 원자력연구원 방문(오른쪽부터 이봉희 사장, 윤영석 회장, 필자, 이종민 박사(1995. 5. 29) ©한국원자력연구원

새로운 일체형 원자로를 계속 개발하기 위해서는 안정적인 재원 확보가 필수적인데 문제는 연구소가 여전히 그 필요 재원을 확보하지 못하고 있었다는 점이다. 그래서 우리는 민간기업의 지원을 받고자 대우그룹의 문을 두드렸다.

1995년 필자와 연구소 관계자들은 윤영석 대우중공업 조선부문 사장을 만나 일본이 개발한 전기 출력 100MWe인 MRX(Marine Reactor X) 팸플릿을 보여주며 "연간 5억 원씩 3년 간 15억 원을 지원해주면, 일본처럼 3년 안에 소형 일체형 원자로를 개발하겠다"며 연구개발비 지원을 요청했다. 이에 대우그룹의 김우중 회장은 아무 조건 없이 지원해주었다. 당시 대우그룹의 윤영석 총괄회장, 이봉희 사장, 송재오 전무, 정근모 과기처 장관과 신재인 연구소 소장이 도와주어 대우그룹의 지원을 받을 수 있었다.

연구소는 대우그룹의 지원금으로 21세기 무역 물동량의 급증에 대비하여 초대형 고속 컨테이너선의 추진기관에 활용할 수 있는 선박용 일체형 원자로(고유안전로) 개념설계(과제책임자 김종인 박사)를 마쳤다. 고유안전로는 열출력 300MWt급 원자로 2기를 탑재할 경우 플랜트 전체의 효율을 21%로 가정했을 때 8,000TEU, 30노트급의 초대형 컨테이너선(길이 355m, 폭 50m) 추진에 소요되는 126,000kW의 축동력을 생산할 수 있었다. 27년 전 민간기업인 대우그룹 지원금이 최근 각광을 받고 있는 혁신형 원자로를 국내에서 개발하는 종잣돈이 되었다.

육상·해양 겸용 소형원자로 설계개념 개발

1991년 필자는 한국과 러시아와의 핵연료기술협력추진 대표단장으로 연구원들과 함께 소련의 쿠르차토프연구소를 방문하여 러시아 연구소의 신형원자로 개발, 핵연료개발에 관련된 많은 원자력 시설들을 둘러 보았다. 특히 여러 종류의 신형 원자로를 살펴볼 수 있었는데 그중 혁신개념의 소형 일체형 원자로에 특별한 관심을 가지고 관찰하였다. 러시아 방문은 필자가 귀국 후 혁신개념을 가지는 소형 일체형 원자개발을 적극 추진하는 동기가 되었다.

미국은 중소형 원자로보다 대형 상업용 원전 제작에 한창이었다. 따라서 연구소 혁신형 원자로 개발팀은 일체형 원자로 개념설정을 위한 파트너로 미국보다 러시아를 선호했다. 1990년대 초, 러시아는 KLT-40, SBVR-100, VPBER600 등 중소형원자로 개발에 가장 앞장서 있었고 핵추진 잠수함을 201척이나 제작해 일체형 원자로 제작에 노하우가 많았다. 그리고 구소련 시절과는 달리 서방세계와 원자로에 관한 기술협력을 하고 있었다. 러시아는 체제 변화로 인해 경제적으로 어려운 상황이었으므로 연구소와 혁신형 원자로개발 협력을 강하게 원했던 것이다.

필자는 우리 중소형 원자로 개발에 러시아의 협력을 얻기 위해 문갑석 박사, 이두정 박사와 함께 모스크바에 가서 '에너지기술과학조사연구소(이하 RDIPE)' 소장인 예브게니 아다모프 박사와 공동연구 협약을 논의했다. 그는 옐친 대통령 시절 원자력부 장관을 지낸 러시아 원자력계의 거물인 만큼 협상은 만만치 않았고 특히 용역비 문제, 지적소유권 문제 등으로 난항에 난항을 거듭했다.

당시 연구소는 러시아와 육상 및 해상에 이용 가능한 2종류의 소형 원자로의 설계개념 정립을 위한 공동연구를 하기를 원했으나 재원이 충분하지 못했다. 우리가 RDIPE를 끈질기게 설득한 결과 다행히 RDIPE는 우리의 모든 요구 조건과 공동연구비를 수용하였다.

이 협약서에는 기술 전수는 아예 언급도 없고 2개의 일체형 원자로 즉, 육상용 원자로와 해양용 원자로에 대한 설계개념 연구를 하되 공동연구 결과물은 연구소 소유로 명기되어 있었다.

▌혁신형 원자로 개발팀 RDIPE 연구소 방문, 왼쪽부터 이두정 박사, 아다모프 박사, 필자, 김종인 박사(1995. 7.) © 한국원자력연구원

1995년 9월 신재인 소장이 RDIPE를 방문하여 공동개발 협약서에 서명하면서 공동연구개발을 하게 되었다. 이어 모스크바에 우리 연구소 사무소를 개소했고, 1995년 12월 초대 소장으로 김긍구 박사를 파견했다. 연구팀은 모스크바의 치안 불안과 혹독하고 기나긴 겨울을 이겨내고 지상용 원자로와 선박용 원자로에 대한 개념 설정 연구를 하였다. 그 결과물들이 추후에 개발한 스마트 원자로

설계 개념설정의 기본적인 토대가 되었다

제2대 모스크바 사무소 소장으로 약 2년간 모스크바에 근무했던 연구소 김지호 박사가 본 러시아 사회상과 러시아인들의 생활 환경과 그가 겪었던 현지 생활 경험을 아래에 소개한다.

내가 1차로 모스크바에 파견을 떠난 것은 1995년 11월에서 1996년 12월까지 약 1년 간이며, 2차는 1997년 10월에서 1998년 7월까지 약 10개월 동안 경험한 내용이다.

나는 파견을 떠나기 전까지 현지 정보가 너무 없었다. 신문 보도에 모스크바는 범죄 발생률이 뉴욕을 앞지르는 무법천지의 도시였고, 주위 사람들에게 들은 정보로는 핵폐기물을 아무 데나 방치하여 도시 전체가 방사능에 오염되어 있다는 둥, 심지어 금테 안경 쓰고 다니면 돈 많은 외국인으로 오해받아 칼 맞기 십상이라는 끔찍한 소문들 뿐이었다. 그래도 설마 했는데 떠나기 얼마 전, 조선일보에 방사능 오염으로 기형이 된 모스크바 아이들 사진이 대문짝만하게 실린 방사능 오염실태가 보도되었다. 또 떠나기 한 달 전, 모스크바 시내 한복판에서 현대전자 연수생 관광버스에 권총을 든 강도가 침입하여 돈을 요구하며 연수생들을 인질로 잡고 있다가 경찰에 의해 극적으로 구출되는 영화 같은 사건이 대대적으로 보도되었다. 그래서 모스크바로 파견 나가는 것이 마치 전쟁터에 끌려가는 듯한 기분이었다. "과연 내가 살아 돌아올 수 있을까?" 하는 비장한 심정으로 비행기에 몸을 실었다.

샤샤는 남자 이름 알렉산더이거나 여자 이름 알렉산드리아의 애칭이다. 내가 파견을 나가 있던 RDIPE 연구소의 젊은 연구원 샤샤(28세 남자)는 영어를 할 줄 아는 몇 안 되는 연구원 중 한 명이다. 러시아 사람들은 영어를 할 줄 아는 사람이 드물다. 연구원이라해도 영어로 1부터 10까지 못 세는 사람이 태반이었다. 사회주의 시절에 외국에 나갈 일도 없었고 그나마 교류하는 나라가 거의 동구권 국가들인데 이들 나라 사람들이 대부분 러시아말을 사용했기에 굳이 외국어를 배울 필요가 없었기 때문이다. 영어보다 오히려 동독과의 교류를 위해 독일어를 배우거나, 과거 나폴레옹 침략시절 전파되어 귀족 언어로 인식되어온 불어를 배우는 사람들이 더 많았다. 물론 요즘은 전혀 다르다. 남녀노소 모두 영어를 배우려고 안달이다. 러시아의 어학 교육은 회화 위주여서 일단 시작하면 몇 년 안 되어 상당한 수준에 이르며 정식으로 배운 사람들은 회화를 굉장히 잘한다. 당시 한국어를 3년간 배웠다는 러시아 사람을 내차 처분 문제로 만난 적이 있는데 한국(북한 포함)에 한번도 와본 적이 없는데도 그의 발음이 상당히 정확했고 대화에 별 어려움이 없었다. 그를 가르친 한국어 교수도 한국에 와본 적이 없다고 했다. 우리 어학교육 시스템도 빨리 바뀌어야 하는데 우리 고등학교 때 방식이 아직도 달라진 게 별로 없으니 답답할 뿐이다. 이런 저런 이유로 얘기가 잘 통하는 샤샤는 나와 개인적으로 상당히 친하게 지냈고 그를 통해 러시아의 많은 부분을 알게 되었다. 샤샤는 러시아 최고 공과대학인 바우만 공대를 나온 똑똑한 연구원이며 대학 졸업 후 곧 바로 취직한 곳이 RDIPE 연구소인데도 자기 직업에 대해 불만이 많았다. 그도 그럴 것이 물가는 우리나라와 비슷하거나 오히려 비싼데 연구원 봉급이 월 100달러~200달러 수준이다. 그래도 우리 프로젝트에 참가하고 있는 샤샤 같은 연구원은 좀 나은 편이다. 얼마 안 되는 봉급마저 몇 달씩 체불하는 연구소가 많아 박사학위 받고 연구소에서 일하다가 이직하여 개인사업에 뛰어 든 사람도 있다. 우리나라에서는 월 100달러, 200달러 가지고 도저히 살아가기 힘들지만 러시아에서는 그나마 의료, 교육 등 기본적인 사회보장제도가 잘 되어 있고 전기, 수도, 난방, 가정에서의 시내전화, 유치원 등이 거의 무료여서 입을 것, 먹을 것만 대충 해결하면 그럭저럭 살아간다. 지금 러시아에서는 교수, 의사, 연구원 같이 머리로 먹고사는 사람들의 보수는 형편없이 낮다. 사회주의 시절에는 잘나가는 직업이었지만 개방되면서 생활수준이 상대적으로 하류로 전락하고 만 것이다. 요즘의 러시아는 자본주의 물결 속에서 약삭빠르게 움직이는 사업가, 부패 관료와 이들과 결탁한 마피아가 잘나가는 사람들이다. RDIPE 연구원들의 생활상을 보면서 지금 러시아의 과학기술이 세계 최고 수준이지만 이런 상황이 몇 년만 더 지속되면 훌륭한 과학기술들이 다 사장되고 말 거라는 생각이 들었다. 이런 이유 때문에 과학기술을 이어갈 젊은이들이 없다. 한 달에 100달러~200달러 월급으로 누가 골치 아픈 과학기술을 하려고 하겠는가?

페레스트로이카 이후 소위 천민 자본주의가 사회 곳곳에 급속히 파고들면서 이에 편승하지 못한 많은 사람들이 상대적 박탈감을 느끼게 되었는데 이들은 과거 스탈린 시절의 강력한 소련을 회상하면서, 한편으론 그들이 느낀 박탈감은 개방 이후 러시아 경제를 개판으로 만든 것이 바로 외국인들 때문이라고 생각하고 있다. 이런 생각을 가진 극우 민족주의적 성향을 가진 젊은이들이 패거리를 만들어 몰려다니는 것이 러시아 스킨헤드(대머리)이다. 물론 이들의 사상 저변에는 다른 나라의 스킨헤드와 마찬가지로 민족 우월성이라는 나찌즘식 사고가 바탕을 이루고 있다. 이처럼 이들 스킨헤드들은 외국놈들은 가라! 를 외치며 거리에서 외국인, 특히 동양인을 보면 테러를 가하기도 하여 외국인들을 공포 분위기로 몰아넣고 있었다. 그놈들한테 구타를 당해 머리를 심하게 다친 한국 유학생 피해 사례가 모스크바 타임즈에 보도되기도 했다. 이들은 도심에서 모임을 결성하여 구호를 외치면서 세력을 과시하기도 한다. 각국 대사관에서 공식적으로 항의하기도 했지만 경찰은 두 손 두 발 다 놓고 있다. 젊은이들 싸움에 경찰이 일일이 참견할 수 없다는 이유를 들지만 사실 이것을 심정적으로 동조하고 있다는 뜻이다.

모스크바 시내에는 맥도날드 가게가 약 열 곳이 있다. 이 중 가장 번화한 고리키 거리의 점포는 미국을 제외한 전 세계 단일 점포 중 매출액이 최상위에 랭크되어 있다고 한다. 주문을 받는 곳이 열 군데가 넘는데도 줄을 서서 한참 기다려야 하고, 매장이 상당히 큰데도 자리 잡기가 보통 힘든 게 아니다. 러시아 사람들이 언제부터 저런 패스트푸드에 익숙해졌는지 신기할 뿐이다. 모스크바에는 피자헛도 몇 군데 있다. 한번은 겨울에 쿠트조프 대로에 있는 피자헛에서 특이한 광경을 목격했다. 피자헛은 맥도날드와는 달리 자리가 날 때까지 문밖에서 기다려야 하는데 그 추운 겨울에 30여 명이 길게 줄을 서서 기다리고 있었다. 자리를 잡으려면 아직 한참을 기다려야 할 것 같았는데 피자 한 조각 먹겠다고 저렇게 추위에 떨며 서 있는 거다. 스킨헤드들이 머리 빡빡 밀고 소름끼치는 구호를 외치는 모습을 보면 러시아가 과거의 소련으로 회귀하려는 건 아닌가 하는 걱정이 되기도 하지만 다른 한쪽에서 맥도날드를 어기적어기적 씹으면서, 코카콜라를 쭉쭉 빨아 먹는 스킨헤드들의 모습을 구경하는 또 다른 젊은이들을 보면 그런 걱정이 싹 가시기도 한다. 스킨헤드와 코카콜라… 러시아 젊은이들의 상반된 두 모습을 연상할 수 있다. 스킨헤드와는 다르지만 지금 러시아를 움직이며 러시아를 좀먹고 있는 가장 큰 세력이 바로 마피아다. 경제는 물론 정계에도 깊숙이 관여하고 있어 이런 마피아를 소탕하지 않고는 러시아는 지금 같은 혼란에서 벗어나기 힘들 것이다.

러시아인들이 마시는 술의 주종은 보드카(40도)이며 보드카 잔이 우리의 소주 잔보다 1.5배 크다. 그런데 그들의 음주문화는 그냥 원샷이므로 한 모금 마시고 남기는 건 실례다. 이들은 회식 자리에서 '일장 연설 후 건배 제의'를 굉장히 좋아한다. 왕초가 먼저 일어나서 앞으로 잘해보자 어쩌구 저쩌구하면서 건배를 제의한 다음엔 모든 참석자들이 다 일어나서 한 마디씩 하면서 건배 제의를 한다. 그런 건배 제의가 술자리 끝날 때까지 계속된다. 나중엔 혀가 꼬부라져서 무슨 말인지도 모르는 건배 제의를 열심히 하기도 한다. 듣는 사람 또한 술이 취해 고개는 푹 수그러져 있어도 예의를 지키기 위해 잔을 높이 들고 건배 제의에 동참해야 한다. 나도 술을 좋아하는 편이지만 그런 건배 제의 때마다 독한 보드카를 원 샷 하려니까 여간 고역이 아니었다. 러시아에는 겨울에 동사하는 사람들이 많은데 많은 경우 술 먹고 길거리에서 자다가 가는 경우라고 한다. 술독에 빠져 사는 남성. 경제적 자립능력이 있는 여성. 이혼율이 높을 수밖에 없다.

모스크바는 경찰 도시라 해도 과언이 아닐 만큼 거리에 경찰관이 많다. 구 사회주의 국가의 공통된 모습이 아닌가 한다. 나는 모스크바에서 운전을 하면서 한 달에 두세 번씩 경찰관한테 검문을 당했던 것은 대부분 불심검문 때문이었다. 러시아가 관료화되어 있다는 건 내가 운전하기 위해 가지고 다녀야 하는 증명서 종류만 보아도 알 수 있다. 여권, 비자, 국제운전면허증, 자동차 소유 증명서, 자동차 등록증, 자동차 운전 위임장. 이중 어느 한 가지라도 없으면 경찰관한테 혼쭐이 난다. 그래서 운전할 때는 언제나 주머니가 두둑하다. 불심검문에 걸리면 증명서를 하나하나 대조하는 것은 물론이고 심지어 본네트를 열어 엔진번호까지 확인 한다. 무슨 꼬투리를 잡아 돈을 뜯어내려는 심산이다. 국제운전면허증에 러시아어가 없다면서 시비를 걸어 돈을 뜯긴 사람도 많다. 나한테 잘못이 있는 경우는 현장에서 바로 처리하는데 경미한 것은 3만 루블(5천 원), 조금 큰 것은 5만 루블(8천 원) 정도에 합의가 된다. 우리나라와 다르게 스티커를 발부받으면 범칙금이 더 싸지만 운전면허증을 압수당하고 이걸 찾는 일이 귀찮아 현장에서 해결하는 것이 보통이다.

모스크바에서는 영업용 택시를 보기가 힘들다. 대신 나라시가 많다. 굳이 나라시라고도 할 것도 없이 거의 모든 자가용이 다 영업을 한다. 그냥 길가에서 손을 들고 서 있으면 1분 이내로 지나가던 자가용이 선다. 그리고 운전자와 요금 협상을 하여 목적지까지 가면 그만이다. 모스크바에서는 이런 식으로 자가용 택시를 이용하는 것이 일반화되어 있는데 이들은 대체로 어떤 목적지로 가던 손님의 방향이 자신의 목적지와 다를 경우 거절하기도 하지만 돈에 욕심이 생겨 손님을 태운 경우는 자신의 약속 시간에 맞추기 위해 신호등 완전 무시, 반대편 차선 질주, 엄청난 과속 등 온갖 난폭운전으로 운전을 하므로 차에서 내리고 나면 어지럽기도 하려니와 아직 살아 있음에 감사하는 경우도 몇 번 있었다. 모스크바에 온지 얼마 안 되어 아직 러시아어가 익숙지 않았을 때. 내가 나라시를 이용하면서 겪은 사례가 있다. 지나가던 자가용을 세우고 잠시 묵었던 스프트닉 호텔에 가기 위해 요금 협상을 하는데…

기사는 50,000루블이 아니라 15,000루블을 불렀는데 내가 50,000으로 잘못 들은 거였다. 영어도 50$^{(fifty)}$과 15$^{(fifteen)}$가 헷갈리는 것처럼 러시아 말도 50$^{(펫찌찌)}$과 15$^{(펫나찌찌)}$가 햇갈린다.

나폴레옹과 히틀러 몰락의 직접 원인이 되었던 모스크바의 겨울. 러시아의 겨울은 정말 겨울답다. 영하 20도를 오르내리는 추위에 하늘은 항상 구름으로 덮여있고 주위는 온통 눈. 하얀색의 아름다운 눈이 아니라 녹다만, 또는 여기저기 얼어붙은 볼상사나운 눈뿐이다. 우리나라는 일교차가 크고 겨울에도 햇

볕 드는 날이 많아서 눈이 오더라도 낮에 대부분 다 녹지만 모스크바는 겨울에 햇볕보기가 힘들고 일교차도 거의 없으므로 한 번 온 눈은 거의 녹지 않아 계속 쌓이기 때문에 늦겨울에는 도로 옆으로 치운 눈이 사람 키만큼 쌓이게 된다. 이러다 보니 신발도, 거리도, 차들도 겨울 내내 온통 눈 진흙으로 덮여 있어서 그런 거리를 걷노라면 추위 아닌 또 다른 추위를 느끼게 된다. 러시아 사람들의 무뚝뚝한 표정은 한해의 반이나 되는 그런 칙칙하고 어둡고 기나긴 겨울을 지내면서 굳어져 버린 표정이 아닐까 하는 생각도 해봤다. 모스크바에서 1년간 지내고 오면 우리나라가 굉장히 살기 좋은 곳이라는 걸 알게 된다. 우리나라에서는 겨울에도 아주 쉽게 볼 수 있는 맑은 하늘, 밝은 햇볕이 모스크바 사람들에겐 겨울의 작은 소망 중 하나일 것이 분명하다.

RDIPE 연구원들은 지금은 생활 형편이 아주 안 좋지만 사회주의 시절에 다들 다차를 분양받아 여름휴가 때는 다차로 떠난다. 다차는 도시 근교의 전원주택 같은 곳이다. 우리나라는 땅이 좁아 서울을 벗어나서 수원 아래까지도 번화하지만 러시아는 워낙 땅이 넓어 모스크바를 조금 벗어나면 사방으로 평평한 지평선이 보인다. 이처럼 땅이 넓다 보니 사회주의 시절에 국가에 뭔가 도움이 되는 일을 한 사람들에게 모스크바 근교의 땅을 분양해 주었는데 거기에 집을 지은 것이 러시아 말로 '다차'이다. 모스크바 시민 중 반 이상이 그런 다차를 소유하고 있다. 그래서 날씨 좋은 주말이나 여름 휴가철에는 다차로 향하는 차들 때문에 외곽방향으로 교통 체증이 있기도 한다. 연구원들도 대부분 여름휴가를 자신의 다차에서 보내는데 휴가가 지나고 나면 수염이 덥수룩한 상태로 출근하여 직접 재배한 과일로 만든 거라며 과일 쨈을 선물로 주기도 하고, 월급이 적어 먹고살기는 힘들어해도 그런 여유 있는 모습들이 참 좋게 보였다.

연구소는 본 사업을 원자력 연구개발 중장기 사업에 포함시키기 위해 노력했다. 서울대 이은철 교수, 박군철 교수, KAIST 장순흥 교수와 한전의 정경남 부장의 도움으로 1994년부터 일체형 경수로 개발과제를 원자력 중장기 사업에 편입시킬 수 있게 되었다.

1994년 7월부터 1997년 7월까지 원자력 연구개발 중장기 사업의 일환으로 신형 원자로기술개발 과제(책임자: 배윤영 박사, 장문희 박사)를 추진했다. RDIPE와의 공동연구를 통해 이미 설정된 일체형 원자로 설계개념(열출력 330MWt, 전기 9만 kWe, 물생산 일산 4만 톤)을 그대로 유지하면서, 해수담수화용 일체형 원자로에 대한 신형원자로 핵심기술파악, 소형 일체형 원자로 개념연구 등 기술개발을 하였다. 이 과제에서는 개량형 경수로 개발사업인 한전 주관의 차세대원자로 개발사업과 분리하여 일체형 원자로의 요소 기술개발을 중점적으

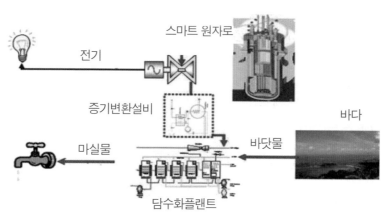

스마트 원자력해수담수플랜드 개념도 © 한국원자력연구원

로 연구하여, 여기서 개발한 많은 요소 기술들은 후일 스마트 원자로의 개념설계에 적용했다.

이후 1997년부터는 소형 일체형 원자로 개발을 원자력 연구개발 중장기계획사업에 편입시켜 본격적으로 추진했다. 상기 신형원자로 기술개발 과제에서 도출한 설계개념을 바탕으로 1997년 7월부터 1999년 3월까지 열출력 330MWt급의 소형 가압 경수형 원자로에 대한 개념설계(과제책임자: 장문희 박사)를, 2002년 3월에는 기본설계를 완료하였다. 연구원은 330MWt 스마트 핵증기공급계통 기본설계 개발, 해수담수통 개념설정, 스마트 핵증기공급계통과 담수계통 간의 설계 최적화, 설계·해석 기술 개발, 예비 경제성 평가 등을 하였다. 이 소형 일체형 원자로를 '스마트(System-Integrated Advanced Reactor, SMART)'라고 명명하였다.

작은 것이 아름답다

위기가 위기상태로 머물러 있다면 위기로 끝나지만, 새로운 기회를 여는 문으로 생각하고 전진하면 새 문은 항상 열리는 것 같다.

모든 일에는 시작하는 사람들이 있고 그 일을 계승·발전시키는 사람들이 있고 또 결과를 맺는 사람들이 있다.

열악한 여건에서도 주어진 현실에 안주하는 자세를 과감히 탈피하여 새 원자로를 개발한 연구원들의 도전 정신과 열정이 우리 고유의 소형 일체형 원자로 스마트 개발과 기술 수출의 원동력이 되었다. 앞으로 우리나라가 사우디아라비아 등에 스마트 원자로를 건설하는 것도 그리 멀지 않았다는 믿음을 가져본다.

에른스트 슈마허의 저서『작은 것이 아름답다』에서 말하듯이, 원자로도 크기가 작을수록 자연 친화적이며 인류 공동체에 보다 이로울 것이라고 생각한다. 원자로의 출력이 낮아지면 원전 안전성이 대폭 제고되고, 작은 규모의 투자로 기존 화력발전소 대체가 가능할 것이다. 대형 컴퓨터가 개인용 컴퓨터로, 이제는 휴대폰으로 진화했듯이 소형 혁신 원자로가 향후 세계 원전 시장의 판도를 바꾸고 우리의 생활 속으로 들어올 날을 기대해 본다.

chapter 13
스마트 실증로 건설사업의 교훈

　연구원은 중소형 일체형 원자로의 활용성과 그 상업적 경쟁력을 전망하고 1993년부터 일체형 원자로를 개발해왔다. 스마트 원자로는 1997년부터 5년간 306억 원의 정부지원을 받아 1999년에 개념설계를, 2002년에 기본설계 완료를 목표로 기술개발을 하고 있었다. 스마트를 산업적으로 활용하기 위한 연구개발이 선진국보다 한발 앞서 추진한 것이다. 우리나라 최초의 고유모델인 스마트는 기술적으로 뛰어나고 안전성도 높아 IAEA로부터 일체형 원자로 분야에서 가장 앞서 있다는 평가를 받았다. 그러나 기본설계를 마친 스마트가 수출 대상국에서 신뢰를 얻기 위해서는 스마트 실증로 건설 및 운영을 통한 종합적인 기술검증이 필수적이다. 이 때문에 '국내에 스마트 실증로를 건설하여 상용화 사업을 계속 추진할 것인지 아니면 중단할 것인지'를 결정해야만 하는 기로에 서게 됐다. 스마트 기술검증과 건설에는 막대한 개발비가 소요되므로 스마트 원자로 개발에 큰 위기가 다가왔다.

스마트 사업단 출범

2002년 3월에 스마트 기본설계가 완료되면, 정부는 그 산업적 활용을 위한 투자 여부를 결정하여야 했다. 이에 따라 정부는 스마트 기술성 및 경제성 평가를 바탕으로 향후 스마트 개발사업 추진방안을 설정하기로 했다. 2000년 6월 한국과학기술평가원(KISTEP) 주관으로 정부, 산업계, 연구계, 학계의 전문가 15명으로 구성된 '중소형 원자로사업화 기획위원회'에서 스마트 원자로의 기본설계 완료후 '스마트 원자로의 개발 방향을 어떻게 추진할 것인가'에 대한 심의를 하였다. 회의 결과 '스마트 기술평가와 사업화 기획이 필요하다'는 결론이 나와 2000년 8월 정부는 한국원자력학회에 스마트 기술과 사업화에 대한 평가를 위하여 '일체형 원자로개발사업 기획'을 의뢰하였다. 기획사업의 목적은 스마트 설계에 대한 기술적 검토와 경제성 분석을 통한 개발 타당성 재확인과 향후 개발 추진방안 및 체제 수립이었다. 원자력학회(회장: 강창순)를 주관 연구기관으로 하여, 33명의 각계 실무전문가로 구성된 3개의 사업(총괄 및 기획, 기술성 평가, 경제성 평가)을 하였다. 원자력학회는 2000년 8월부터 2001년 6월까지 5차례의 회의와 2001년 4월 16일 공청회를 개최하였다.

기술성 평가에서는 스마트 원자로 설계, 제작성, 건설성, 안전성, 인허가성을 검토하였다. 산·학·연의 많은 전문가가 참여한 평가작업 결과 스마트 기술의 우수성과 활용방안을 확인하였고, 당시 수행 중인 스마트 설계에 대해서는 설계기술, 안전성·인허가 가능성 및 건설에 별 문제가 없다고 판단하였다. 그러나 새로운 설계 개념의 검증과 성능 및 안전해석에 사용된 전산코드가 검증시험에 체계적으로 되어야 하며, 또 일체형 원자로에 적합한 인허가 요건과 기준도 개발이 병행되어야 한다고 지적하였다.

경제성 평가는 당시 설계 수준이 원자로 계통에 국한한 기본설계에 머무르고 있었으므로 기술 타당성 평가에서 제시된 기술 모델을 기준으로 보수적인 건설비, 발전원가 및 해수·담수 생산단가를 계산하였다. 최초 호기 건설, 건설비 절감이 극대화되는 N-th호기(4호기)의 건설, 한 지역에 두 기를 동시에 건설하는 경제성도 평가했다. 그 결과 스마트 최초 호기의 발전원가는 일반 대용량 상용 원자력 발전소보다 경제성이 떨어지지만 가스터빈 발전소에 비교해서는 경쟁력이 있는 것으로 분석되었다. 담수 생산가격도 톤당 1달러 이하로 생산할 수 있어 경제성이 있는 것으로 평가되었다.

기술성·경제성 평가 결과 당시 추진 중이던 스마트 개발은 기술 및 경제적 타당성을 확보하고 있는 것으로 판단되었다. 그러나 보다 경쟁력 있는 원자로 개발을 위해서는 이용 다변화가 필요하므로 출력 다변화와 설계의 유연성 확보를 위해 신 핵연료를 사용하는 대안 노심설계가 이루어져야 한다. 또 모듈(Modular)식 개념적용 확대를 통해 경제성 제고를 도모해야 하며, 스마트 개발은 당시 진행했던 기술개발 단계에 이어 기술실증 및 사업화 단계로 추진하는 것이 바람직하다. 스마트-330MWt를 건설하여 기술실증을 하는 것은 부지확보, 건설비와 운영에 막대한 재원이 필요하다. 이런 이유로 용량을 5분의 1로 축소한 스마트 파일럿 플랜트(SMART Pilot Plant: 열출력 65MWt)을 건설하여 종합 성능과 안전성을 검증하는 것이 향후 스마트 사업화에 필수적인 것으로 판단되었다.

▌일체형 원자로 연구개발사업단 현판식(2002. 7.) ⓒ 한국원자력연구원

　　한편 스마트-P 건설사업의 1단계에서는 설계와 검증을 하며, 2단계에서는 스마트-P 건설 및 시운전을 한다고 정부에 건의하였다.
　　이를 위해 스마트 사업단을 설치하여 사업을 추진하되, 스마트-P 건설로 기술 실증을 하려면 부지확보, 건설과 운영에 대규모 재원이 필요한데 이를 전부 정부에 의뢰하기는 어렵다는 판단에 따라 민간에서 70% 이상 확보할 것을 제안하였다. 만약 민간재원 확보가 불가능하면 사업을 중단하는 방향으로 의견이 모아졌다. 원자력학회가 정부에 제출한 기획보고서의 주요 내용은 '스마트 기술의 종합 검증을 위해 1/5 축소규모인 65MWt 파일럿 플랜트 건설을 추진해야 하며 소요 사업비 2,500억 원은 정부와 산업체가 분담하고 이를 위한 사업단을 구성하는 것'이었다.

2001년 12월 21일 개최된 '원자력연구개발사업 총괄조정위원회'에서 2002년도 원자력 연구개발 사업의 일환으로 '일체형 원자로 설계기술 개발과제'가 선정되었다. 과기부는 제안대로 스마트 개발 사업을 독립적으로 운영하는 '일체형 원자로연구개발사업단(이하 스마트 사업단)'을 구성하여 추진하기로 결정하였다. 이에 스마트 사업 단장을 공모한 결과 필자가 2002년 5월 24일 사업단장으로 선임되면서, 2002년 6월 스마트 사업단이 출범하였다.

스마트 기술검증 사업, 본격 추진

7월 과기부와 협약을 추진하여 본격적인 스마트-P 설계 및 제작 기술개발과 건설사업을 착수하였다. 건설사업은 두 단계로 나누어 추진했다. 건설 부지를 확보하여 건설허가를 획득하는 업무를 수행하는 1단계의 사업비는 총 730억 원(정부 240억 원, 민간 490억 원)이었다. 먼저 이 사업의 기관별 업무 분담을 확정하였다. 연구소는 원자로 계통설계·해석과 기술검증 시험, 핵연료 설계·제작 사양 생산 및 구매, 원자로 계통 안전·성능해석 및 안전성 평가 등을 담당하기로 하였다. KOPEC은 플랜트 종합설계, 환경영향 평가, 부지조사업무 등을 수행하고, 두산중공업은 원자로 및 플랜트 기기 설계,

개발, 제작 설치와 담수설비 설계·제작 등의 업무를 수행하며, 삼창은 MMIS 기기 설계, 개발, 제작 설치 등의 업무를 담당했다. KINS는 인허가 절차 및 규제요건 개발, 인허가 현안 해결방안 수립 등을 하기로 하였다. 사업단은 기술관리, 공정관리, 품질관리, 사업관리, 인허가, 건설·시운전 준비 등 사업 총괄을 담당 하기로 했다.

스마트-P 사업 1단계(2002. 7~2006. 2)에서 원자로 계통 기본설계 및 최적화, 플랜트 종합설계, 핵연료집합체 설계 및 제작기술 개발을 완료하였다. 원자로 계통설계, 플랜트 성능 및 안전성 분석을 하였으며, 원자로 계통에 대한 성능 검증시험을 하였다. 원자로 기기 설계와 제작 기술개발, 터빈·발전기 설계, 담수플랜트 설계를 완료한 스마트-P는 안전성 확보를 대전제로 국제 경쟁력을 확보하는 방향으로 개발하였다. 그리고 기술수출 기반 확보를 위해 물 부족 국가들과 스마트 플랜트 건설 타당성 연구를 강화하였고 학술논문 373편 게재, 특허 출원 8건, 특허 등록 6건, 기타 지적재산권 27건을 생산하였다. 설계 결과물은 총 973건이었다. 분야별로는 원자로 계통설계 467건, 핵연료기술개발 27건, 재료특성시험 5건, 기타 7건 등이다.

[스마트 연구로 예비 부지] © 한국원자력연구원

SMART 연구로

사업단은 스마트-P 건설 부지 확보를 위하여 먼저 한전기술과 예비부지 타당성조사 용역(2002. 11. 20.~2004. 6. 30.)을 체결했으며, KOPEC은 동해안, 남해안, 서해안, 제주, 원전부지, 내륙부지의 16개 부지에 대한 현장 답사 및 조사를 실시했다. 그리고 부지 특성 분석, 건설 불가 기준 설정, 우선순위 결정기준 선정, 항목별, 평가 그룹 간 가중치 검토, 부지 간 우선 순위 검토, 민감도를 분석했다.

2004년 5월부터 2004년 8월까지 4회에 걸친 부지선정위원회를 개최하여 예비 부지 우선순위 선정(안)을 심의하였다. 6개 후보 부지 중 가장 유망한 연구소내 부지 1.5만 평을 예비부지로 선정하고, 이에 대한 지질 및 환경조사를 실시하여 부지 적합성을 조사하였다.

스마트 건설 부지에 대한 측량, 시추 등 현장 조사를 포함한 부지 조사 결과 본 부지는 원자로 건물 기초기반이 연암 이상의 적합한 지질조건을 갖추고 있고 홍수 등 안전위협 요인이 없으므로 건설 부지로 적합하다고 판정했다. 또 이 부지는 국가산업단지개발 사업 실시계획이 이미 승인되어 있었으며 개발제한구역 행위허가 ^(형질 변경)가 승인되어 있었다.

스마트 원자로의 안전규제에 대비하기 위하여 2002년 8월부터 규제기술 개발을 하여 스마트 원자로에 적용 가능한 인허가 체계 확립을 목적으로 원자로 분류, 규제 기술기준 개발, 규제 검증 평가 기술 개발 등을 해 나갔다. 미국, 일본 캐나다, 프랑스, 영국 IAEA와 우리나라의 원자로 인허가 체계에 대한 분석결과를 기반으로 원자로의 잠재적 위해도의 크기에 따라 원자로를 분류하는 방안을 수립하였다. '원자로 시설 등 기술기준에 관한 규칙', '과기부 고시' 등의 기존 규제요건·지침의 일체형 원자로 적용성 및 미비점을 평가하여 신규 기술기준을 개발하였다. 과기부 고시 제2002-21호에 대한 개정(안)을 개발하였다. 그리고 일체형 원자로 규제 검증코드 크리닥스^(CREEDAX)를 개발하고, 원자로 내부기기 동적하중에 대한 구조 건전성 평가 규제검증 코드체계와 원자로 내부기기 응력·피로 평가 규제검증 코드체계를 확립하였다. KINS는 2003년 7월부터 2005년 6월까지 2년 동안 스마트 건설·운영허가 신청 전에 기술현안을 조기에 파악하고 대처방안을 사전에 수립할 목적으로 안전 관련 설계 정보를 기술한 사전 안전성 분석보고서를 검토하였다. 이어 2005

년 6월 스마트 사업단은 스마트 연구로 건설·운영허가 신청서류를 과기부에 제출함으로써 본격적인 인허가 심사가 시작되어 KINS와 총 12회의 분야별 인허가 회의를 개최하였고, KINS에서 1,000건 이상의 질의를 받아 보충·보완자료를 제출했다.

스마트-P 사업의 2단계에서는 스마트 파일럿 플랜트 건설, 운영허가 획득과 시운전을 할 계획이었다. 그러나 1단계를 성공적으로 마무리했음에도 불구하고 스마트-P 건설 예산을 확보하지 못해 2단계 건설사업은 당초 일정대로 추진할 수 없게 되었다. 이에 따라 기존 사업단 조직 해체가 불가피하게 되면서 KINS에 제출해 심사 중이었던 스마트-P 건설·운영허가 신청서도 철회하였다. 2005년 4월에 개최된 총괄조정위원회에서 사업단운영체제를 연구소 지휘체제로 전환하도록 결정했는데, 안타깝게도 스마트-P 건설사업팀은 2006년 2월 말 해체하였다.

이 지면을 빌려 그동안 본 사업에 참여한 원자력연구소, 두산중공업, 삼창, 한전기술의 연구원들과 관계자 여러분께 감사의 말씀을 드린다. 특히 강창순 운영위원장님에게 각별한 사의를 표한다.

또 각 참여기관에서 사업 책임을 맡아 헌신적으로 수고하여 주신 지성균, 윤순철, 박창환, 손창호, 조종철 PM들에게 감사를 드린다.

스마트-P 사업 추진 과정에서 많은 논란들을 해결하며 동고동락한 박필한 사무국장, 노병철 사업관리부장, 이두정 기술관리부장과 이해찬, 황종근, 김중한, 염영희 사무국 직원들에게 깊은 애정과 감사의 말씀을 전하며 우리 일은 실패가 아니라 앞으로의 커다란 도약을 위한 당분간의 휴식과 준비임을 강조하고 싶다.

인도네시아 마두라섬, 스마트 건설 타당성 연구

　1990년대 전풍일 박사는 IAEA 원자력발전 국장으로 원자력에너지를 다변화하고, 회원국을 지원하기 위해 원자력 해수·담수 국제협력프로젝트를 적극 추진하였다.

　당시 과기부의 조청원 박사가 비엔나의 주 오스트리아 한국대사관의 과학관으로 근무를 하고 있었다. 조청원 과학관, 전풍일 국장과 필자는 의기투합하여 IAEA의 중소형 원자로 개발사업을 통하여 스마트 원자로의 우수성을 세계무대에 널리 알렸다. IAEA의 중소형 원자로 개발사업을 통하여 동남아시아와 중동 지역의 국가를 대상으로 스마트를 이용한 해수·담수화 플랜트 건설 타당성 연구를 적극적으로 추진하였다.

　인도네시아는 동남아시아와 오세아니아에 걸쳐 약 17,000개의 섬으로 이루어진 세계에서 섬이 가장 많은 나라이다. 주요 섬들은 수마트라, 자바, 보르네오, 뉴기니이다. 면적은 세계에서 14번째로 넓고, 인구는 약 2억 7천만 명이다. 섬이 많은 인도네시아는 상당한 수준의 원자력 기반 기술을 보유하고 있으며, 해수담수화 원자로 건설에 깊은 관심을 가진 나라였다. 이에 IAEA는 2000년 7월 IAEA의 코니시 라즐리(Konishi, Razley)와 필자를 인도네시아 자카르타에 파견하여 원자력 해수담수화에 대한 전문가 자문회의를 개최하여 마두라섬에 원자력 해수담수화 플랜트 건설 타당성 사업추진에 대해 중점적으로 협의했다. 이 회의 결과에 따라 인도네시아는 IAEA의 기술협력 프로그램을 통해 마두라섬에 스마트 해수담수화 플랜트 건설 타당성 평가를 위한 공동연구를 신청하였다. 이에 IAEA·한국·인도네시아 간 해수담수화 국제협력협정을 2001년 체결하였다.

| IAEA-인도네시아-한국 간 3차 진도점검회의(2004. 4. 23. 자카르타)

연구소는 2001년부터 2004년까지 3년간 인도네시아의 마두라섬에 스마트 원자로를 건설하기 위한 타당성 연구를 인도네시아 바탄(BATAN) 연구소, IAEA와 공동으로 하였다. 공동연구에서는 마두라섬에 플랜트 건설계획을 수립하고, 스마트 해수담수화 플랜트에 대한 기술성, 안전성, 경제성 평가를 하였다. 연구소는 스마트 해수담수화 플랜트 2기를 건설하여 20만kw의 전력과 일산 9천 톤의 식수를 공급할 계획을 수립했다. 공동연구팀은 4개 부지를 선정하여 각

부지의 특성과 환경평가를 실시했다. 인도네시아, 연구소, KOPEC, 두산중공업의 전문가들이 공동으로 경제성 평가를 위한 방법론을 개발한 다음 건설비를 포함한 총투자비를 산정했다. 이와 함께 스마트 해수담수화 플랜트의 발전단가와 해수담수 생산단가도 산정하였다. 경제성 분석 결과, 2기의 스마트 플랜트를 마두라섬에 건설할 경우 건설비는 2,409$/kw, 발전단가는 37.22$/MWh이며, 해수·담수 생산비는 톤당 0.509달러여서 발전단가와 담수 생산단가 면에서 석탄화력이나 복합화력, 가스터빈에 비해 더 경제적이었다. 이런 국제 공동연구 결과 스마트 플랜트에 의한 전기와 물 공급은 타당성이 있음이 입증되었다.

UAE 스마트 건설 타당성 연구

2004년 5월 초, 과기부 조청원 원자력국장이 "UAE의 부총리 겸 외무부장관인 함단(Hamdan)이 스마트 해수담수화 플랜트에 대해 설명해 달라"는 연락이 왔다. 사실 그 전날 함단 외무부 장관이 방한하여 반기문 외무부 장관과 윤영석 대우중공업 사장으로부터 스마트에 대한 설명을 듣고 우리 대표단을 UAE에 초청했던 것이다. 이에 과기부, 스마트 사업단, 두산 전문가들로 구성된 대표단을 구성하여 설명자료를 준비하였다.

UAE는 서남아시아의 아라비아 반도 남동부에 있는 연방제, 전
제군주제이면서 대통령제 국가이다. 인구는 약 400만 명이고, 수도
는 아부다비, 면적은 남한보다 약간 적다.

UAE는 하루 약 45만 톤의 용수가 필요하다. 따라서 이를 공급하
기 위해 해수담수화 시설이 필요하여 스마트에 관심을 가지게 되었
다. 2004년 5월 23일 필자는 UAE의 아부다비에서 외무부 장관, 경
제부 장관, 아부다비 수전력청 사장과 카타르의 전력 회장에게 스

┃UAE 교육훈련생들의 SMART Center 방문(왼쪽부터 UAE 여성 엔지니어와 아버지, 엔지니어, 필자, UAE 소장, 노병철 부장) ⓒ 한국원자력연구원

마트 해수담수화 플랜트 개발현황과 상호협력 방안을 발표하여 좋은 반응을 얻었다. 이 회의의 후속 조치로 2004년 9월 11일 UAE의 수전력청과 우리 정부는 8기의 스마트 해수담수화 플랜트 건설 타당성 공동연구를 위한 정부 간 양해각서를 체결하였다. 연구원이 UAE에서 공동연구를 수행하면서 UAE 전문가 훈련프로그램을 제공하는 한편 한국-UAE 간 스마트 기술협력 공동위원회를 구성한다는 내용이었다. 2004년 12월 11일 장인순 소장이 UAE에서 수전

력청과 스마트 해수담수화 플랜트 건설 타당성 연구에 관한 협정서에 서명함으로써 공동연구가 시작되었다.

수전력청은 연구원에 스마트 해수담수화 플랜트 2기 건설 타당성 연구에 필요한 기본 설계요건을 제공하였다. 이 요건서에는 첫 스마트 해수담수 플랜트의 상업 운전일, 2015년 전기용량 2×83 MWe, 해수담수 플랜트 용량 일산 2×77,000m³, 등을 포함하고 있다. MOU에 따라서 먼저 연구원에서 수전력청의 전문가들에게 원자력 기초, 원자력발전 원리, 스마트 해수담수 플랜트 설계에 대한 교육을 실시하여 우리나라 원자력 기술의 우수성을 각인시켰다.

UAE 전문가들은 처음으로 원자력에 대한 지식을 습득할 기회를 얻었고, 깊은 관심을 보이며 교육 또한 열심히 받았다. 그들이 스마트 해수담수 플랜트 설계 기술뿐만 아니라 한국의 원자력발전 기술도 잘 이해하는 계기가 됐다.

수전력청의 스마트 해수담수 플랜트 2기 건설요건을 기반으로 스마트 해수·담수플랜트 건설을 기술적으로 검토하고, 경제성과 안전성을 평가하여 2008년 2월 타당성 연구를 성공적으로 완료하였다. 필자는 한전이 2009년 UAE에 APR1400 4기를 수출할 수 있었던 데에는 UAE 스마트 해수담수 플랜트 건설 타당성 연구가 일조했다고 확신한다.

스마트 실증로 건설사업이 주는 교훈

2002년부터 4년간 스마트 실증로 건설을 위한 원자로 계통설계, 플랜트 종합설계, 핵연료 설계·제작, 원자로 기기 및 담수 설비를 개발했다. 실증로 예비 부지선정과 함께 건설 인·허가 심사도 진행했다. 이와 병행하여 인도네시아와 UAE에 스마트 건설 타당성 사업도 성공적으로 마무리하였다. 그러나 스마트 실증로 건설에 필요한 재원을 확보하지 못하여 2006년 2월 사업이 중단되자 사업단은 해체되고 말았다. 이로써 우리나라의 스마트 개발사업은 최대의 위기에 직면하게 되면서 세계 중소형 원자로 시장 선점의 기회를 잃게 되는 매우 안타까운 일을 겪게 되었다.

그때 겪었던 문제점과 그로부터 얻은 교훈을 분석하는 것은 현 정부와 산업계가 야심차게 추진 중인 혁신형 소형모듈원자로 개발사업에도 시사하는 바가 크다. 스마트 실증로 건설사업 수행은 건설재원과 부지확보 문제뿐만 아니라 여러 문제를 내포하고 있었다. 스마트 개발에 대한 정부 부처 간 이기주의, 이에 따른 연구계와 산업계의 의견 대립, 혁신 원자로 규제 제도 부재, 사업단 운영에 대한 문제 등이 나타났다. 특히 혁신형 SMR 개발에 대한 열정이 별로 없는 일부 정부 관료와 단기적인 경제성만 고집하는 산업계를 설득하는 일은 결코 쉬운 일이 아니었다.

혁신형 SMR 개발사업은 스마트 실증로 건설 추진 과정에서 제기되었던 제반 문제들을 반복하지 않도록 범국가적인 사업체계로 추진해야 한다. 그래야만 안정적인 사업재원 확보와 대국민 공감대 형성, 인허가 규제체계 정립, 수출전략 수립을 기대할 수 있을 것이다.

SMR의 실증 플랜트 사업을 성공하려면 1단계 기술개발과 2단계 건설사업으로 구분하지 않고 지속적으로 일관성 있게 추진해야 한다. 만약 1, 2단계 사업으로 구분하여 추진한다면 스마트 사업과 마찬가지로 1단계 사업완료 후 사업이 중단될 수도 있고, 이로 인해 수출의 불확실성은 매우 높아질 것이 자명하다. SMR 설계에 대한 인허가 관련 법규 개발과 규제제도의 선진화 또한 병행되어야 한다. 그렇지 않으면 "SMR 실증로 건설도 불가능할 수 있다"는 교훈은 스마트 사업을 통해 절감했다. SMR 개발사업이 스마트 사업의 전철을 밟지 않기를 간절히 바란다.

chapter 14
마침내 혁신형 스마트 완성

스마트 원자로는 연구원이 100% 순수 우리 기술로 개발한 한국 고유의 소형 일체형 원자로이다. 우리나라 스마트 개발은 2006년 실증로 건설사업 중단 이후 좌초 위기에 직면하게 되었다.

하향식으로 추진해야 할 국가사업을 연구원이 상향식 연구개발 과제로 수행하게 되어 많은 문제가 야기된 것이다. 그러나 연구원은 모든 역경을 극복하고 2012년 7월 4일 정부로부터 열출력 330MW인 스마트 표준설계인가를 획득하였다. 그리고 국내에 건설된 적이 없음에도 그 우수성을 세계무대에서 인정받아 2015년 9월 사우디아라비아와 스마트 기술 수출 계약을 체결하였다. 스마트 원자로의 성공적인 개발은 원전 수출국으로서 우리나라의 입지를 다시 한번 굳히는 계기가 되었다.

스마트 개발에 참여한 연구진은 정부의 스마트 연구과제 지원 중단과 이로 인한 급여 삭감으로 혹독한 시련의 시간을 맞이하였다.

이 질곡의 터널은 2009년 9월에 원안위가 스마트 기술검증 및 표준설계인가를 결정하기 전까지 약 3년 반이나 계속되었다. 그럼에도 "연구진이 어떻게 그 난관을 극복하고 2012년 7월에 스마트 표준설계인가^(SDA)를 획득할 수 있었을까? 또 어떻게 2015년 3월 사우디아라비아에 스마트 기술을 수출할 수 있었을까?"를 이야기 해 보려 한다.

좌초 위기에 직면한 스마트 사업

2006년 2월 일체형 원자로 연구개발 사업단 해체 후 몇 달간 정부의 연구비 지원이 중단되었고, 스마트 사업추진은 미궁에 빠졌다. 그러나 연구원이 스마트 개발을 재추진하기 위한 노력을 다방면으로 전개한 결과 '과학기술관계장관회의' 결정^(2006. 6. 22)에 따라 상용화 사업의 전 단계로, '스마트 사전 실시 용역^(PPS)'을 1년간 추진하게 되었다. 한전이 사업을 총괄하고 원자력연구원, 두산중공업, 삼창기업, 한전기술, KINS가 참여하는 구조였다. 한전 주도로 기술실증 및 상용화 방안을 재평가함에 따라 수출시장 선점을 위하여 기술실증 후 수출산업화로 개발방향을 변경하였다. 입증된 기술을 바탕으로 스마트 열출력 용량을 2배로 증가한 660MWt 스마트 모델개발 및 설계 최적화를 수행하였으나 경제성이 없는 것으로 평가되어 사업이 중단되었다. 한편 이 사업이 중단됨에 따라 정부의 대형 국가 연구개발 실용화 사업으로 스마트를 추진하고자 스마트 실용화 추진단이 구성되었다. KDI 주관으로 스마트 실용화 사업 예비타당성을 연구한 결과 사회 편익 측면에서 사업추진의 타당성이 있으며 기업의 사업성 측면에서 기업의 수익성이 있다는 결론이 제시되었다.

과기부는 스마트 개발사업을 기술 고도화 사업과 건설 및 수출 추진 사업으로 구분하여 추진하자고 제안했으나, 산자부와 기획예산처의 반대로 해당 사업을 제3의 기관에서 평가한 후 사업 추진 여부를 결정하기로 하였다.

정부의 평가의뢰를 받은 KDI는 '사전 실시용역에서 도출된 스마트-660 표준설계인가 획득 사업의 추진 타당성 연구'를 하였다.

결과 국내 표준설계인가 획득이 스마트-660 수출을 보장하지 못하며, 스마트 원자로의 시장수요는 사업성을 확보할 수 있을 만큼 크지 않을 것으로 추정하였다. 그리고 상용화를 통한 경제적 파급효과도 제한적이라고 추측하여 사업 타당성이 없다는 결론을 내렸다. 사실 KDI는 산자부와 한전 등 산업계의 의견을 대변하여 이와 같은 결론을 내렸다고 생각된다. 국가연구개발 사업에 경제성을 지나치게 강조하면 창조적인 새로운 기술개발은 기대할 수 없다.

'스마트 사전 실시용역' 사업이 2007년 6월 종료되었으나 후속 사업이 연결되지 않자 정부는 1년 간 연구비 지원을 중단했다. 이 때문에 참여 연구진은 월급까지 삭감되는 고통을 감수해야만 했다. 연구원은 스마트 설계 전문인력의 분산을 막기 위하여 자체 연구비로 2007년 11월부터 2년 간 인허가 획득에 필수적인 업무를 수행하는 연구를 지원하였다.

난관 끝에 세계 최초 표준설계인가 획득

후속사업 연결이 여의치 않게 되면서 지난 10년 간 1,400억 원이 넘는 연구개발비를 투입하여 연구원이 심혈을 기울여 개발해 온 스마트 사업이 물거품이 될지도 모르는 위기에 처했다. 이에 2008년 초부터 양명승 원장과 김학노 본부장을 중심으로 스마트 개발사업을 계속 추진하기 위한 각고의 노력 끝에 기존 대형 원전 시장과 차별화된 중소형 원자로 시장을 선점하기 위하여 정부는 2009년 3월 30일 제256차 원안위에서 스마트 기술검증 및 표준설계인가를 결정하였다.

원안위의 결정에 따라 2009년부터 2011년까지 3년 간 330MWt급 수출 주도형 스마트의 기술검증 및 표준설계인가(SDA, Standard Design Approval) 획득 사업을 착수하였다. 본 사업을 성공하기 위하여 스마트개발 본부장 김학노 박사, PM 김긍구 박사, 표준설계부장 최순 박사, 기술검증부장 이원재 박사가 임명되었다. 스마트 표준설계에 필요한 예산 확보를 위해 다양한 노력을 펼친 결과 13개 기업으로 컨소시엄(한전, 한수원, 한전기술, KNF, 포스코, 포스코건설, 포스코ICT, 포스코엔지니어링, STX중공업, 대우조선해양, 포뉴텍, 일진에너지)을 구성하여, 2년에 걸쳐 총 100억 원을 유치하여, 스마트 표준설계 인가를 해외 진출 기반으로 삼게 되었다.

연구원은 참여기업과 공동으로 표준설계 인가획득 사업을 추진하여, 2012년 7월 4일, 원안위로부터 스마트 원자로에 대한 표준설계인가를 받아 비로소 해외 진출기반을 확보하게 되었는데, 2013

년부터 또 다시 스마트 사업 추진에 위기가 다가왔다. 스마트 원자로의 표준설계인가 취득 후 국내 원자력계에서는 스마트 원자로의 사업 추진 방향에 대한 논쟁이 뜨거웠다. 연구원은 "국내에서 실증 원자로를 건설해서 실증해본 다음 스마트를 수출해야 한다"는 입장이었으나 한전을 중심으로 한 일부 관련기관은 "미국의 SMR 설계 개념에 비하여 스마트의 안전계통 일부 설계개념이 뒤쳐져 있다고 혹평하면서 국내에 실증로 건설을 할 수 없다"고 주장하였다. 외국에서 제시하는 SMR은 그야말로 Paper Plant로서 설계개념을 그림만 그린 것이었다. 이런 SMR을 표준설계인가를 획득한 스마트 원자로와 비교하는 것은 말도 안 되는 일이다.

그리고 스마트 원자로의 건설비와 운영비도 큰 논란의 대상이었다. 1980년대 중수로 핵연료와 경수로 핵연료 국산화 사업 수행 과정에서도 국산 핵연료의 경제성 문제로 곤혹을 치른 적이 여러 번 있었다. 한전을 위시한 산업계는 연구소가 원전기술 자립을 추진할 때마다 경제성과 품질보증을 내세우며 반대를 해왔다. 그러던 그들이 연구소가 원전 기술 자립에 성공하면 관련 사업과 고급인력을 산업체로 이관하라고 압력을 가하였는데, 스마트 경우도 마찬가지였다. 개발 초기에 소형원자로의 건설비를 대형 상용로와 어떻게 비교할 수 있겠는가? 이러한 쟁점들을 해결하기 위한 회의가 여러번 개최되었다. 산·학·연 전문가와 많은 논의를 진행한 결과, 표준설계인가를 획득한 스마트 설계개념에 완전 피동 안전 계통 개발 및 검증, 중대사고 대처 설계 등을 보완하여 안전성을 향상시킨 후 국내 건설과 수출을 병행하도록 결정하였다.

| 스마트 PPE 협약서 서명, 연구원 김종경 원장과 K.A.CARE 왈리드 부원장

ⓒ한국원자력연구원

    사우디아라비아와의 협력은 2013년에 본격적으로 시작되었다. 연구원의 하재주 신형원자로 개발 연구소장과 김긍구 스마트 사업 단장은 대형 원전 수출을 위해 사우디아라비아에서 개최된 '원자력 협력을 위한 라운드테이블 회의'에 참석하여 스마트에 대한 세일 즈를 했다. 뜻밖에도 사우디아라비아 측은 대형 원전보다 오히려 스마트에 많은 관심을 보였다. 그 후 연구원은 사우디의 하심 야마 니 원자력신재생에너지원(K.A.CARE)원장과 꾸준히 접촉하며 "공동 으로 상용화해 보자. 중동 지역에 함께 진출할 수 있다"고 설득하였 다. 마침내 2013년 12월 MOU를 체결하고, 스마트 건설을 위한 공 동 타당성 조사와 양국간 구체적인 협력방안을 도출하였다.

    연구원이 20년 이상 개발하여 온 스마트 원자로 기술수출이 이루어진 순간이며, 그야말로 스마트 수출의 화룡점정(畫龍點睛)이라 할 만한 쾌거였다. 우리가 개발한 토종 스마트 수출 소식에 필자는 만감이 교차했고 감개무량했으며, 연구소에 재직할 때 이루지 못한 표준설계 인가를 획득하고 기술수출까지 이룬 후배들이 자랑스럽기만 했다. 후배가 선배를 능가하는 후생가외(後生可畏)의 선순환이 이루어진 것이다.

양 기관의 이런 협력을 바탕으로 우리 미래창조과학부와 사우디아라비아의 K.A.CARE는 2015년 3월 3일 리야드 대통령궁에서 '한-사우디 스마트 파트너십 및 공동 인력 양성을 위한 MOU'를 체결했다. MOU에는 양국이 스마트 기술을 공유하기로 했다. MOU에는 한국과 사우디아라비아가 공동 투자로 스마트 첫 호기의 공학적 설계와 사우디 내 첫 호기 건설을 추진하여 사우디에 2기 이상의 스마트 원자로를 짓고, 또 제3국 수출도 공동 추진한다는 내용이 담겼다고 한다. 하재주 소장과 김긍구 단장이 사전에 씨앗을 뿌렸기에 기술 수출 결실을 맺을 수 있었다.

2015년 9월 14일 연구원과 K.A.CARE는 '스마트 건설 전(前) 설계(PPE Pre-Project Engineering)' 협약을 체결하였다. 사우디아리비아에서 1억 달러를 투자받아 PPE를 3년(2015. 12~2018. 11) 간 진행하였다. 사우디아라비아 내 스마트 건설을 목표로 설계 개량과 안전성 향상 성공으로 첫 호기 건설을 위한 FOAK(First of a Kind) Engineering은 연구원 주관 하에 국내 대형원전 설계에 경험이 많은 원자력 유관기관이 참여하였다. 두산중공업, 한전기술, 포스코건설, KNF, 효성굿스프링스, 미래와도전, 수산이엔에스가 참여하였다. 사우디아라비아 부지 조건을 반영한 스마트 기본설계를 하고, 기본설계 문서 및 도면을 발행, 예비안전성분석보고서 및 사고관리계획서 등을 작성하였다. 사우디아라비아 인력 교육 훈련, 기기공급사 조사, 스마트 건설 제의서 작성, 건설 사전 준비로 40여 명의 K.A.CARE 엔지니어들이 연구원에 3년간 상주하며, 우선 원자력공학 기본교육, 스마트 설계 기본교육, 직무훈련 교육을 받았다. 그리고 직무참여 교육을 수료한 사우디아라비아 엔지니어들이 직접 스마트 FOAK engineering에 참여하여 설계문서, 도면 등을 생산하였다.

토종 스마트, 위기 속에서 한층 강해지다

2002년까지 개발되었던 초기 스마트 설계에서는 안전보호용기, 무붕산 운전개념과 같은 혁신설계 개념을 도입하여 안전성을 획기적으로 높이는 동시에 계통의 단순화를 꾀하였다. 그러나 스마트 330MWt 상세설계가 진행됨에 따라 검증된 기술 사용, 제작 구현성 및 유지보수, 그리고 인허가 시현성 관점에서 현실적인 어려움이 대두되었고, 세계적인 경쟁 속에서 조기에 일체형 원자로 표준설계인가를 획득하기 위해 일부 혁신설계 개념 적용을 유보하였다.

일체형 원자로 중 세계 최초로 기술개발 완료를 의미하는 표준설계인가를 2012년 7월 4일 받았다. 스마트에 적용한 혁신기술의 표준설계 인가승인은 표준설계인증을 받은 세계 최초의 일체형 소형 원전이지만 대형 원전 기반의 안전규제 검토 과정에서도 확인 및 검증되었다. 그러나 스마트의 인허가 과정에서 SMR의 특성 장점이 일부 약화된 것이 나타났다. 이 때문에 미국의 뉴스케일(NuScale)과 대비해 안전성 측면에서 경쟁 우위가 보장되지 못한다고 평가된 것이다. 이런 문제점을 극복하기 위하여 개량형 스마트 설계에서는 2011년 발생한 후쿠시마 후속 조치로 사고 후 72시간 동안 운전원의 조치나 전력 공급 없이 안전계통 작동이 가능한 완전 피동 안전 계통을 도입하여 안전성을 한층 더 강화시켰다.

2015년 시작된 사우디아라비아와의 건설 전 사전설계는 2019년에 완료하였다. 2016년부터 연구원과 사우디아라비아 K.A.CARE는 개량형 스마트 개발을 추진하고, 개량형 스마트 설계에 완전 피동 안전 계통을 접목함으로써 수출 경쟁력을 한층 더 강화시켰다. 이로써 개량형 스마트는 일체형 원자로 개념을 통해 대형 배관 파단사고를 근원적으로 배제하고, 완전 피동 안전 계통을 도입하여 운전원 조치 및 전력공급이 없이도 각종 사고에 대처할 수 있는 능력을 보유하게 되었다. 경쟁국의 혁신형 i-SMR 대비 경쟁력을 제고하기 위해 2020년 연구원과 K.A.CARE는 한-사우디 스마트 공동연구센터를 설립하여, 개량형 스마트 개발을 추진하고 있다. 인쇄기판형 증기발생기, 용기장착형 격리밸브, 내장형 제어봉구동장치, 피동안전계통 최적화, 안전등급 전력 생산계통, 다수호기 블록화, 지능형 자율운전 등의 혁신설계 개념도 개발하고 있다. 이러한 안전성 향상 기술 적용으로 국제적 신뢰도 증진을 위해 표준설계 변경인가를 추진하였다. 2020년 1월 연구원, 한수원과 K.A.CARE는 3자 공동으로 스마트-100의 SDA 갱신을 위한 인허가 신청서를 국내 원안위에 제출하였다. 향후 사우디아라비아에 최초 호기 건설을 추진하다가 2023년에 표준설계변경인가를 받게 되면 국제적인 신뢰도 향상으로 경쟁력을 확보하여 개량형 스마트를 수출 상품화할 수 있을 것이다.

혁신형 SMR, 토종 스마트를 기반으로

머지않아 세계 원자력 시장은 중소형 원전이 주도할 전망인데, 이것은 후쿠시마 사고 이후 대형 원전시장이 침체기에 들어간 것과 무관하지 않다. 대형 원전의 안전성, 사회적 비용 부담과 거액의 건설비 일시 조달이 원인이 될 수 있는데 반해 소형 원전이 갖는 활용의 다양성에서도 원인을 찾을 수 있다. 미국·중국·러시아 등 주요 원자력기술 보유 국가는 미래 원자력 시장 선점을 위하여 SMR 개발을 경쟁적으로 추진 중이다. 현재 세계적으로 80여 종의 출력 300MWe 이하의 SMR이 개발되고 있다. 이러한 세계 원전시장의 변화에 대응하여 정부는 2020년 12월 열린 제9회 원자력진흥위원회에서 혁신형 i-SMR 기술개발 정책을 제시하였다. 2030년대 세계 원전 시장에서 경쟁우위를 가질 수 있는 혁신형 i-SMR(Innovative Small Modular Reactor, i-SMR)개발을 추진하기 위해 향후 8년간 4,000억 원을 투입할 계획을 발표했다. 국회에서도 2020년 4월 14일에 혁신형 i-SMR 국회 포럼을 출범하였다. 혁신형 i-SMR의 혁신개념은 안전성 및 경제성 제고와 더불어 국제적인 온실가스 저감을 위한 방안과 연계해 탄소제로를 실현하는 데 주안점을 두고 있다. 현시점에서 SMR 기술개발 방향 설정은 연구원이 지난 25년간 개발하여 온 스마트와의 관계를 정립하는 것이 매우 중요하다.

한수원과 연구원은 SMR 개념개발 및 개발계획 수립을 2020년에 완료했다. 기본설계는 2021년 1월에 착수하였으며 2024년에 완료할 계획이다. 2022년 6월 SMR 개발 예비타당성 조사 통과에 따라 2023년부터 SMR 표준설계에 착수해 2025년 말에 완료하고 2028년에 정부로부터 표준설계 인가를 취득한다는 목표를 설정하고 있다. 정부는 다른 노형과 차별화된 'Beyond SMR'을 목표로 SMR을 개발하여 2030년쯤 세계 SMR 시장을 선점한다는 계획이며, 2023년부터 2028년까지 총 3,992억 원(국비 2,747억 원, 민간 1,245억 원)의 사업비를 투입할 예정이다.

개량형 스마트 원자로로, 세계 i-SMR 시장 선점하자

후쿠시마 사고 후 해외 선진국들에서 원전의 안전성에 대한 요구가 증대되고 있으므로 원전의 안전성을 제고하기 위한 i-SMR 신설계개념 도입과 기술검증이 활발하게 진행되고 있다. i-SMR 설계 중에서 일체형 PWR(Integral PWR) SMR은 경수형 원자로 기술을 바탕으로 개발되고 있기 때문에 혁신설계 원자로 중에서 가장 빠른 시일 안에 상용화될 수 있을 것으로 전망된다. 미국, 중국, 러시아 등 주요 원자력 기술 보유국은 미래 원자력 시장 선점을 위하여 SMR

개발을 경쟁적으로 진행 중이다. B&W mPower, Westinghouse SMR, NuScale Power Module, CNEA CAREM, OKBM KLT-40S 등 PWR형 소형 SMR을 경쟁적으로 개발하고 있으나 이 중에서 2030년 경 상용화 건설 가능성이 있는 대표적인 4개의 경수로형 SMR은

SMART, NuScale, i-SMR에 대한 주요 설계개념 비교

원자로	스마트	NuScale	i-SMR
원자로 개념도			
원자로형	일체형 PWR	일체형 PWR	일체형 PWR
플랜트 구성	트윈 모듈	12개 모듈	4개 모듈
출력(MWe)	220(2×110)	720(60×12)	680(170×4)
원자로배치	격납 건물 내	수조 내 배치	지하 수조 내
핵연료집합체 형태	UO2, 17×17	UO2, 17×17	UO2, 17×17
재장전 기간(월)	36	24	36
무붕산 운전	붕산사용	붕산사용	무붕산 운전
제어봉구동장치	외장형	외장형	내장형
원자로냉각재 순환	강제순환(수평)	자연순환	강제순환
안전주입계통	피동형	피동형 ECCS	피동형
잔열제거계통	피동형	피동형DHRS	피동형
격납건물냉각계통	피동형 냉각	원자로 수조	피동형 냉각
주제어실	주제어실	제어실의 지하화	제어실의 지하화

한국의 개량형 스마트, 미국의 NuScale, 러시아의 KLT-40S와 중국의 ACP100 등이다. 국내외에서 개발 중인 스마트, NuScale, i-SMR에 대한 주요 혁신설계개념 적용현황은 앞의 표에 요약되어 있다.

2020년 말 국내 산·학·연 원자력 전문가 대상으로 실시한 혁신형 i-SMR 개발에 대한 설문조사와 심층 인터뷰 결과, 향후 10년 이후에 세계 시장을 주도할 혁신형 i-SMR으로는 미국이 개발 중인 NuScale이 가장 앞서고 있다는 의견이 대다수였다. 또 스마트에 혁신기술을 추가 도입하여 안전성과 경제성 향상을 도모해야 한다고 지적하였는데 우리 기술력을 감안하면 이런 지적은 충분히 감당할 수 있다. SMART 설계에 출력증강, 격납건물의 지하화, 무붕산 운전, 내장형 제어봉 구동장치, 안전보호용기 등을 추가하면 세계 최고 수준의 i-SMR 기술을 확보할 수 있을 것이다.

중소형 원자로의 시장 규모는 보수적으로 평가하여도 2030년까지 최소한 180기 이상 성장할 것으로 평가되고 있다. 외국에서 개발 중인 소형 원자로는 가압경수로 방식의 일체형 원자로인 스마트와 동일한 개념의 원자로이다. 그러나 스마트 원자로의 설계 개념에 무붕산 운전, 내장형 제어봉 구동장치, 안전보호 용기, 격납건물의 지하화 등을 추가하면 세계 최고의 혁신경수로 기술을 확보할 수 있을 것으로 평가된다. 따라서 향후 1~2년이 세계 i-SMR 원전시장을 선점할 수 있는 매우 중요한 시기다. 현재 국내에서 개발계획 중인 혁신형 i-SMR개발에는 10년의 개발 기간이 더 필요하고, 수출상품으로 세계 원전시장에 내놓기 위해서는 더 오랜 기간이 필요할 것이다. 따라서 혁신형 i-SMR 개발기간에 바로 수출이 가능한 스마트로 세계 i-SMR 원전시장을 선점하기 위한 현명한 판단과 강력한 추진 노력이 필요하다. 대형 상용원전(APR1400, OPR1000) 수출과 병행하여 스마트 수출로 국내 원자력산업 생태계가 유지되고 더욱 발전할 수 있기를 간절히 바란다.

우리나라 원자력 제1세대인 이창건 박사는 SMART(화력발전소 포함)에서 고온·고압스팀을 직접 뽑아내 냉매를 압축하여 인근에 건설한 냉동창고를 운영함으로써 펌프로 냉매를 압축할 때보다 1/3의 에너지로 냉동효과를 발휘하는 특허를 한국, EU, UAE, 사우디아라비아에 제출해 획득했다. 다만 그 실증시험을 못 해봤을 따름이다.

그는 여기에 더해 스마트나 i-SMR의 60개월 계속 운전으로 세계시장 제패 아이디어를 내 놓았는데, 세부사항은 다음과 같다.

1. 원자로 내의 냉각재 순환 펌프 2~3개를 병렬로 설치하여 각각 33%~50% 용량으로 운전하다가 그중 하나가 고장나면 밖에서 swith를 조작해 Flow Path를 돌리게 만들어 원자로 운전에 지장이 없도록, 즉 나머지 하나가 cycle 끝까지 냉각재 순환을 담당케 하도록 원자로를 설계할 것.

2. 원자로 용기(Reactor Vessel) 안의 배관(piping)과 케이블(cabling)도 사전에 몇 개씩의 spare를 설치해 가동 중 어느 하나가 고장 나면 외부에서 flow path를 돌려 원자로 운전에 지장이 없게 함.

3. KAERI가 개발한 핵연료 피복재는 프랑스와 법정투쟁에서 이겼을 만큼 세계 최고이고 그 후에도 개량했으므로 60개월 운전을

감당할 수 있을 것으로 봄. 더구나 우리 원자로는 무붕산 운전이
니 이 문제는 확실할 것임. 다만 우라늄 농축도를 약간 올려야
할 것인데 원자력연구원은 이 문제에 관한한 많은 이력과 경험
이 있어 가능할 것으로 생각됨.

4. INPO 보고서를 조사해 고장 잘 나는 부품일 경우 무엇이든지 병
   렬로 몇 개씩 설치하여 계속 운전에 지장이 없도록 사전 대책을
   세울 것.

5. 제어봉 낙하 시험(Control Rod Drop-down test)는 운전 중(노내 삽입 아닌
   부분 삽입 test, 즉 Rod의 Stuck 여부 검증 만) 정기적으로 실시.

이와 같은 대책을 세운 다음 인허가 당국에 신청하면 허가가 나
오리라고 보며 그러기 위해 부품별로 사전 테스트(점검)를 해야 할
것이며, 부품의 병렬 설치로 인한 $/kW 증가 대비 60개월 운전에
의한 $/kWh 즉 이득 대 비용 비율(Benefit-to-Cost Ratio)을 산출해 봐야
할 것이다. 그러면 60개월 계속 운전이 훨씬 유리하리라 본다. 이렇
게 하면 앞으로 세계 원자력 시장을 제패할 수 있을 것이다.

지금은 스마트 원전의 수출을 적극 추진하고, 10년 후 세계 i-SMR
시장을 선도하기 위해서는 그동안 축적된 스마트 기술을 기반으로
혁신형 i-SMR을 수출전략 상품으로 개발하는 것이 바람직한 방향
이다. 국제 시장 수요에 부응하기 위해서는 수출 대상 국가의 인허
가 요건을 만족하는 맞춤형 설계가 필요하다. 또 혁신형 i-SMR 설
계에 대한 인허가 관련 법규 개발과 규제제도의 선진화가 병행되어
야 할 것이다. 그리고 혁신형 i-SMR의 실증 플랜트를 국내에 건설
하여 성능 검증 후에 국외 수출을 추진을 도모하는 것이 정도이다.

국내 혁신형 i-SMR 개발과 수출을 위하여 중장기 기술개발 계획 수립, 안정적 예산확보 등 정부의 종합지원 체제 구축과 원전 수출을 위한 금융지원, 원전 수출에 대한 국가보증 등 다양한 형태의 지원이 필요하다.

성공적인 혁신형 i-SMR 개발을 위한 제언

세계 원전시장이 소형 모듈 원자로 중심으로 재편되고 있다. 우리는 이미 개발된 스마트의 수출 추진과 혁신적 미래 SMR 시스템 기술개발을 통해 경쟁력 우위를 확보하여 세계 원전 시장의 다변화에 대응해야 한다. 또 1994년 일체형 경수로 설계개념 개발에 착수하여, 2012년 6월 세계 최초로 표준설계 승인을 받았다. 그러나 우리나라가 스마트 표준설계승인을 받고도 설계개선 연구와 건설에 대한 논의만하고 결정을 못하고 있는 동안에 미국은 NuScale을, 중국은 ACP100를 건설 중이다.

2000년부터 미국은 미국에너지부(DOE)의 SMR 개발 지원을 토대로 2003년 NuScale 원전 개념개발을 시작하였다. 2016년 12월, NuScale Power는 설계인증신청서를 NRC에 제출하여 표준설계인가(DCA)를 2020년 8월에 받았다. NuScale은 NRC 설계 승인(SDA)을 받은 최초의 SMR이 되었다. NuScale은 2022년에 묘듈당 250MWt까지 열출력 업그레이드를 신청했으며, 2024년 NRC 검토가 완료될 것으로 예상된다. 유타연합 전력시스템(UAMPS)은 첫 번째 발전소로 6모듈 규모의 VOYGR-6를 아이다호 폭포 근처에 건설 추진 중이며, 2029년 상업운전을 목표로 하고 있다.

한편 중국의 ACP100은 2004년부터 중국원자력공사가 125 MWe$^{(385MWt)}$의 전력 생산을 위해 개발을 시작한 일체형 PWR이다. 2016년 4월 IAEA와 CNNC간에 ACP100에 대한 고유안전성 검토를 위한 계약이 체결되었다. 2018년 예비 안전성평가보고서$^{(PSAR)}$를 작성 완료하고 2019년 국가 원자력안전청에 건설허가를 신청하였다. 부지 안전성평가 보고서와 부지 환경영향 평가보고서를 중국 규제기관에 제출하였다. 2021년 6월 ACP100 모델의 건설허가를 받아 하이난성 창장$^{(昌江)}$ 원전에서 2025년 5월 31일 상용운전 목표로 소형 모듈 원전인 링룽1호를 건설 추진 중이다.

고려청자 기술이 이조백자에 전수되지 못한 실책을 반복하지 않기 위하여 현재 개발 중인 스마트 원전 기술을 기반으로 경쟁국보다 더욱더 안전하고 경제적인 혁신형 i-SMR 개발을 추진하는 것이 바람직하다. 그리고 지난 30년간 우리가 개발한 토종 소형 원자로인 스마트는 전 세계적으로 널리 알려진 브랜드이므로 향후 개발할 혁신형 i-SMR 명칭도 이러한 스마트 브랜드 가치를 계속 유지하도록 노력해야 할 것이다. 혁신형 i-SMR사업의 목표를 2028년 표준설계 인허가 획득이 아니라 실증플랜트 건설로 설정하여 실증플랜트를 국내에 건설하고 성능검증 후 수출을 도모하는 것이 바람직하다. i-SMR의 수출을 위하여 조속한 기간 안에 국내 실증로 건설 여부에 대한 결정을 내려야 한다.

국내 혁신형 i-SMR 개발 및 수출사업은 범국가적인 사업체계로 추진해야만 원전 수출을 위한 금융지원, 원전 수출에 대한 국가보증 등 다양한 형태의 정부 지원을 받을 수 있다. 범국가적 차원에서 혁신형 i-SMR의 개발과 수출지원 및 촉진을 뒷받침할 수 있는 법령 제정이 필요하고, 혁신형 i-SMR 설계에 대한 인허가 관련 법규 개발과 규제제도의 선진화 또한 병행되어야만 한다. 그렇지 않으면 세계 최고 수준의 혁신형 i-SMR 개발과 수출도 불가능하다는 교훈을 스마트 사업을 통해 절감했다. 혁신형 i-SMR 개발사업이 스마트 사업의 전철을 밟지 않기를 간절히 바란다.

참고 문헌

1. 『한국원자력연구소 30년사』(1950 ~ 1989)
2. 『한국원자력연구소 50년사』(1950 ~ 2009)
3. 『한국원자력연구소 60년사』(1950 ~ 2019)
4. 『한국원자력 50년사』(1958 ~ 2008), 한국원자력학회(2010. 05)
5. 특별기고: 한국원자력 50년사, 남기고 싶은 이야기(2010. 05)
6. "21세기 원자력 선진국 도약을 향한 원자력 장기발전 종합계획 1990년~2020년", 과학기술처,(1990. 8.)
7. 박익수, 『한국 원자력 창업비사』, 과학문화사,(1999. 12. 20.)
8. 이창건, 『원자력의 현재와 미래』, 원자력 심포지움, 부산 해운대 그랜드호텔,(2007. 9. 19-20.)
9. Chang Kun Lee, "*Korean Experience of Nuclear Program*", Summer Institute World Nuclear University, Ramada Plaza Cheongju Hotel, Korea, 14-24 (July, 2007.)
10. 『21세기 우리의 선택, 원자력 기술 자립의 길목에서』, 한필순 박사, 퇴임 기념 문집,(1997. 5. 10.)
11. 한필순, 「남기고싶은 이야기들 수류탄에서 원자로까지」, 중앙일보 연재, 1999. 11. 22 ~ 2000. 3. 31(총 75회)
12. 한필순, 한국원전기술자립 비사(미완성) (2012)
13. 「원자력연구 회고」, 경제풍월 연재,(2014년 8월호 ~ 2015년 8월호.)
14. 한필순, 『맨손의 과학자』, 비따북스, (2016. 8.)
15. 한필순, 『하루살이 번영』, 대덕원자력포럼 한필순 박사 기념사업회 엮음,(2016. 1. 29.)
16. 대전리더스피릿『必 기술자립』에너지독립 대부 '한필순', 대덕넷(2022. 05. 22)
17. 남장수, 『1980년대 원자력기술자립의 역사』(1991. 5)

18. 남장수,『경수로 핵연료국산화』(2007. 07. 29)

19. 남장수,『비사 초고에 대한 의견』(2012. 03. 28)

20. 남장수,『중수로 핵연료국산화 사업』(2007. 09)

21. 이정훈,『한국의 핵 주권, 그래도 원자력이다』, 글마당,(2009. 8. 15.)

22. 이종훈,『한국은 어떻게 원자력 강국이 되었나』, 나남,(2012. 10. 31.)

23. 장인순,「기술식민지서 독립국으로 한국의 원자력기술자립」, 경제풍월 제192
호 (2015. 8)

24. 장인순,『아톰 할배들의 원자력 60년 이야기』, (2020. 1. 20.)

25. 김시환,「원전기술 자립의 여정」, 과학과기술 칼럼(2021. 6 ~ 2022. 8)

26. 『경수로 핵연료 설계 국산화』, 원자력 기술 기록 사업, 한국원자력연구
원,(2013.)

27. 한전원자력연료주식회사,『30년 역사』(1982-2012),(2012. 11.)

28. 『가압경수로(PWR) 핵연료 국산화", KAERI/RR-462/85 (1985. 12. 19)

29. 『가압경수로 핵연료 및 노심기술개발". KAERI/RR-706/87 (1988. 6. 30)

30. 『원자력 업무 조정방안 연구』, 한국기계연구소, BSI 840-1563.C (1991. 12)

31. 『원자로계통(NSSS) 설계기술, 원자력 기술 기록 사업』, 한국원자력연구
원,(2013.)

32. 이두정,『원자력기술자립』(2015. 10. 20)

33. 김병구,『원자력 기술은 국력입니다』(2017. 9. 7)

34. 『원자력발전소 수출 쾌거 이룬 한국의 첨단 기술』, 조선일보 (2009. 12)

35. 안두현 외,『한국원자력연구원 60년의 연구개발 투자효과 분석』(2019. 05. 01)

36. 『하나로 분야』, 원자력 기술 기록 사업, 한국원자력연구원, 2012.

37. 『하나로 운영 가치 및 활용 전략』, 한국원자력연구소 원자력정책
Brief Report/2020-05호,(2020.)

38. 『일체형 원자로(SMART) 개발사업』, 한국원자력연구소, 기록화 사업,(2015.
3. 9.)

39. 『신형 안전로 개발』, 한국원자력연구소, KAERI/RR-1109/91,(1992. 5.)

40. 『고유안전로 개념설계』, 한국원자력연구소, KAERI/RR-1894/98,(1999. 3. 31.)

41. 『일체형 원자로(SMART) 개발사업 기획』, 한국원자력학회,(2001. 6.)

42. 『일체형 원자로(SMART) 개발사업의 기술적 타당성 평가』, 한국원자력학회,
(2001. 2.)

43. 『일체형 원자로(SMART)의 경제성 평가』, 한국원자력학회,(2001. 3.)

44. 『한, 인도네시아, IAEA 원자력 해수담수화기술 공동연구 및 SMART 수출 기반 조성』, 한국원자력연구소, KAERI/RR-2312/(2002, 2002. 12.)
45. "*Preliminary Economic Feasibility Study of Nuclear Desalination in Madura Island, Indonesia*", BATAN-IAEA-KAERI, September 2, (2002. 3. 9.)
46. 『일체형 원자로연구개발 사업 현황", 한국원자력연구소 일체형원자로 연구개발 사업단, (2006. 2.)
47. 『일체형 원자로연구개발", KAERI/RR-2696/2005, (2006. 12.)
48. 김시환, 『해수담수화용 원자로 SMART", 한국원자력연구소, 원우(2014년 7월호.)
49. 김시환, 『우리는 어떻게 세계 최고의 소형원자로 "SMART"를 개발하였나?", 경제풍월, (2015년 4월호.)
50. 『중장기 원자로형 전략 수립을 위한 연구", 한국수력원자력(주), (2010. 3. 31.)
51. 『혁신 모듈형 원자로 신 설계기술 조사 분석", 한양대학교(2014. 1. 31)
52. 『SMART 원전 수출산업화 - 의미와 과제-" (사)한국원자력문화진흥원, 한국과학기술회관 아나이스홀(2015. 4. 21)
53. 『한국형 소형원전 SMART 개발 및 수출시장 진출을 위한 노력", 한국원자력연구소 원자력정책 Brief Report/2020-06호, (2020.)
54. 전재풍, 『엘리트에서 원전마피아로 되기까지』, 에너지경제신문(2013. 07. 17)
55. 『한·미 원자력협력협정 선진화를 위한 국제적 환경조성 및 대응 체제 마련』, 한국원자력안전아카데미(2013. 9. 30)
56. 『원자력연구개발기금 법정부담금 수입 산정방식 개선방안 연구』, (사)한국기술경영연구원(2014. 1)
57. 『원전을 차세대 성장 동력으로 육성하자』, 원자력문화재단, 원자력문화 2014년 9월호(2014. 9)
58 이승구, 『국가의 지속발전을 위한 원자력 정책 제언』, 전자신문(2015. 01. 01)
59. 『원자력의 미래, KAERI의 역할 토론회』, 한국원자력연구원 60주년 기념, 한국원자력연구원, (2019. 4. 9.)
60. 이창건 외, 『그때 그리고 지금』, 글마당, (2019. 6. 30.)
61. 어근선, 『다시 생각하는 원자력』, ㈜엠아이디미디어(2022. 5. 12)
62. 지만원, 『원전 수입국에서 수출국으로』
63. 「2021년도 예비타당성조사 보고서 혁신형 소형모듈원자로(i-SMR) 기술개발 사업」, 한국과학기술평가원(2022. 07. 28)

원자력 기술 자립의 여정
남기고 싶은 이야기

지은이 | 김시환
감 수 | 이창건
만든이 | 하경숙
만든곳 | 글마당

책임 편집디자인 | 정다희
(등록 제2008-000048호)

만든날 | 2023년 9월 30일
펴낸날 | 2023년 10월 25일

주소 | 서울시 송파구 송파대로 28길 32
전화 | 02. 451. 1227
팩스 | 02. 6280. 0077
홈페이지 | www.gulmadang.com
이메일 | vincent@gulmadang.com

ISBN 979-11-90244-37-4(03300)   값 18,000원